发现孩子
儿童教育手册

［意］蒙台梭利◎著 艾安妮◎译

中国華僑出版社

中文版序

玛丽亚·蒙台梭利是一位伟大的教育家和医生，她是意大利的首位女医学博士。蒙台梭利出生于意大利的安科纳地区，毕业于罗马大学。毕业后，她先在罗马大学的附属精神病院作临床助手，主要研究弱智儿童教育。后来，她成为了弱智儿童学校的主任教师。过了不久，她又进入罗马大学进行心理学、教育学、哲学等方面的学习，第一所“儿童之家”也是在这一时期创办的。

在实验、观察和研究的基础上，蒙台梭利开创了蒙台梭利教学法，这一教学法一经推出就引起了很大的轰动，并使世界教育发生了革命性的巨变。蒙台梭利的教学法以卢梭、裴斯泰格齐、福禄贝尔等人的自然主义教育思想为基础，并加以自己的独特观念，她的教学法影响了整个世界。

英国教育家称赞蒙台梭利是“20 世纪内被世界所承认的最伟大的教育家之一”；美国教育家认为，“在讨论学前教育问题时，必须要结合蒙台梭利的教学法，否则就称不上完全”。

在蒙台梭利的努力下，如今，世界各国的孩子都能接受到与传统教育完全不同的自主教育。她的著作已经被译成了 37 个国家的文字，被人们广泛传播并应用。如今，已有 110 多全国家完全或不完全地成立了蒙台梭利学校，还有许多国家成立了蒙台梭利协会或设立了蒙台梭利培训机构。在中国，蒙台梭利婴幼儿班和学前班也受到了家长和幼儿园的青睐。

蒙台梭利认为，孩子生来就具有一种“内在生命力”，它能够在孩子的成长过程中释放强大的力量。这种生命力是积极的、活动的，它随着孩子的成长而不断发展。蒙台梭利还指出，教育是为了激发和促进孩子发挥“内在潜力”而存在的，所以要使孩子按照自身规律获得自然和自由地发展。孩子不应该被当成物体或宠物，而应该被当成一个真真正正的人。孩子不是承载成年人思想的容器，不是可以被任意塑造的泥块或软蜡，不是用来随意雕刻的木头，也不是花园里的花草或门旁拴着的小狗。孩子是一个不断发展着的人，教育家、老师和家长们应该对孩子进行仔细观察，了解孩子的内心世界，满足孩子的内在需求。想要做到这些，首先要尊重孩子的个性发展，这样才能使孩子不受阻碍地成长。

蒙台梭利进行了大量研究后提出：孩子的发展过程中存在着“胚胎期”和敏感期，孩子的发展具有阶段性，孩子是在“工作”中成长的。

精神胚胎期是人类特有的发展阶段，这一阶段是从新生儿期开始的。孩子会在出生后无意识地吸收外界刺激，从而形成各种心理活动能力。这一时期内，成年人应该为孩子提供符合孩子内在需要的环境，把不利于孩子成长的各种因素排除掉。

敏感期使孩子产生一种强烈的、想要与外部世界接触的感情。这一时期的孩子对每样事物都充满好奇心，对事物的学习和接受能力也很强。孩子具有多种敏感期，成年人在对孩子进行教育的时候也要结合孩子所处的不同敏感期，采用不同的引导方法，以免阻碍孩子的正常发展。

0~6 岁是孩子发展的第一阶段，在这一阶段中，孩子具备了心理活动功能。0~3 岁是孩子的“精神胚胎期”，处于这一时期的孩子能够吸收外界的刺激，但都是无意识地进行吸收。3~6 岁的孩子渐渐形成了自己的个性，他们会慢慢产生记忆，并开始有意识地进行理解等思维活动。6~12 岁是孩子发展的第二阶段，在这一阶段中，孩子的心理发展相对平稳。12~18 岁是孩子发展的第三阶段，经过这一阶段，孩子的身心开始走向成熟。

游戏不能培养孩子准确、求实、严肃、认真的习惯，只有“工作”才能让孩子学会遵守纪律。蒙台梭利把孩子使用教具的活动称为“工作”，并认为“工作”是孩子最喜欢的活动，他们能够在“工作”中得到多方面的发展。通过研究，蒙台梭利发现孩子会在“工作”中追求秩序、要求独立，对成年人给予他们的过多帮助表现出排斥。孩子喜欢“工作”的过程，并享受这一过程带给他们的乐趣。孩子们在“工作”的时候非常投入，只要是他们喜欢的“工作”，他们就会一遍又一遍地重复进行，不会感到厌倦。

蒙台梭利一直致力于打破传统的儿童教育的模式，帮助人们走出儿童教育的误区，最终使全天下的孩子都能够身心健康地发展。蒙台梭利的教育目的是帮助孩子更好地发展，并使他们更适应周围的环境和社会需求。在“儿童之家”的教育实践基础上，蒙台梭利写了很多著作。其中主要有《蒙台梭利早期教育法》、《儿童教育手册》、《童年的秘密》、《发现孩子》和《有吸收力的心灵》。

《蒙台梭利早期教育法》是蒙台梭利以 1907 年在罗马创办的第一所“儿童之家”的教育实践经验为基础而写的，出版于 1909 年。这是蒙台梭利的第一本儿童教育专著。该书的问世使蒙台梭利成了儿童教育领域中最有影响力的教育家之一。蒙台梭利在书中论述了对如何对孩子进行系统的观察，讨论了如何帮助孩子建立起纪律意识，讲述了自己的教育方法体系，还指出了孩子们面临的饮食问题。该书阐述了蒙台梭利教育方法的原则，并向父母、老师和教育工作者们传授了教育孩子的最佳的方法。

《儿童教育手册》是一本操作性的手册，出版于 1914 年。蒙台梭利在美国传授蒙台梭利方法时，有很多家长和老师对她的方法产生了兴趣，并强烈要求她把这些方法总结成一本书，于是便有了《儿童教育手册》的诞生。这本手册中讲述了“儿童之家”所运用的教具和技术，并向读者们说明了每一种教具的使用方法。蒙台梭利指出，对待不同的孩子时，所用的方法也是不同的。成年人应该为孩子们提供一个进行“自我教育”的环境，然后引导孩子自己动手实践，并在实践中不断完善自我。

《童年的秘密》出版于1936年，该书主要探索了“幼儿之谜”，解答了人们长久以来对孩子的疑惑。蒙台梭利认为，孩子只有生活在与自己年龄相适合的环境中时，他们才能正常地发育和成长。成年人的压抑使孩子喘不过气，所以我们要对孩子宽容，让他们自然地发展心理活动。书中对“精神胚胎”下了一个定义，并点明了老师们应负起的责任和正确对待孩子的方法。蒙台梭利指出，孩子的心理会畸变会阻碍孩子的发展，成年人可以帮助孩子、指导孩子，但绝对不可以代替孩子去工作。

《发现孩子》一书向全天下的家长、老师和教育工作者们揭示了培养孩子、了解孩子和爱孩子的新观念、新方法。该书出版于1948年，作者在书中从心理学、生理学、教育学等多个领域不同角度地为我们揭示了“孩子”这一教育中的主体的种种奥秘。她指出，我们应该注意到孩子的本能和孩子的根本需求，不要干涉孩子的活动，要给孩子足够的、自由的发展空间。她也指出，很多老师和家长在照顾孩子和教育孩子的过程中使用了一些错误的做法，并指出这些做法很可能对孩子的一生产生不良影响。

《有吸收力的心灵》是蒙台梭利最后一部儿童教育学著作，出版于1949年。该书是由蒙台梭利在印度举办的国际训练班的讲义整理成的。她强调了双手的活动能够帮助孩子发展智力，独立生活是孩子“自然成长”的基础，孩子在教育中不会得到知识，他们只有亲自经历过一些事情，才能够真正明白这些事情的意义。作为老师和教育工作者，不要把对孩子的教育集中在

“教”上，而是要让孩子在符合自身实际的环境中驾驭环境，并找到最适合自己发展的方法。

为了让中国的家长、老师和教育工作者们更好地理解蒙台梭利的教育思想，掌握真正对孩子有帮助的教育方法，我们对上述五本蒙台梭利的主要著作进行翻译，推出了这套蒙台梭利著作的译本。这套书中列举了大量实例，并运用了大量比喻，生动有趣，希望所有的家长朋友们和教育工作者们能够从中得到启示，能够运用更加合理的方法帮助孩子发展。

译者序

《儿童教育手册》

《儿童教育手册》是蒙台梭利应广大家长和老师的强烈要求而出版的一本富有操作性的手册。这是一本为教育工作者和家长们指明方向的手册，手册中对“儿童之家”所使用的教具和技术进行了详细的介绍，并对每一种教具的使用方法进行了详细的说明。

这本手册首先介绍了蒙台梭利教育方法的起源和发展，并提出对孩子采取新式教育的重要性。蒙台梭利指出：“忽视性格方面的教育是教育中最基本问题。”如果我们在教育孩子时使用过时的教学方法，孩子不但会在身体上受到创伤，还会在精神上感到痛苦。蒙台梭利赞同教育学家把小孩子定义为“软蜡”的观点，但她不赞同教育学家认为“孩子必须由成年人塑造”这一观点。她认为，孩子必须对他们自己进行塑造，并提出“绝对不可以盲目地、不合时宜地对孩子进行干预”。

成年人总是忽略孩子的真实需要和内心感受，用盲目的、粗鲁的、不适当的方式强行介入孩子的生活，破坏孩子的内心构建。想要让孩子顺利地成长，我们就必须控制这些行为。孩子在成长的过程中每时每刻都在进行着自我创造，这是谁也不能改变的事实，所以我们不应该干涉他们的创造过程。

可是在现实生活中，我们往往认为孩子没有能力进行这种工作，只有我们才是万能的，所以我们总是强迫孩子遵从我们的意愿。蒙台梭利认为，“在旧式教育和一些较为人知的教育方式中，孩子并没有被当作真正的人来看待”。我们会习惯性地对其他成年人表示尊重，却从来没有想过孩子也需要得到尊重。蒙台梭利指出，“孩子才是他们的创造者”，成年人应该把觉察孩子的人格作为首要任务，并像尊重成年人的人格一样尊重孩子的人格，孩子也有他们独特的人格，可是我们却总想抹杀他们的创造力和尊严，我们以为给他们提供优越的物质条件，他们就会快乐、健康地成长，而事实上，没有人可以只靠物质活下来，特别是这些敏感的孩子们。对于孩子来说，最重要的东西不是物质上的，而是精神上的。蒙台梭利指出：“我们必须通过正确的途径去了解孩子，我们要充分利用我们的敏锐力，并正确地对我们的行为作出判断，以确保我们所做的都是帮助孩子发展所必需的。”

在对孩子进行教学时，我们应该选择适当的教具。我们应该清楚，孩子不需要没有任何教育意义的玩具，而是能够帮助他们发展智力、心理和性格等的教具。只有设计合理的教具才能够让孩子在使用过程中感到愉快和满足，同时得到身体和智力上的锻炼。蒙台梭利根据孩子的需要设计了许多教具，这些教具都受到了孩子们的欢迎。

《儿童教育手册》详细记录了蒙台梭利的教育理念和方法，让我们明白应该如何开展各种教学活动，以及如何在教学中使用教具等。书中还提出了对从事儿童教育的老师的要求。阅读此书定能让我们了解满足孩子真正需要的方法，对孩子进行更好的教育，从而让孩子得到更好的发展。

《发现孩子》

想要解决教育问题，我们首先要解决的问题不是如何让孩子服从我们，而是我们应该如何满足孩子。正如蒙台梭利在书中提到的，如果我们做得过少，孩子可能无法顺利地成长，但如果我们做得太多，同样会对孩子的成长造成阻碍。我们需要把握好两者之间的平衡点，而《发现孩子》一书恰好给我们指明了方向。

蒙台梭利曾说："如果我们能够给予孩子足够的自由，让他们自主掌握自己的智力活动，那么我们将会看到另外一番景象。"由此可见，自由是使孩子顺利发展的重要前提。我们应该让孩子从出生之日开始就生活在一个自由的环境中，没有身体上的束缚，也没有心灵上的束缚，他们可以按照自己的想法做事，也可以自由表达自己的意愿。

蒙台梭利不提倡命令式的教学。在蒙台梭利的学校中，我们不会听到老师不断的大喊"安静!""停下来!"，老师会先向孩子示范该怎样使用教具，然后站到一边，看孩子们怎样使用。让孩子得到自由并不意味我们可以对孩子不管不顾。我们不应该过多干涉孩子，但是要学会观察孩子。当孩子们在做自己想做的事情时，我们要给予他们自由的空间，但是当他们需要我们的帮助时，我们也应该出现在他们身边，为他们做指导。

有些老师缺乏教学经验，认为教育的重点就是"教"，只要尽可能在示范教具的时候使用更有意义的方法，自己就已经尽到了老师的责任。蒙台梭利指出，这样的想法是错误的。她说："引导孩子的精神发展同样是老师应尽的职责。我们不应该把自己对孩子的了解停留在知道他们想什么，喜欢什么上，还要进一步了解能够使他们能力得到提升的方法，最终使孩子尽情地发挥自己的特长，并出色地表现自己。"

我们应该尊重孩子。一些家长喜欢用自己的意志对孩子进行过多的约束，这样做只会让孩子成为一个个只会按照设置好的程序行动的"机器人"。孩子的创造力是很珍贵的，如果失去了创造力，孩子就不能顺利地进行个性发展和能力发展。

现在的老师和家长们总是在埋怨孩子太难管教，其实这是因为我们还没有找到适合当代孩子的教育方法。通过阅读《发现孩子》一书，我们能够明白一个道理：想要让孩子顺利成长，我们就要让孩子们回归自然，让孩子自由自在地学习和活动。这也是蒙台梭利教学法能取得成功的主要原因。

目录
Contents

第一部分

第二部分

第一部分

Part 1

蒙台梭利系统的起源和发展

想要进行教育改革，我们就必须以孩子为出发点。时代在进步，仅仅对历史上的大教育家如卢梭、裴斯泰洛齐、福禄贝尔等人进行研究是远远不够的。我也并不赞成人们把我称为本世纪最伟大的教育家，事实上，我只不过对孩子进行了研究，并把从他们那里得到的信息整理起来，然后发表而已。在整理资料的这一过程中，蒙台梭利教育法形成了。准确地说，我只是孩子的代言人而已。在40年的教育生涯中，我最初以帮助心智发展迟缓的孩子为主要目的，对他们进行医学方面和心理学方面的研究。当我开始采用新的观点，并设法对潜意识的心智进行研究时，我发现这些孩子的潜力非常大，于是我决定在正常儿童身上也进行这项实验。

“儿童之家”最早建立在罗马最贫困的地方，接收对象为3岁以上的孩子。当来到我们学校参观的人看到4岁左右的孩子就已经具备了读写能力时，他们都感到非常惊讶。他们常常会问这些孩子：“是谁教会你们这些的？”孩子们会不解地看着提出这种问题的人，然后回答：“并没有人教我们啊。我们自己就学会了。”于是，各大报纸开始纷纷刊登有关“自然习得的文化”的新闻，心理学家则把这些孩子看作拥有过人天赋的孩子。有一段时间，这些说法让我产生了一种错觉——也许他们说的是对的。可是过了一段时间，我才醒悟过来，我们浪费了孩子大量可以用于学习的宝贵时间，并且严重阻碍了孩子的发展。因为根据这种错误的观点，孩子只有到了 6 岁以后才能够接受教育。

学习的基础是阅读和书写，如果没有它们做基础，孩子就不能学习其他科目，就如同一个不会说话的人很难学习到其他东西一样。一般人认为，书写是一件非常枯燥的事情，只有年龄大一些的孩子才能做得到，而我则让 4 岁左右的孩子学习认字母，在正常儿童身上进行从前用于智能不足儿童身上的实验。我发现，如果只让孩子学习一些差异较大的字母，过了几天，孩子就会失去对这些字母的印象，而当我让人在木板上刻下字母，并让孩子临摹这些字母后，孩子很快就能认得这些字母了。即使是那些智能不足的孩子，也可以在这种教具的帮助下学会书写字母。在这一实验中，我了解到触觉经验能够对还没有完全发展的孩子起到很大的帮助，于是我为孩子们制作了一些简单的字母，这样他们就可以通过触摸来识别字母的形状。在这些字母的帮助下，孩子们取得了意想不到的进步。这些孩子大约是在 9 月中旬以后开始学习字母的，到了年底，他们已经能够书写圣诞贺卡了，我连做梦也不曾想过他们能够取得如此迅速的进步。伴随着字母学习的深入，孩子开始提出更多的问题，他们希望对字母有更深一层的了解，比如字母的发音。孩子对字母产生了强烈的渴望，这种渴望的力量就像一个强力吸尘器一样，想要把所有的字母都吸到自己的脑子里。虽然我们对孩子的这种表现感到惊奇，但同时我们也能理解他们。这些字母对孩子而言是一种刺激，它们对早已存在于孩子心中的语言进行图解，并帮助孩子对他们所讲的话进行分析。

当孩子想到了一个陌生的单词，并发现这个单词中有些字母的读音超出了他们所学的范围，他们就会提出问题。他们的心里萌生了想要知道更多知识的渴望，于是他们会着手用字母拼出他们要说的词。在进行听写的时候，不管我们说的词有多长，孩子都能把它们拼写出来。孩子能够从字母盒里挑出需要的字母，然后根据老师的读音把这些字母按照顺序排列好。有时，老师刚刚快速地念了一遍这个单词，孩子们就已经把这个单词拼好了。在对 4 岁的孩子进行听写时，老师只需念一遍，而对 7 岁以上的孩子进行听写时，老师则要反复念几遍，这样孩子才能掌握这个单词正确的读音。显然，这一情况受到了特殊敏感期的影响。处在这一时期的孩子的心智就像一块柔软的蜡，它对某些刺激非常敏感，等到这一时期过去了，孩子也就不再具有这种敏感性了。

经过一段酝酿时期后，孩子开始进入书写阶段。此时，孩子已经了解到组成词的元素是声音，并在用字母拼写单词的练习活动中学会了对单词进行分析和组合，他们也对各个字母的形状产生了清晰而深刻的认识，因为他们已经触摸过这些字母许多遍了。孩子突然之间能够书写了，就像他们在 2 岁时能够突然学会说话一样。当整个心理结构成形时，孩子就进入了全语言时期，这时，我们就不再需要像传统学校一样对孩子进行单独的词汇教学了。孩子只要写出了一两个单词，他们就能马上学会书写其他单词，用不了多长时间，他们就能够把所有他们会说的单词用书面形式表现出来。从此，孩子们将不断地进行书写，他们并不是为了完成某项任务而书写，而是为了满足内心强大的渴望而书写。孩子们会利用任何工具进行书写，也会在任何能够写字的地方进行书写，比如用粉笔在墙上或走廊上写字。孩子们不会在乎自己书写的地方是否合适，所以我们会发现家中很多地方都布满了孩子的字迹，就连面包皮上都被写了单词。一些家庭由于贫困，买不起供孩子练习写字的纸和笔，这些家庭的妈妈们便来到学校，请求我们可以为她们的孩子提供帮助。于是，我们为孩子提供了纸和笔，这样孩子们就可以在恰当的地方练习书写了。有的妈妈告诉我，她的孩子即使回到家也会写个不停，每天都是在书写练习中握着笔睡着的。

最初我们为孩子设计了一种特别线条的纸，它有双倍的空间，然后渐渐缩小。不久之后，我们发现这些孩子能够在任何格式的线条上流利地进行书写。有的孩子甚至喜欢把字写得非常小，就像印刷的铅字那样小。更让人感到惊奇的是，这些孩子的字迹非常工整美观，甚至比在普通学校读小学三年级的孩子写得还要漂亮。孩子们写出的字体都非常相似，因为他们在练习时触摸的字母是相同的，所以这种字体已经深深地印入了他们肌肉的记忆中。

虽然孩子们已经掌握了书写的能力，但是他们还不能够进行阅读。人们在最初听到这一事实时都感到很荒谬，可是只要仔细想一下，就会发现这并不荒谬。按照一般的观念，孩子应该先学会读，后学会写，可是我们的孩子则是先对单词中的每一个读音进行分析，然后用活动的字母把这个单词拼出来。对我们学校的孩子来说，每个字母都带有一个读音。孩子在敏感期会出现这种把字母和语言连接起来的能力。随着语言能力的增长，孩子们不仅学会了用“口”来表达意思，还学会了用“手”来表达意思，即进行书写。但是，孩子们还不能进行阅读。在过去，我们以为孩子会出现阅读障碍是因为印刷体和书写体之间存在差异，可是当我们正想教孩子识别不同字体文字的时候，孩子却突然能够阅读了，他们不会再对任何字体感到困惑，甚至连只有月历上才会使用的哥德体都能认识。最后，我们终于明白，孩子会出现这种情况是因为他们在学习了 5 个月的拼写后，心中产生了另一种强烈的渴望，即了解拼写的单词的意义。他们就像科学家研究史前的碑文一样，极其认真地对这些还未被他们识别的符号进行观察和比较，试图从中弄清单词的意义。孩子的心中燃烧着一团新的火苗。父母们向我反映，他们的孩子对商店外面的招牌或广告有很大兴趣，每次他们带孩子出去散步时，孩子都会多次在商店门口停下来，然后拼读招牌上写的内容。这些孩子一旦到了 6 岁，就能阅读几乎所有的故事书了。

数学则不像语言学习那样容易解释。我们对数学有 3 种理念：

1. 算数：数字的科学。
2. 代数：抽象的数字。
3. 几何：抽象的抽象。

依据和孩子相处的经验，我们把这三者结合在一起，一同教给了孩子。教授的时间也早得让人感到不可思议，然而，这种“三合一”的教学方式对孩子却非常有效。如果把逐一进行的教学方式比作在一个支点上求得平衡，那么我们的这种方式就相当于三角支撑，它具有更稳固的特点。比如，我们会在介绍数量时用几何形状（点、线、面、体）来表现“个”“十”“百”“千”。在设计教具时，我们也会让教具同时具有这三种特性。幼儿十分热衷于学习数和几何，过不了多久，他们就能用代数方式来表达这些量的抽象性和彼此之间的关系了。这是另一项让人感到不可思议的发现。孩子在刚开始学习数学时，并不会表现出像对语言一样的兴趣，于是我们就认为，数学既枯燥又抽象，所以孩子才喜欢语文，不喜欢数学。在传统学校老师的心中，数学是最不受孩子欢迎的科目。其实，这只是我们的偏见。我们所知道的也仅限于10以内的四则运算。孩子向我们揭示出了事实的真相。5～6岁的孩子十分热衷于学习十进制，他们会进行许多10以上的运算。让我们出乎意料的是，一些4岁的孩子也想学习，并且同样学得非常认真。我们也在数学教学中添加了代数教学和几何教学。如果我们用实物进行教学，孩子就会更感兴趣。最近，有个孩子在学过三项式（a+b+c）后自言自语道："既然可以用a和b，那么我使用其他的字母应该也可以吧。"由此可见，孩子不希望受到限制。

孩子在数学方面的发展既生动，又令人激动。和语言的发展一样，孩子们不会在数学能力正式得到发展之前表现出任何征兆。我们不能追溯出它是什么时候开始的，只好说它是一种早期的特殊倾向的表现。我们在观察中发现，孩子不但对那些准确度要求很高的活动感兴趣，而且甚至达到了一种痴迷的地步。活动越复杂，他们就越喜欢。这种要求准确性的活动不但会出现在动作中，还会出现在具有操作性的工作中，如对花卉的观察和对昆虫的研究。孩子追求准确、深入细节的要求属于一种天然倾向，这种倾向会渐渐向数量的方面发展。算数是一种抽象的活动，所以其准确性是针对抽象层面而言的。孩子在工作中会经历3个阶段：先从具体的实物开始，然后渐渐向抽象的"数"过渡，最后进入更抽象的代数阶段。孩子在这3个阶段中会遇到有关实物、抽象和代数的准确性的问题，孩子对这种活动非常投入，所以他们会充分明白这些"单位"的游戏。大哲学家兼物理学家巴斯卡曾潜心研究过数学，他提出，人类的心智具有数学的特征，人类的进步就是遵循这一特征发展的。巴斯卡的这种说法得到了普遍的欢迎，现在，就连幼儿都能证明他说的是对的了。

让我们对巴斯卡的话做进一步的研究。他认为，整个人类的行为都是以环境发展为中心的，而且这种活动越来越趋向于精确。这种精确性只有在心智的作用下才能完成，由此证明了我们的心智的确具有数学的特质。回顾历史，人类的心智的作用就在于改善环境，并对我们周围的事物及其所产生的现象加以解释。我们只有先正确地了解这些事物，并把追求精准作为我们的目标，然后我们才能成就这些。由此可见，巴斯卡于200多年前发现的准确性是人类的基本特征之一。

有人提到了孩子学习中的疲劳问题。我们对6岁以下的孩子进行了观察，并得到了证实。传统学校里的孩子很容易产生疲倦，并且只要他们一感到疲倦，老师就很难继续对他们进行教导。所以让孩子提早入学并不是件好事。爱护孩子的父母希望孩子除了玩耍和睡觉，什么都不要做。可是我们在观察中发现，孩子并不喜欢这种作息模式，相反，他们非常厌恶这种作息模式，所以才会用各种顽皮的方式向家长们表示抗议。我们和3～6岁的孩子，甚至更小的孩子相处时，我发现他们不但不会因学习而感到疲倦，反而在学习的过程中变得更加有精神。并不是所有活动都会让人感到疲劳，比如我们吃饭的时候，我们的上下腭、牙床、舌头会不停地工作，这样会为我们带来更新的能量；我们也能在各种健身运动中感受到自己充满活力，并不知疲倦。孩子的心智发展也是如此，当孩子的心智正在发展时，他们不仅不会感到疲劳，还能获得能量和健康。造物者为了让孩子接受文化的熏陶从而赐予了他们天性，可是我们的社会反而让处于敏感期的孩子放弃这一权利，只是玩耍和睡觉。孩子既不能停止吸收，也不能停止活动，可是他们实在找不到可以让自己吸收的东西，所以他们只好用玩具来满足他们的心理。

心理学家认为我们必须让孩子游戏，因为只有游戏才能让孩子得到逐步完善。他们也承认孩子正在吸收一个特殊的环境，然后用一架历史性的桥把过去和未来连接起来。他们的结论是：我们应该观察孩子，但是不要干涉孩子。孩子就是借着游戏和生活来吸收现实的，所以我们不需要给他们提供任何帮助，只要让他们尽情地玩他们喜欢的东西就够了。可是，这个世界是如此复杂，孩子要通过什么方式才能够吸收这里面的文化呢？难道我们只要让孩子玩玩具、堆沙子，就能够让他们吸收文化吗？我们一边说我们需要在吸收期和孩子沟通，一边说要让孩子自己玩，以便他们建构和发展他们的能力，这说明了什么？由此可见，我们正处于一个非常大的矛盾之中。

真正合乎逻辑的是，如果 3～6 岁的孩子能够在一种自然倾向的作用下吸收文化并学习，我们就应该把握好这一时机，在环境中为孩子配备合适的设施，并为孩子设计一些合适的活动，这样孩子就能通过对成年人的模仿让自己在 3 岁前就开始发展的能力变得越来越成熟。我们需要帮助孩子适应当今的文化，而不应该只给他们提供玩具娃娃、玩具士兵等物品。孩子会喜欢什么样的东西？当蒙台梭利教具正式投入使用后，孩子们便对其爱不释手，那种热切的喜爱之情简直难以形容。这些孩子的心灵曾被孤寂的环境所包围，在那里，他们感到茫然而无助，如今，他们终于迎来了可以帮助他们发展的器具，他们又如何能不激动呢？他们像饿了很久的狮子突然之间看到了食物一样兴奋，他们不顾一切地扑上去，想要吞食这些能够让他们成长的东西。就这样，孩子渐渐地走入了时代的文明之中，并开始接受人类的文化。

面对孩子体内储存的如此巨大的能量，我们应该怎么办？我们已经了解到这股能量对人类的重要性，接下来我们要做的，就是留心观察，寻找合适的途径为孩子提供帮助。与其盲目地相信游戏是无所不能的，我们还不如信任孩子。既然我们已经对自己的直觉有了认知，我们就必须创造出一种实用的科学，这样才能帮助孩子们有效地运用这一巨大的能量。

Part 2

在观察中发展起来的方法

在我的早期实验中，最先引起社会公众注意的就是孩子的“书写爆发”现象。它不仅向人们揭示了孩子会产生“书写爆发”，还让人们意识到孩子的内在潜能会产生爆发。一座火山在没有喷发的时候看起来非常稳定，似乎永远不会发生变化，但是在它的内部，却蕴藏着炙热的岩浆和火焰，总有一天，这些岩浆和火焰会从火山中喷出，形成火山爆发。研究人员对火山中喷出的火焰、硝烟和其他不知名的物质进行了研究，从而对地球的内在成分产生了了解。我们所说的“爆发”也是如此，正因为环境中没有什么桎梏它的因素，所以它才能够发生。这些孩子成长在一个贫困而无知的环境中，这个环境中没有老师，没有课本，也没有教条。孩子的灵魂在这种一无所有的环境中得到释放，他们不受任何约束，也不受任何阻碍，没有人知道什么是障碍。不过我在此要强调一点，即这一爆发并不是由任何教育方法所引起的，因为那时并不存在这样的一种教育方法。后来，心理学对这种爆发采取了追踪和研究，最终建立起了一种真正的方法。由于这种方法是由于孩子内在的爆发所产生的结果，所以有的报纸在报道这一消息时用“人类心灵的发现”

作为标题。

当然，随之产生的科学也不是以直观思维为基础建立的，而是以直接的知觉为基础建立的。我们可以把所观察到的事实分为两类：一类事实向我们揭示了孩子的心智可以从非常幼小的时期开始吸收文化，并且只凭孩子自己的活动进行吸收；另一类事实则告诉我们，个性的发现要及早开始。虽然老一辈教育家认为不应该对年龄太小的孩子实行这种教育，但是他们错了，因为他们认为孩子之所以能养成良好的性格都是成年人的功劳。事实上，把邪恶转化为善良是一个漫长的过程，人们要为此付出一生的努力。3～6岁是孩子性格发展的关键时期，如果我们不阻碍他们的性格发展，他们就会按照各自的法则去发展。

孩子在0～3岁的时期从环境中吸收了许多东西，所以他们才能把心思集中在脑子里的事情上。他们会把所有之前所获得的东西留在脑子里，反复思考，正是因为孩子之前学会了口语和说话，他们才会出现“书写爆发”。语言的敏感期出现在5岁半到6岁之间，只有处于这一年龄段的孩子才会对学习书写这件事情产生强烈的兴趣，并乐此不疲，当孩子到了8岁或9岁的时候，他们就不会再对这件事情感兴趣了。可以看出，孩子在正式运用书写器官之前要经过一段时间的准备，这种概念被称为“间接预备”，如今，它已经成为蒙台梭利方法的一部分。我们已经知道，造物者曾在胚胎期做了间接的预备，如果器官还未成熟，那么它就不会发出命令。只有事先做好了预备，服从才有可能实现，单单模仿或强迫服从都起不到任何作用。所以我们要给孩子准备好一个适当的环境，让他们的心灵在这个环境中自由施展。

在语言发展的方面，孩子很小时候的口语发展似乎就是依照文法的顺序进行的，他们会先学习声音，然后学习音节和各种词，如名词、形容词、副词、连接词、动词和介系词等。了解到孩子语言学习第一阶段中的特征，我们决定在第二阶段教孩子文法的顺序，由此教会他们语言。在人们眼中，向 3 岁的孩子教授文法，甚至在孩子还没有学会读写之前就教孩子文法是件荒唐的事，可事实证明，这时的孩子非常喜欢这种教学，那些年龄大一些的孩子反而对这种教学不那么热情。文法是语言的架构，孩子必须了解文法，吸收文法。

我聘请的老师并没有受过许多高等教育，他们发现孩子对学习单词有着强烈的渴望，这些孩子能够写出所有学过的单词。老师的字体库用尽了，他们就来找我，希望能够在我这里学到更多的单词。于是，我们产生了一个想法，想要试试这些孩子是否能够接受更深一些的文化术语，如多边形、梯级等不同几何图形的名词，或者其他难度类似的单词。我没有想到，这些孩子竟然只用了一天的时间就学会了这些单词。我又向孩子们介绍了各种科学实验器材的名词，如温度计、气压计等；生物学方面的名词，如花瓣、花托、雄蕊、雌蕊等。孩子们学会了这些单词后，仍然热情饱满地要求学习更多。3～6 岁是孩子们最热衷于识字的阶段，处于这一年龄段的孩子对识字的渴望永无止境，无论这些单词包含多少字母，或拼写有多复杂，无论这些单词涉及的领域是否是他们所熟悉的，他们都会抱着极大的兴趣去学习。感到困难的人反而是老师，因为那些名词对老师们来说太陌生，所以老师们很难记住它们的意义。

孩子对实物的概念已经不仅局限于对眼前事物产生认知，他们还开始变得富有想象力。他们能够在游戏中把桌子当房子，把椅子当马，还能幻想出仙女或仙境的样子。如果他们拥有一个地球仪，他们还能想象出美国等其他国家的景象。有一群 6 岁的孩子正围着一个地球仪讨论，这时，一个 4 岁的孩子跑了过来，对他们说：“让我看一下好吗?”他看了看这个地球仪，然后说道：“这个就是世界吧？太好了，我终于知道我叔叔环绕了世界三圈是怎么回事了。”这个孩子已经了解到他们手中的地球仪只是个模型，而真正的世界是非常大的。

一个不到5岁的孩子也会对大孩子们正在玩的地球仪感兴趣。这些大孩子正在讨论美洲，他们都没有注意到这个小孩子，直到这个小孩子突然问他们：“纽约在哪儿?”这些大孩子把纽约指给这个小孩子看，这个小孩子随后又问道：“荷兰在哪儿?”大孩子们在地球仪上指出了荷兰，这个小孩子看到后，便伸出手指指着中间蓝色的部分说：“那么这里一定是海。我爸爸每年都会去两次美国，他住的地方是纽约。每次爸爸出发后，妈妈就告诉我爸爸正在海上。过了一阵子，妈妈告诉我爸爸到了纽约了，然后又过了一阵子，妈妈告诉我爸爸又在海上了。妈妈还说，用不了多久，我们就会去鹿特丹接爸爸。”这个小孩子曾听过许多关于美国的事，现在，他终于知道这个国家在哪里了，他感到非常快乐。他在心智地图上又找到了一个定位点，这一点就像他原来在外界物理环境中找到的定位点一样。这个孩子先从家长那里收集了许多词汇，然后运用他的想象力把这些词汇拼凑在一起，最后建立了属于他自己的心智世界。现在的6岁孩子们常常会把想象力浪费在玩具和虚幻的故事上，我们应该让他们对真实的事物产生想象，并让他们和环境有更多接触。

众所周知，这一年龄段的孩子还有一个特征，就是喜欢提问。他们总希望知道事情的真相。成年人不应该对孩子的提问感到厌烦，而是应该把这当成一件有趣的事，因为孩子们的这一表现体现了他们强烈的求知欲。在回答孩子问题的时候，我们应该注意，要尽可能用简单的话语给出准确的答案，而不要用过于冗长的句子向孩子解释。如果可以的话，我们要利用实物来向孩子说明，就像用地球仪向孩子解释不同国家的地理位置一样。

老师在回答孩子的问题前要做好特别准备，因为单凭逻辑思考并不能解决孩子的问题。老师不应该抱有成见，而是必须了解孩子的心智在前一阶段是如何发展的，在对待 3 ~ 6 岁的孩子时，老师必须机智且灵敏。值得庆幸的是，老师并不需要对孩子讲授许多东西，因为孩子从环境中学到东西要比老师能够讲授给他们的多得多，老师要做的只是站在一边，在孩子需要的时候为他们提供帮助。

在探讨孩子的性格和道德教育这类重要问题时，我们也必须从不同的观点来思考问题。性格不是教出来的，我们只能协助孩子建立他们的性格，而不能教会他们拥有什么样的性格。6 岁是孩子成长中最重要的时期，这时，孩子的性格已经形成。性格的形成与外在的榜样或压力无关，它是靠着孩子的本性形成的。在孩子出生后的前三年内，有许多因素对孩子性格的形成都会产生影响。在那时，孩子的性格已经显现出来了，我们可以看到它是如何形成与发展的，也可以看到它是否在形成和发展的过程中遇到障碍或受到压抑。如果一个孩子能够在怀孕期、胚胎期、出生时和产后都得到科学的照顾，那么他到了 3 岁时，一定会成长为一个模范的个体。可是在现实生活中，我们却很少能看到这样的结果，因为孩子在这期间会受到许多因素的影响。

如果导致性格缺陷的原因出现在产后，那么它所产生的影响就没有胚胎期出现的因素所产生的影响严重，而胚胎期出现的问题又没有怀孕期出现的问题严重。如果缺陷是在产后出现的，那么这种缺陷可以在 3～6 岁之间被治愈，因为这一时期是孩子进行调适和修正的时期。但是孩子如果由于在出生时或更早的时期受到惊吓而产生了心智或生理的缺陷，那么这种缺陷就很难被矫正了。所以，我们对许多患有官能性疾病，如白痴、癫痫、瘫痪等的人无能为力。如果孩子出现的是非官能性的问题，那么只要在 6 岁之前进行治疗，就有痊愈的可能。如果我们不予以理会，那么孩子的情况就会越来越严重。一个 6 岁的孩子可能会表现出许多本不属于他的性格，这些性格是这个孩子在后天的经验中得来的。如果一个孩子在 3～6 岁期间被疏忽，等他成长到 7～12 岁的时候，他的道德良心的发展就会出现问题。这个孩子也许会出现智力不足、缺乏道德品格或学习能力的情况，他的内心会遭受许多打击，并布满伤痕。

我们的学校和其他现代化的学校都为孩子作了生理状况记录，我们可以对每个孩子在每个发展阶段出现的问题进行了解，并作出相应的处置。我们会询问每一位孩子是否有遗传性病史，并询问他们的父母在孩子出生时各自的年龄是多少岁，妈妈在怀孕期间是否经历过意外事件或是否受过神经性的创伤，孩子是否顺利地被生产出来，是否有因为难产而窒息的情况等。我们也会关心孩子的家庭生活，这其中包括父母或保姆是否很严厉，孩子是否受到过惊吓等。所有的孩子都必须填写这样的问卷，因为每一个孩子来到我们学校时都或多或少有些怪异或顽皮的性格，我们必须找到导致孩子们出现如此性格的原因，这样才能对每一个孩子进行适当的治疗。

这些脱离常态的偏差行为会逐渐渗入孩子的性格，成为他们性格的一部分，最终形成脱离常态的孩子。脱离常态的孩子可以分为两类，一类是比较坚强的孩子，另一类是比较懦弱的孩子。第一类孩子会对外界采取敌对的态度；他们经常发脾气、反抗、破坏、贪得无厌地占有、自私、心不在焉、胡思乱想或做白日梦；他们经常大吵大闹，很贪吃，还会欺负小动物。第二类孩子无力反抗，只得在淫威面前屈服；他们处处表现得被动、消极；他们喜欢发呆，做事缓慢；他们喜欢以哭泣要挟别人为他们服务；他们对熟悉的成年人非常依赖，总要求成年人陪伴，却很害怕陌生人，当成年人真的陪在他们身边时，他们却很快就会感到乏味；有些孩子还会用说谎、偷窃等行为来作为自我防卫。

伴随这些症状出现的还有一些疾病，导致这些疾病产生的原因是心理问题，我们不可以按照治疗生理疾病的方式来治疗这些疾病。有的孩子会缺乏食欲，出现厌食症；有的孩子则出现贪食症，并因此导致消化不良；有的孩子经常做噩梦、怕黑，甚至出现生理疾病的症状，如贫血症状。没有什么药物能够治疗孩子们的这些病症，因为这些病症都是由于心理问题引起的。

如果孩子出现第一类症状，他们就会作出激烈的表现，对此，他们的父母会感到非常困扰。这些孩子的父母不知道应该如何对待他们，于是便把他们送到了托儿所或幼儿园。对于这些孩子来说，虽然他们的父母都健在，可是他们却过着和孤儿一样的生活。有的父母对这样的孩子采取强硬的手段，非打即骂，晚上不许他们吃饭，而是让他们尽早去床上睡觉。这种管教方式会让孩子们变本加厉，用更消极的方式抵抗。有些父母在打骂过孩子之后会转而使用柔和一些的方式，比如对孩子进行劝说，或试图用情打动孩子。一些妈妈总是问孩子：“为什么你要让妈妈伤心呢?”以为这样就能让孩子进行反省，却不知这种方法对孩子并不起作用。

至于出现第二类症状的孩子，父母们不会对他们过多干涉，一些父母甚至认为自己的孩子很听话。当一些孩子缠着妈妈，要求妈妈陪自己睡觉时，妈妈们还会认为这是孩子非常爱她的表现。但是用不了多久，妈妈们就会发现自己的孩子无论是在走路方面还是说话方面都要比其他孩子发展得迟缓。这样的孩子虽然健康，但是却非常胆小，也不爱吃饭，他们总是需要妈妈给他们讲故事，这样他们才能觉得安心。妈妈们在刚刚遇到这种情况时只会认为自己的孩子有些神经质，也许他在长大后会成为一位诗人或圣贤，可是用不了多久，她们就会发现自己的孩子需要接受治疗。

导致我们早期的学校特别出名的原因之一，就是孩子一旦进入我们的学校，他们身上的这些消极症状就会渐渐消失，最后完全不见。产生这一效果的关键只有一件事，那就是孩子在我们的学校中拥有自由，他们可以自由自在地在没有约束的环境中做他们喜欢的实验或工作。他们能够在从事这些实验或工作的过程中得到心灵上的满足。一旦他们对这些事情产生兴趣，他们就会一遍又一遍地重复做这些事情，并把这种专注从一个工作转移到另一个工作上。当孩子已经能够在兴趣的吸引下专心地去做某件事的时候，他们就不会再出现消极的症状了。秩序代替了杂乱，那些被动的和捣乱的孩子变成了协助者，由此我们可以看出，孩子并不是天生就拥有消极的性格，是环境把他们变成这样的。所以我们建议妈妈们让孩子做他们感兴趣的工作，并且不要随意打断孩子的工作。我们不可以对那些惹麻烦的孩子感情用事，更不可以说他们是白痴。人对物质食物的需求远不及对精神食物的需求高，糖果、严酷的态度和药物对孩子都没有帮助，他们真正需要的是心灵上的食物。人和动物不同，人类具有智慧的本质，必须在生活和相关经验中建构自己的行为。只要我们按照这一路径对孩子的生活进行安排，那么就不会出现任何问题了。

Part 3

我们应该对孩子采取新式教育

在过去的讨论中，虽然没有人谈论过应该如何开展教育，但是大家一直认为教育应该开始于出生的时候。看起来，这个问题具有很强的理论性，它并不需要我们为之付出太多实际性的东西。

比如，有的医生给小于 1 岁的孩子设计了一所特别的学校，孩子可以在这所学校中接受一些手和脚的运动课程，这样他们就可以在日后进行需要用到手脚的活动时不那么辛苦。我认为这种做法是错误的，因为它没有考虑到这样可能会让娇弱的新生儿在运动中受到伤害。何况新生儿已经有很多事情要学习了，这种做法会给新生儿增添一层负担。当然，我们也没有必要对他们施加过多的保护，什么活动都不许他们做。我们在引导新生儿活动的时候应该遵循以下的原则，即如果我们在教育新生儿时不采用上述的特别学校的教育方法，那么我们就可以一直往前走。让成年人帮助孩子进行手和脚的运动是一个普遍的错误，因为成年人会让孩子按照成年人的动作方式进行运动。我们不应该把我们的孩子塑造成小大人，而是应该不干预孩子的行为，让孩子按照他们自己的禀性去从事各种工作和活动。

肢体运动的产生应该基于孩子自身内在的意愿，并且受到孩子内在生命的安排。身体的活动本身是自我意愿的表达，所以孩子只有按照自己的意愿活动，他们的肌肉才能得到正常的发展。我们不能强行对孩子施加压力，而是要静静地等待孩子自身的内在生命来为他们作安排。对此，我们可以借用许多方法去了解孩子的发展过程。我提倡借用一些方法，是因为我们没有办法和这些孩子直接进行语言上的沟通，自然也就没有办法了解孩子真正的需要。当然，我们所借用的方法必须都是经过确实观察所得出的方法。

一般来说，我们会把孩子看作一个身体不能自主或需要无微不至地照顾的麻烦群体，他们只要一哭起来，就会吵得身边的人不得安宁。对待一个刚出生不到 1 岁的孩子时，我们最常采取的就是如上的态度，我们不会关心孩子的心理发展。有些人认为处于婴儿期的孩子已经具有了人格，这种观点是正确的。一个人在婴儿时期经历的阻挠他成长的事情会对他的人格产生重大的影响。所以，我们必须深刻地认识到，这一问题不仅对教育有重要意义，对人类发展史也有重要意义。

我们应该从孩子的出生之日开始对孩子的心理发展进行观察。在观察的最初阶段，我们可以试着从孩子的一些难以捉摸的行为入手，并从中找出生命最初几个月可以作出分辨的模式。

教育学家用“软蜡（ceramolle）”来定义小孩子和只有几岁的大的孩子，意思是说处于这一时期的孩子具有可塑性，可以对他们进行适当的塑造。教育学家的软蜡观念本身并没有错，但是他们认为孩子必须由成年人塑造这一观点却是错误的。孩子必须对他们自己进行塑造，这是一个基本的观念，因为孩子具有自动自发性，关于这一点，我们可以从孩子用来表达他们自己的各种方式上得到证实。

成年人在孩子眼中是无所不能的，但是成年人盲目、粗鲁，他们会不适当地介入，并破坏孩子亲手画在“软蜡”上的轮廓。我认为，我们即使把这种干扰称为“邪恶”也并不过分。即使成年人并不是存心这样做的，可是他们的确破坏了孩子悉心费力地在内心建构起来的东西。虽然孩子会在成年人不注意的时候重新开始这种建构工作，可是只要成年人发现了，他们就会再一次对其进行破坏。孩子和成年人之间产生了冲突，这种冲突会一直僵持下去，直到孩子完全屈服于成年人为止。然后，孩子不会再发表自己的意见，也不会再做自己想做的事情。由此可见，在孩子敏感时期进行的教育有多么重要。

其实，对处于敏感时期的孩子所进行的教育工作要比接下来任何时期的教育工作都重要。如果我们不希望我们的教育成为阻碍孩子正常发展的阻力，那么我们就必须保持顺应的态度，绝对不可以盲目地、不合时宜地对孩子进行干预。我们都知道魔鬼和天神之间的区别：天神用力量进行创造，而魔鬼用力量进行毁灭。作为一名教育家，我们必须通过正确的途径去了解孩子，我们要充分利用我们的敏锐力，并正确地对我们的行为作出判断，以确保我们所做的都是帮助孩子发展所必需的。我们要控制自身的行为，不要破坏孩子的发展。孩子在成长过程中需要创造，但进行创造的人应该是他们自己，而不是我们。然而，由于一般人都认定成年人才是创造者，所以我们很难让他们接受这一事实。所以，我们必须抛开自以为万能的幻觉，并为我们所做的一切赎罪。

当我们意识到孩子才是他们的创造者时，我们接下来要做的就是更加了解孩子的人格。不论我们教育的孩子是新生儿还是年纪大一些的孩子，我们都应该把觉察孩子的人格作为我们的首要任务，并尊重孩子的人格。当我们为了避免被孩子打扰而不许孩子和我们在一起时，我们就对孩子不够尊重。当我们觉得某件事情能够让我们感到愉快和舒心时，我们也应该让孩子和我们一起体会这种感觉。很多时候，当我们正在一个房间里愉快地吃着晚餐时，孩子却在另一个房间里大声地哭泣，他们会哭泣是因为我们对他们进行了隔离，如果换作一个成年人，我们一定不会对他如此不尊重。我们应该像对待成年人一样让孩子和我们坐在一起吃饭，并从内心感到“荣幸”。我们应该因为见到孩子而高兴，并让孩子和我们亲近。

有一些人坚信成年人吃的东西会对孩子的健康有害，事实上，我们并不需要在这一方面操太多的心。也许我们会很自然地做一些事情，并在做的时候感觉理所应当，可是这些事情却伤害了孩子。我们应该认识到自己的错误，应该认识到忽视孩子就等于伤害孩子，可是现实生活中，我们经常伤害孩子，却从未想过向孩子道歉。

最让人感到不可思议的事情就是孩子拥有异常敏锐的观察力。我们想象不到孩子可以对所有可以看到的事物进行观察。可是为什么我们还以为只有鲜艳的色彩、夸张的手势和高分贝的声音才能吸引孩子的注意呢？我们不知道孩子拥有强大的观察力，他们不但能够吸收东西的影像，还能吸收动作的影像。除此之外，孩子还能对事物之间的关系进行吸收。他们对很多东西的观察和吸收都是在我们还没有注意到的时候进行的。

举个例子，有个婴儿刚满 1 个月，他从出生以来从来没有踏出过屋子一步。在这 1 个月内，他只是分别见过两个男人，一个是他的爸爸，另一个是他的叔叔。由于这两个人从来没有同时出现在他的面前过，所以当有一天，这个婴儿同时看见爸爸和叔叔时，他感到非常惊奇。他先盯着其中的一个看了好久，然后转过头去看另一个，又看了很久。在婴儿观察的期间，爸爸和叔叔都非常配合，他们站在那里一动也没有动，这样，这个婴儿就能够有时间仔细观察他们。如果中途有一个人离开了房间，或者两个人不停地交谈，那么婴儿的注意力就会被分散，他也就不会再有印象如此深刻的体验了。这两个男人在最后离开房间的时候也是缓慢地走开，以便让婴儿观察到他们是不同的两个人。婴儿的爸爸和叔叔通过帮助婴儿建构内在能力而达到了教育目的。

还有一些和不会说话或走路的孩子有关的例子。一个人抱着一个几个月大的婴儿站在饭厅里，这个婴儿正在喝奶，就在这时，他突然看到了一幅画了许多水果的画。这个婴儿之前曾见过成年人是如何吃水果的，于是他一边看着画，一边作出模仿成年人吃东西的动作。抱着婴儿的人看到这个婴儿十分开心，便抱着他站在画前，直到婴儿不再对这件事情感兴趣时才离开。我们可以称这位抱着婴儿的人为“教育家”，因为他能够让这个婴儿尽兴地进行练习。

还有一个例子，一个小孩曾看过别人跳舞的样子，所以当他在大厅看到芭蕾舞者的雕像后，马上就知道这个雕像要表现的是一个人在跳舞，并模仿着雕像的样子跳起来。

孩子会对房间里的某些特定东西产生特别浓厚的兴趣。如果有人在一个房间里放了一件原本不放在这个房间里的东西，孩子就会马上发现，并追问这件东西是什么。有一天，一个小女孩在外面玩的时候发现墙边有一块石头，她对这块石头产生了深刻的印象，于是每次出门后，她都会特意在这块石头边停下来，然后盯着它看上一会儿。

毫无疑问，孩子喜欢接近光亮和花朵，也喜欢观看动物，因为他们都是天生的观察家，他们有敏锐的观察力，能够把看到的东西按照次序储存在大脑里。孩子经常会为了满足自己的观察欲望而做一些事，比如在我们讲话时观察成年人的嘴形，可是我们却并没有意识到这一点，我们认为想要吸引孩子的注意力，我们就必须大声喊叫，或叫出孩子的名字。其实，哪怕我们只是假装说话，嘴唇只是作出了轻微的动作，孩子都会专注地观察我们的嘴唇。我们嘴唇的运动让他们感到着迷，因为有一种必须要完成任务的意识正在他们的体内进行着发展，所以孩子会对语言产生敏锐的感觉。如果我们把一个只有 4 个月大的孩子抱到一个只动嘴唇而不发出声音的人面前，这个孩子一定会好奇地观察那个人。显然，孩子观察他人唇形的变化是为了激发他对语言的模仿能力，这刚好符合他的内在发展。

让我们把视线转向年龄较大一些的孩子。我曾有机会观察几位日本的爸爸，他们对孩子表现出了充分的了解，这种了解甚至比我们对孩子的了解还要深入。有一天，一位日本爸爸带着一个两岁的男孩外出散步，这个男孩走着走着，突然坐到了路边。这位爸爸并没有大声训斥孩子，也没有向孩子发出“地上很脏，快起来”一类的命令，而是站在一边看着孩子，等孩子自己站起来。这位爸爸并没有在孩子面前表现出长者的不可一世的姿态，他对孩子表现出了尊重，这种表现正是一位教育家应该拥有的。我还见过一位日本爸爸把双腿分开，任由孩子在自己的双腿之间跑来跑去。这位爸爸虽然作出了这样的姿态，但是他还是保持着自己的尊严。我对那些从育儿方法或是传统的教养方法中得到智慧的人表示钦佩，因为在这个世界上，有太多人只是急着把孩子教导成为和成年人一样的人了。

我曾在米兰的街头遇到过这样的情景，一位在我们学校上过课的妈妈正牵着孩子的手过马路，当教堂的钟声响起时，孩子停了下来，想要听完钟声再走，可是妈妈却很生气，她一边责怪孩子，一边催促他快些走，丝毫不理会孩子听到钟声响起时心中的喜悦。由此可见，想让成年人对孩子保持被动的态度是件非常困难的事。可是虽然非常困难，我们还是必须这样做。每个成年人都必须了解孩子需要什么，同时抑制自己心中想要塑造孩子的虚荣心态。我们绝对有必要让每一个独特的个体进行内在生命的自我教育。

目前，我们似乎只注意到孩子需要新鲜空气和阳光。这两样东西的确不可缺少，但它们只有益于孩子的身体，即使我们让一个孩子每天都沐浴在明媚的阳光之中，可是他的内心却接受不到一丝光亮，因为孩子特有的缓慢、脆弱且重要的内在建构工作被成年人用力量盲目无知地摧毁了。

成年人必须学会敏锐地观察出孩子的需要，只有这样，我们才能在恰当的时机给予孩子适当的帮助。如果我们想要拟订一套育儿原则，那么这套原则中的第一项就是要让孩子参与到我们的生活中来。孩子必须在成长期间对成年人的很多行为举止进行模仿，如果他们观察不到成年人行为的方式，他们就没有办法学得很好，就如同失聪的人没有办法学会讲话一样。成年人在听到我们要求他们延长陪在孩子身边的时间，允许孩子参与他们的生活时，都会流露出为难或不情愿的表情，其实这只是他们的心理作用。这样做并不困难，也不需要花费他们一分钱，他们只要对自己的情绪进行调整，一切就能够顺利地进行下去了。如果一个孩子不会提问，他就像一个没有身体的灵魂一样。然而，人们在过去形成的偏见根深蒂固，所以很多人不接受我们提出的“成年人应该长时间陪伴孩子”的原则。所谓的健康科学认定孩子和植物人一样都需要长时间的睡眠。我们为什么要用蛮横残忍的方式强迫孩子去睡觉呢？如果我们不对孩子施加压力，而是让他们待在我们的身边，直到想要睡觉时才去睡觉，我们就会发现孩子其实不需要睡得那么久。

在北欧地区非常流行让孩子早早上床睡觉的做法，虽然这只是一种毫无科学根据的偏见，可是我们却心安理得地接受了它。曾有一个孩子对我说，他非常想看到星星。这个孩子经常听到很多人说星星很漂亮，可是他却没有办法看到，因为他的家人总是在天刚要黑时就让他去睡觉。由此可见，这个孩子在进行内在建构时一定会觉得很累，因为他每时每刻都要和成年人进行拉锯战。成年人强迫他去睡觉的做法恰恰摧毁了他的建构过程。

耶稣基督要我们学会宽容："不要把冒烟的蜡烛熄灭。"我们可以把这句话解释为："当蜡烛已经熄灭时，不要多此一举地去再次熄灭它。"如果把这条宽容原则应用在教育上，我们可以这样理解："不要摧毁孩子设计内在生命的软蜡。"这是那些正在教导处于建构自我过程的孩子的老师所面临的最重要的责任。

我们坚持这样的基本教育观念，即绝对不能成为孩子发展中的障碍。明白必须做的事虽不是件简单的事，却也不是非常困难的事，最困难的事是了解必须去除哪些先入为主的观点和无益的偏见，只有去除了这些不利因素，我们才能教育好孩子。

Part 4

关于“儿童之家”

近年来，孩子的生活条件得到了显著改善，看过各文明国家对婴幼儿夭折率的统计后，我们可以发现，婴儿的夭折率在不断下降，这一现象在英国特别明显。

婴幼儿夭折率明显下降和孩子身体发育条件的改善有关，现代的孩子拥有更健康的身体和更健壮的体格，这与科学的传播和普及是息息相关的。妈妈们渐渐对现代卫生学要求的条条框框表示接受，并在抚养孩子的过程中应用了这些原则。社会上也成立了很多新的机构，这些机构以“为处于身体发育阶段的孩子提供帮助和保护”为宗旨，并不断对自身进行完善。

这样，一个真正意义上的新种族就诞生了。他们的身体发育得更好，体格也成长得更加健壮，并且能够对各种逐渐加剧的疾病的侵袭产生抵抗力。

科学是怎么让这样的效果产生的？科学只为我们提供了一些简单的准则，只要我们按照这些准则去做，孩子就能够尽可能过上正常的生活，他们身体各种机能的运行机制可以按照一个正常的秩序和一个指导性的规律进行。比如，科学提倡妈妈们对婴儿进行母乳喂养，提倡废除襁褓，提倡给孩子洗澡，建议家长们多让孩子进行户外活动，给孩子们穿上简单轻便的衣服，并让孩子拥有充足和安稳的睡眠。这些科学准则还向我们提出，要根据孩子的生理需求合理地为他们安排饮食。

然而，科学还是没能让人们过上一种全新的生活，妈妈们还是用习惯的方式照料各自的孩子，亲自给孩子穿衣服，并为孩子准备和以往相同的饮食。

我认为，如果一个人盲目地、毫无秩序地进行某种身体行为，那么他一定会生病甚至死亡，相反地，如果他有秩序地、合理地进行同样的身体行为，那么他就能够获得力量和生气。

也许科学最大的“进步”就是让我们误以为我们是无所不能的，误以为孩子的一切都要由我们来掌握。

我们应该仔细地掂量并思考一下，我们的孩子是否真的只是一个无能的躯壳，他们是否一旦离开我们的帮助和照料，就无法健康地成长和发育，又是否会因为拥有一个健康的身体就感到非常满足。如果孩子真的像我们假设中的那样，他们的命运和我们饲养的动物又有什么区别呢？两者之间唯一的区别就是他们比那些动物吃得更好，并且可以吃掉我们饲养的动物吗？

很显然，人类的命运并非如此局限，我们所指的照料孩子不仅涉及生理卫生学的方面，还要涉及许多其他方面。一些妈妈们以为自己只要给孩子洗澡，再用婴儿车推孩子去公园就已经尽到了义务。而事实上，人类母亲的使命并不仅仅如此。鸡妈妈会把小鸡聚集在一起，看着它们玩耍。猫妈妈会用舌头舔遍小猫的全身，温柔地照顾并呵护自己的孩子。动物界的妈妈们为孩子所做的这些事情和人类的妈妈们对孩子做的事情是相同的。

我们不可以这样，如果人类的妈妈也仅仅用动物的方式对待自己的孩子，那么她的心思就白费了。在她的内心会产生一种渴望，这种渴望要求她为孩子做更多的事，而如今，这种渴望受到了抑制。

孩子不但身体上需要成长，精神上也需要成长。妈妈们希望了解孩子的精神是如何成长的，她们希望看到孩子慢慢地成长为一名“圣人”。

很明显，科学并没有停止它发展的步伐，它在这条道路上刚刚迈出了第一步，因为截至目前，科学还只停留在关注人们的身体健康上。科学必须发展，必须让它以前努力改善孩子健康状况和拯救孩子生命的精神继续发扬下去，因为只有这种积极探索的精神得到了发展，孩子的思想生活才能得到加强，孩子也能够从中受益。思想生活是真正专属于人类的生活。在这样一种积极探索精神的驱动下，科学还会对那些隐藏于人类精神胚胎中的潜在创造力如智慧、性格等进行指引，以便它们能够正常地发展。

食物和氧气是孩子身体成长所必需的元素，孩子必须从外部环境中获得这些必要元素，这是一项伟大的生理工程，即成长工程。想要让成长工程顺利进行，精神也必须从外部环境汲取发展所需要的养料，至于需要汲取什么养料，则由它自身的成长规律决定。成长现象本身就是一项伟大的工程，这其中包括骨骼的坚固、整个身体的成长、大脑细微构造的完善和牙齿的形成等。这些现象都是在生理器官的真实劳动中产生的，它们也说明了器官在发育期间会经历必要的转化。

这些努力不同于人类在所谓的外部劳动，即社会生产中所做的向前推进。人类可以在进行学习的学校中进行这种社会生产，也可以在能够通过各自的智力劳动创造财富并改变自己周围环境的社会中进行这种社会生产。

然而，把它们都称之为劳动也不正确。其实，器官至少能够在最重大的几个生理发育过程中执行某些外部任务，有时，它们还可以完成一些程度非常高、难度非常大的成长任务，哪怕这些成长任务的强度已经超出了个人能够负担的范围，比如单凭过度的劳累损伤这一个原因，就可以让一个人感到精疲力竭，甚至死亡。

如果一个人想要避免这种沉重的外部劳动，他可以利用他人的力量帮助自己完成。可是如果他想逃避自己内心的思想劳动，那么他无论做什么都是徒劳的，因为所有人都必须亲自完成自己的思想劳动。这种劳动虽然艰难，却不可避免，我们称为“孩子的劳动”。

我们说孩子应该多休息时，所指的只是劳动问题中的一个方面。我们想表达的意思是，不要让孩子把精力都花费在那些看得见的外部劳动上，因为如果单靠他们微薄的力量去做这些劳动，他们并不能为任何人带去贡献。所以，我们这些主张也不是绝对的。事实上，我们认为孩子在休息的时候，孩子却正在进行一种以“自我形成”为目的的、神秘的思想劳动。他们在为长大成人做准备工作。

想要长大成人，除了在身材上长大之外，还要确立具备本质的运动神经系统和神经系统功能。此外，智力的发育也要达到一定的程度。我们把孩子需要具备的功能分为两类：第一类是运动神经系统功能，孩子可以通过这种功能获得平衡力，学会走路并对肢体的动作进行协调；第二类是感觉功能，孩子可以通过这种功能对周围的环境进行感受，并不断对其进行观察、比较和评价，这些行为都为他们日后智力的发育打下了基础。

这样，孩子就能够逐渐对周围的环境进行熟悉，并让自己的智力得到开发。同时，他们使用语言的能力也得到了锻炼。孩子不仅要面对发音动作所产生的运动神经问题、发音和语句，还要对名称和语言句法的构成进行理解。

让我们想象一下，一个人刚刚移民到一个陌生的国家，他对这个国家一无所知，既不知道这个国家有什么特产，也不知道这个国家的自然概貌如何。

他不懂这里的风土人情，更不要说社会制度，最麻烦的事情是，他对这个国家的语言也是一窍不通。如果他想要和这个国家的居民共事，他就必须先做大量的准备工作，在这方面，除了他自己，没有人能够代替他。他必须亲自去了解这些事情，然后在心中形成相应的概念和评价，而后，他还要经历长时间的学习和练习，这样他才能真正地掌握这个国家的语言。

那么孩子们又面临着怎样的处境呢？刚刚“移居”到我们的世界的他们是如此弱小，他们的各部分器官还没有发育完全，可是他们却必须在很短的时间内适应如此复杂的世界。

截至目前，我们还没有在这一方面给予孩子合理的帮助。我发现，当我们面对如何帮助孩子进行精神发育这一问题的时候，我们的表现就像当初面对孩子的高死亡率时一样，我们对此束手无策，只好听天由命，任其发展。

“身体适应”是一种内在劳动，它和任何“外在劳动或产品”都不同。我把“必须用科学而理性的手段来帮助孩子完成身体适应”作为我提出的婴幼儿教育方法的根本目标，也正因如此，这里阐述的某些原则和实际应用研究的技术只能针对 3～7 岁的孩子使用，而不能通用于所有的孩子。也就是说，这些原则和技术能够满足孩子性格形成时期的教育需要。

我的教育方法无论从内容或是从目标上来看都很科学，它不仅能让孩子在物质和生理方面取得进步，还能够取得更高层次的进步。过去的卫生学仅仅从生理角度进行了一些论述，为了让卫生学变得更加完整，我的教育方法还会尽力对卫生学已经进行的课程进行补充。

如果我们现在拥有一些对正常儿童出现神经衰弱、语言障碍、感知推理能力不足，以及缺乏个性等情况进行统计后得出的数据，那么我们可以把这些数据和对那些具有同样资质，但经过几年理性教育的孩子身上出现的上述病理进行统计后得出的数据放在一起作比较。然后，我们会发现一件有趣的事，这些统计数据和如今表明儿童死亡率下降和身体发育改善的数据之间有着惊人的相似。

“儿童之家”为孩子们提供了一个开展活动的环境，我们不会为这种学校设定一个固定的类型，根据可调配的资金和学校能给孩子提供的机会的不同，学校也可以呈现出多样化。“儿童之家”是一个真正的家，在这个家里有一些房间，还有一个大花园，孩子们就是房子的主人。我认为带有遮蔽处的花园最为理想，因为孩子们可以在遮蔽处玩耍或休息，也可以在这里搭上桌子吃饭或工作。这样，孩子就可以几乎完全在露天环境中生活。同时，遮蔽处还可以让孩子避免暴晒和雨淋。

通常情况下，学校中最主要的，也是唯一可以受孩子自由支配的房间是孩子们进行脑力劳动的房间。我们可以依据不同的资金情况和学校所处的不同位置适当在主室周围增建一些小一点的房间，如洗澡间、小餐厅、小客厅、公共休息室、手工房、健身房、洗手间等。

在布置这些房间时，我们必须按照孩子的标准进行布置，而不能按照成年人的标准进行布置。我们应该在这些房间中放一些专为孩子的智力发育而配置的教具，还要放一些一个小型家庭所需的全套配置。我们要选择一些轻巧的家具，这样孩子就可以随意挪动它们；我们要用浅色的漆来漆家具，这样孩子就可以用水和肥皂清洗它们。我们还应该为孩子准备各种尺寸和形状的低桌子，它们可以是正方形的，也可以是矩形或圆形的，它们可以是大的，也可以是小的。

矩形的桌子最普遍，因为只要有两三个孩子就能对它进行清洗。我们最好为孩子准备木制的椅子，但是也可以用柳条做一些小扶手椅或沙发。

在手工房内，有两件家具是必不可少的，其中一件是敞开着的长橱柜，这个橱柜必须很低，这样个子小的孩子才能在上面摆放一些小毯子、花朵之类的小东西。我们在橱柜里放了许多教具，这些教具属于孩子们的共同财产，第一个孩子都可以随时使用它们。

另一件必需的家具是一个小衣柜，这个衣柜里有两三排小抽屉，每个抽屉上都配有一个把手，还贴有一张写了孩子名字的小卡片。把手的颜色比较鲜艳，外观比较明亮，能够和抽屉的底色形成鲜明的对比。每个孩子都有自己的抽屉，他们可以把一些属于自己的东西放在里面。

房间的墙上低低地挂了一些黑板，孩子们可以在上面进行随意书写或画画。我们可以用这些画当作教室的背景，还可以不时地更换这些画。孩子们会以小朋友、家庭、自然风景、各种花和水果等作为画的主题，他们还会把听到的故事和历史故事用图画的形式表现出来。我们要保证孩子进行劳作的房间内始终摆放着观赏性植物和开着花的植物。

我们还会在手工房里铺上各种颜色的小块地毯，有红色的、蓝色的、粉红色的、绿色的和褐色的等。孩子可以随意地把小地毯放在地板上，然后坐在上面摆弄教具。我们学校的教室比一般的教室要大一些，这不仅因为我们需要有地方摆放孩子们的小桌子和独立的小椅子，还因为我们要为孩子留出大部分的空地，这样他们就可以随意地坐在地上，然后进行练习。

我们学校为孩子设置的起居室就相当于家庭中的客厅或会客室，孩子们可以在里面玩耍、聊天、做游戏或听音乐。这个房间里摆设了一些讲究和雅致的家具，包括摆放在四周的尺寸各异的小桌子、小椅子和沙发，固定在墙上的各种尺寸和形状的小托架，这些小托架用来放置小雕像、艺术花瓶或相框等。最重要的是，每个孩子都能拥有一个专属的花盆，他们可以在花盆中种各种室内植物，并负责护理和栽培这些植物。我们应该在起居室的桌子上摆放一些装有彩色画片的大册子，还要放一些形状各异的几何图形，这些几何图形既可以供孩子玩，也可以被孩子用来制作模型，这就要求我们为孩子设计一些旨在培养孩子耐性的游戏。我们最好再为孩子准备一架钢琴或其他乐器，如果可能，我们最好专门为孩子制造一架小型竖琴，这样就形成了一间完整的起居室。老师也可以不时在这里为孩子们讲故事，这一定会吸引许多孩子围上来聆听。

在餐厅里，我们除了要为孩子准备吃饭用的桌子外，还要放置一些孩子够得到的矮柜。我们用这些矮柜存放碗碟，这样孩子们就可以自己取放碗碟、勺子、刀叉和餐巾。我们为孩子准备了瓷制的碟子以及玻璃制的杯子和水瓶，并且会把刀子一直放在餐桌上。

此外，我们要为孩子准备一个更衣室，并在更衣室里为每个孩子准备一个衣柜或搁板。我们应该在房间的中间设一个简单的由桌子构成的盥洗台，每张桌子上摆放一个脸盆、一块肥皂和一个指甲刀。我们在靠墙的地方设了一个水槽，用于孩子们汲水和倒水。

在“儿童之家”，我们从不限制孩子使用这些设施，因为我们要求孩子什么事都自己做。孩子们需要自己清理房间，自己清洗家具，把铜器擦得闪闪发光，还要摆放和清洗桌子，洗餐具，打扫并卷好小地毯，还要自己洗衣服和煮鸡蛋。我们为孩子钉了一些很矮的小挂钩，孩子要自己穿衣服和脱衣服，然后把脱下的衣服挂在小挂钩上，如果是孩子非常小心和在意的衣服，孩子就需要把它们折叠好，然后放进存放床单等物品的衣柜里。

如今的玩具产品已经制作得非常精致和复杂了，所以孩子们能够拥有一个完整的娃娃小屋。他们可以给屋里的娃娃穿衣服、脱衣服，还可以假装在厨房里给娃娃做饭，生产这种玩具的人希望现实中的孩子能成为自己生活舞台上的演员。我设计过一种计步器，它是“儿童之家”装备的一部分，我对它进行了多次的改良后，终于让它成为了一种非常实用的仪器。

计步器的用途正和它名称所表明的那样，是用于测量孩子身高的仪器。它有一个由宽矩形板构成的底座，在底座的中央竖着两根木制标杆，两根标杆的顶部由一个扁平的窄金属片连接在一起。每根标杆都连着一个水平的由金属棒制成的指示器，指示器外面被金属的外框所包裹。金属外框和指示器是用一个金属片制成的，其末端还固定了一个橡胶球。我在一根垂直标杆的后面安了一个木制的小座椅。每一根标杆上都刻有刻度，不同的是，固定了座椅的标杆上的刻度以椅面的高度为起始高度，而另一根标杆则以底座木板的高度为起始高度，最顶端的刻度为 1.5 米。我们用有座椅的标杆测量孩子坐时的身高，而用没有座椅的标杆测量孩子站时的身高，这个仪器的实用性在于，如果两个孩子合作，这个仪器就可以同时为两个孩子进行身高的测量。

孩子们会很乐于脱掉鞋子，然后在计步器上摆好姿势。他们可以并不费力地上下移动金属指示器。金属外框把指示器紧紧地固定在标杆上，所以即使使用它的人是新手，也不会把指示器弄偏。此外，这个仪器操作起来非常容易，我们几乎不需要花什么力气就能移动它。放橡胶球的原因是为了避免孩子们的头部在碰到金属指示器时受伤。

孩子们非常喜欢计步器，他们常相互建议一起去测量身高。这样的提议往往能召集到许多孩子。孩子们非常爱护计步器，他们会把它擦拭得干干净净，并把金属部分擦得闪闪发亮。计步器的表面非常光滑和明亮，这让孩子们不由自主地产生了爱护它的欲望。清洁明亮的计步器就是对孩子们付出的辛勤劳动的回报。

计步器证明了我的教育方法具有科学性，因为它以对孩子们所进行的人类学和生理学的研究为参考，每个孩子都有属于他们自己的成长记录。这个记录对所有我们能够观察到的孩子在我所实施的教育方法下的发育历史进行了记载。我在我的另外一些著作中也提及了这一点。我们把孩子们在计步器上量身高的场景拍进了我们的系列电影，在电影中，我们可以看到这些孩子一个接一个地走到计步器上，他们所做的一切都是出于自愿的，即使是最小的孩子也会自愿地这样做。

Part 5

“儿童之家”的教育方法

我主张让孩子遵循自然的法则开展生理和精神的发育，所以我的教育法也以这个法则为本。“儿童之家”的教育方法可以被分为三部分：

1. 对孩子进行运动神经培养；
2. 对孩子进行感知培养；
3. 对孩子进行语言训练。

我们以照料孩子以及安排和处理孩子周围的环境为培养孩子运动神经的主要手段，而我的教具则可以对孩子进行感知的培养和语言的训练。在对孩子进行感知培养时，我们主要使用以下的教具：

1. 三套立体插件；
2. 三套尺寸不同的立体图形，其中包括一套粉红色立方体积木，一套棕色棱柱体和一套薄板（薄板可分为绿色薄板和红蓝相间的薄板）；
3. 各种各样的几何立体图形，包括棱柱体、棱锥体、球体、圆柱体、锥体等；

4. 一些表面粗糙的小板和一些表面光滑的小板；

5. 各种布料；

6. 重量不同的木块；

7. 两盒色板，每个盒子中都装有64块颜色各异的小木板；

8. 装有平面插件的小柜子；

9. 一套圆柱形密闭式盒子（音响）；

11. 两套音乐钟、一块画有五线谱的木板和一些用于标示音符的小圆片；

12. 两个有坡度的桌子和各种各样的金属插片；

13. 贴有砂纸字母的卡片；

14. 两个由彩色纸板制成的大小不同的字母表；

15. 一套贴有砂纸数字的卡片（1、2、3等）；

16 一套有光纸字数字的大卡片，用于对10以上的数字进行计数；

17. 两盒用于计数的小棒；

18. 适合教学方法的图画书和彩色铅笔；

19. 用于练习系带子、扣纽扣等的四方框，用以锻炼孩子的手部动作。

注：第12～19套教具用于让孩子进行书法和算术的练习。

Part 6

培养孩子的运动神经

培养孩子的运动神经是件非常复杂的事，因为它必须符合孩子的生理机体所必须要建立的所有协调运动。如果孩子不能接受到正确的指导，他们就会在进行运动时陷入混乱，而运动没有章法是小孩子的特性。其实，孩子“总是闲不住”，并且喜欢到处乱动东西，于是人们便认为“孩子生来就是任性的，他们就是喜欢调皮捣蛋”。

成年人在面对孩子的这种情况时，往往喜欢限制孩子的活动，对孩子下达“老实待着”“不要乱动”一类的命令，其实这样的命令对孩子一点儿用都没有。孩子需要在运动中对那种能够真正把他们的运动组织并协调为对人类有益的运动进行探索，所以，我们不应该试图让孩子保持静止。我们真正应该做的事是对孩子的运动进行指导，并把他们引向他们真正想要做的运动。这就是这个阶段的孩子进行肌肉锻炼的目标。我们一旦为孩子指明了方向，孩子就会改变混乱的运动方式，然后向着正确的目标发展。这样，孩子们就可以安静地成长为一个积极的工作者，同时也会成长为一个镇静而且充满乐趣的人。这种运动培养也是产生“儿童之家”所展现出的外在“训练有素”

的主要因素之一。我在我其他的著作中详尽地叙述过这个主题。

肌肉训练包括以下的 7 个方面：

1. 基本运动，包括走路、站立、坐、操纵小物体等；

2. 照顾自己；

3. 家务劳动；

4. 园艺劳动；

5. 手工劳动；

6. 体育活动；

7. 韵律活动。

学会穿衣服和脱衣服是照顾自己的第一步。我们学校为孩子准备了许多钉有布料或皮革等的四方框，孩子可以用这些教具进行这方面的练习，练习的内容包括扣扣子、挂钩、系带子等。事实上，这些练习包括了人类文明所创造的所有用来把衣服和鞋子系紧的方式。进行练习时，老师会坐在孩子身边，缓慢地向孩子演示手指应该如何运动，并刻意把这些动作分解成许多部分，以便孩子能够看得更清楚，更仔细。

比如，练习的第一个步骤是把绷在四方框上的两块布料对齐，以便在系的时候能够把两块布从上到下对正系好。在四方框上进行系纽扣的练习时，老师会把这个动作分成几段展示给孩子们。老师会先用手捏住扣子，把扣子对准扣眼，然后把扣眼慢慢地套在扣子上。最后，老师还要在扣子穿过扣眼后调整扣子的位置。在教孩子打蝴蝶结时，老师也会以同样缓慢的动作向孩子分步演示这一动作。

在有关我们学校的系列电影中，有一个片段就是老师教孩子用丝带打蝴蝶结的全过程。并不是所有的孩子都必须上这个课程，因为他们也可以从其他孩子那里学会这一动作。孩子们非常有耐心，他们会认真地对每一个动作进行分析，独立地、慢慢地、仔细地做好每一步。他们可以把四方框放在桌子上，然后选择一个舒适的姿势坐下来练习。如果孩子能够在一个四方框上反复地练习系扣和解扣并不感到厌烦，那么他们的双手就会越来越灵巧，做这些事时也会越来越熟练。这些孩子就像着了魔一样，只要一有机会，就会给真正的衣服扣扣子。我们常常看到一些小孩子不但喜欢自己穿衣服，还喜欢帮助其他孩子穿衣服。他们在进行这种动作时感到了乐趣，所以当成年人想要帮他们穿衣服时，他们就会全力地排斥。

我们也可以用同样的方式教孩子洗涤、摆桌子，或进行其他较大的活动。在刚刚开始练习时，老师必须参与进来，用准确的动作为孩子们做示范，老师可以加一些语言说明，也可以什么都不说。老师要把所有的动作都教给孩子，如如何坐下，如何从椅子上站起来，如何拿东西并举止得体地把东西递给其他人等。老师还要用这种方法教孩子如何在桌子上摞好碟子而不发出任何响声。

孩子们很容易就学会了做这些事情的方法，他们还在做这些事情时表现出了极大的兴趣和让人感到惊讶的谨慎。如果一个班级的孩子较多，我们有必要让他们轮流承担上菜、洗碗一类的家务劳动。我们不用强迫孩子们去做这些工作，因为他们很乐意遵守这种制度，即使是只有 2 岁的孩子都会自觉地承担起自己的那份工作。我们经常看到孩子们努力地去模仿、回忆并最终克服困难，这让我们非常感动。纽约的雅各比教授曾经历过一件让他非常感动的事情。有一次，教授看到一个两岁大的孩子，这个孩子看起来并不是很聪明，他似乎忘记了应该用哪只手拿叉子，于是他站在那里久久地思考。很显然，他在调动他所有的脑细胞，其他大一些的孩子都在一旁用钦佩的目光看着他，这些孩子和我们一样，都被眼前逐步展开的生命成长现象深深地震撼了。

老师的教诲对孩子而言只能起着一种暗示和点拨的作用，这可以为孩子提供一个好的开端，剩下的就要靠孩子自己的努力了。孩子们学习，满怀喜悦地生活和工作，这种宁静而活跃的气氛能够让孩子形成同情心，并养成互相帮助的生活态度等。最奇妙的是，那些年龄大一些的孩子能够理解并关心那些年龄小一些的孩子在成长过程中取得的进步。孩子们生活在宁静、平和的环境中，他们可以在这里拥有在自己家里一样的感觉，这样就足够了。我们可以在“儿童之家”的系列电影中看到，孩子们在不断地走来走去，他们都在为自己的工作而忙碌，而老师则只会在角落里静静地坐着，慈爱地观察着孩子们的行为。我们还可以看到一些孩子们在“儿童之家”的生活场面，孩子们会照顾周围的人，还会打扫周围的环境，他们会自己洗脸、擦鞋，会清洗家具、给地毯掸灰，把计步器上的金属指示器擦得闪闪发亮等。我们看到孩子凭借自己的力量布置餐桌，端盘子、摆放餐具等。当他们入座后，小服务员们就会为他们端上热汤。

除此之外，孩子们也非常喜欢园艺课和手工劳动课。园艺已经成为大家所熟知的一种特色幼儿教育，而且大家也一致认为植物和小动物是最能吸引孩子注意力和关心的事物。“儿童之家”在这方面的最理想的设想是效仿那些学校里目前最好的做法，这些学校都是在莱特夫人的启发下添置了这些课程的。

对孩子们进行手工训练时，我们选择了泥塑，也就是让孩子用泥土捏制一些小瓦片、花瓶或砖块等。我们也会为孩子提供一些制作这些物品的模具。制作的目的是完成整个制作过程，最后，我们会把孩子们制作的所有小物品涂上釉，并放到熔炉中烤制。孩子们可以把自己设计并完成的各色瓦片贴在墙上，也可以借助灰泥和泥铲把自己制作的小砖块铺满地。他们还能挖一个地基，然后用这些砖在上面垒围墙或鸡窝。

在进行体育训练时，我们需要考虑许多事情，其中最重要的一项就是“踩线”。通常情况下，我们会用粉笔或颜料在地板的一大片空地上画一条线，有时也会画两条椭圆形的同轴线。孩子们要模仿杂技演员踩在钢丝上的步法小心地沿着线前行。为了保持身体平衡，孩子们有时也会像真正的杂技演员一样努力地稳住身体，不过他们并不需要担心会遇到危险，因为他们自始至终都只是在地上行走。老师也会和孩子一起做这样的练习，她会向孩子们示范如何放置双脚以及如何移动双脚，她不需要做什么解释，只要让孩子们跟在自己身后模仿就可以了。最初，只有几个孩子跟在老师身后，老师向孩子们演示了动作后就离开了，留下孩子们自行练习。

大部分孩子会在老师离开后继续沿着线走下去，他们非常小心地移动着自己的双脚，尽力让自己适应老师示范的动作，努力保持身体的平衡，以免从线上“掉”下来。其他的孩子看到他们走线的样子，慢慢地围上来观看。渐渐地，孩子们都站到了这些线上，他们都在一边摇摇晃晃地寻找平衡，一边沿着线行走。他们仔细地看着自己的脚，脸上满是认真和专注的神情。

我们也可以在练习中加入一些音乐，用来配合孩子们练习。我们可以选择一个节奏和旋律都比较简单的进行曲，开始的节奏不要太明显，但是要能够起到伴奏的作用，这样就能激发孩子们的自发努力意识。

当孩子们在这种练习中学会了把握自己的平衡后，他们就能够标准且完美地行走了。他们不但能够以镇静且从容的步法行走，还能让身体呈现出一种不同寻常的优雅仪态。我们也可以把这种“踩线”练习变得更加复杂。首先，我们可以在钢琴上弹奏一些进行曲，让孩子们跟着节奏进行训练。我们可以把一首进行曲重复弹给孩子们听，这样持续几天后，他们就能够找到节奏，并用手臂和脚的动作配合音乐。他们还能把歌曲作为他们“踩线”练习的伴奏。

慢慢地，孩子对音乐越来越熟悉。就像乔治小姐在华盛顿的学校里所看到的那样，到了最后，孩子们可以一边唱歌，一边用教具进行日常工作。于是，我们就经常能在“儿童之家”里看到一群一边工作一边嗡嗡哼唱的“小蜜蜂”们。

我在“方法”那一节中曾提到过小体育馆，在体育馆中，有一样装置非常实用，即“篱笆”。孩子可以用手臂抓住“篱笆”，然后把自己吊在上面，这样他们的双脚就不需要承受过重的负担。孩子的双脚得到了解脱，同时他们的双臂也得到了锻炼。这种“篱笆”的另一个优势在于，我们可以用它对花园进行隔离。我们可以在种花区和散步区之间隔上一道这样的“篱笆”，这样即能起到隔离的作用，又不会有损花园的外观。

Part 7

对孩子进行感知训练

为了对孩子进行感知训练，我设计了一些教具，这些教具都为我们这项训练提供了手段和方法。

在我的工具箱中，三套木制立体插件应该是最容易吸引两岁半到 3 岁的孩子的注意力的物品。每个插件上都插了 10 个小圆柱体或圆面，所有插在插件上的小部件上都有一个圆顶的小把手。第一套插件中的圆柱体高度相同，但是直径依次递减；第二套插件中的圆柱体直径和高度都依次递减，但是形状都相同；第三套插件中的圆柱体直径相同，但是高度依次递减，最后一个变成了圆面。

第一套插件涉及了两个尺寸度（截面）的变化，第二套插件涉及了三个尺寸度（截面和高度）的变化，第三套插件只涉及了一个尺寸度（高度）的变化。在设计这些排列次序时，我对孩子进行这种训练的难易程度进行了思考。

在对孩子进行感知训练时，老师要让孩子把所有的圆柱体都从插件中取出来，然后把它们打乱顺序混合在一起，最后再按照正确的顺序放回去。孩子可以在小桌旁坐下来，然后以一种比较舒适的姿势进行这种练习。在拿取小圆柱体时，孩子会用两个手指尖小心地捏住圆柱体上端的把手，把它们小心地提出来。然后，孩子要轻轻地把这些小圆柱体混在一起，同时确保不会在这一过程中弄掉小圆柱体或制造出噪声。最后，孩子要把这些小圆柱体放回它们各自的位置。

在孩子进行这些练习前，老师可以先向孩子示范如何把圆柱体从插孔里取出来，如何把这些圆柱体混合在一起，以及如何把这些圆柱体放回原来的位置。但是老师不需要亲自把整个练习都做一遍，因为当孩子们看到同伴们操作练习的方式时，他们就会进行模仿，这也就不需要老师一遍遍地做示范了。

孩子们对这样的练习非常感兴趣，有时，为了避免周围的人不合时宜的帮助，孩子们甚至会在没有人的地方进行这项练习。

可是，孩子们是如何把那些顺序已经打乱的小圆柱体放回它们各自的位置上的呢？通常情况下，孩子们会进行一些尝试。有时，他们会试图把一个大一点的圆柱体放进一个小一些的插孔里，当他们发现这个孔太小后，他们就会依次去试着把这手中的圆柱体放到大一点的插孔中。直到他们找到了正确的位置，他们就会拿起另外一个圆柱体，继续进行这项练习。有时，孩子们也会出现相反的情况，即把圆柱体插到了大一些的孔里，如果一个孩子并没有发现这一点，继续进行下去，到最后，他的手中就会剩下一个找不到合适地方插的圆柱体。这样的情况让他感到困惑，因为他认为之前所有的圆柱体都放对了位置。于是他开始仔细地思考，并试着去感觉那些小圆顶，想确定是否有哪个圆柱体放错了位置。他进行过多次的尝试后，终于发现有一个圆柱体放错了位置，于是他便纠正了这个圆柱体的位置，并露出胜利的笑容。

孩子可以在进行这种练习的过程中得到智力的提升，他们希望从头开始，依靠自己的努力把这些圆柱体放回正确的位置，所以他们一次又一次地重复这一练习。3 岁到 3 岁半的孩子能够至少连续进行 40 次这种练习。如果我们在孩子对这套教具失去了兴趣，我们只要把第二套和第三套教具摆在他们面前，他们就会重新产生兴趣。

这种教具能够锻炼孩子用眼睛区别物体的尺寸的能力，因为当练习进行到最后时，孩子就能够凭肉眼对手中拿的小圆柱体的体积作出判断了。教具本身能够控制错误的出现，孩子能够在进行练习时真切地体会到这一点，我们正是在这样的基础上建立了教育方法。

在想要达到预期目标的信念的引导下，孩子不断进行着自我纠正。没有老师命令他们注意他们的错误，也没有老师强迫他们改正错误，这一切都是在孩子自己才智的复杂劳动中产生的。所以我们说，孩子从这时就开始进行自我教育了。

我们并不是为了达到某种外在的、表面层次的目标而让孩子进行这种练习的，我们并不以让孩子学会放置那些小圆柱体为目的，而是以让孩子们学会如何做练习为目的。我们追求的是一种内在的、深层次的目标，即让孩子训练他们的观察能力，并引导他们比较观察的物体，从而形成他们自己的判断、推论和决定。只有不断地重复做这种锻炼注意力和理解力的练习，孩子们才能够得到真正的发展。

在圆柱体插孔练习之后，我们为孩子准备了三套几何立体图形。

1. 10 个漆成粉红色的木制正方体，第一个正方体边长为 10 厘米，其他正方体的边长依次比前一个少 1 厘米。

孩子可以把小地毯铺在地上，然后用这些正方体在地毯上搭一座塔，用最大的正方体用来做塔底，用最小的正方体用来做塔顶，中间的正方体从下到上按照从大到小的顺序摆放。有时孩子刚刚把塔搭好，塔就被手带起的风吹倒了，大大小小的正方体散落一地，于是孩子就重新把它们搭起来。

2. 10个长为20厘米的棕色棱柱体，方形截面的边长从10厘米依次递减到1厘米。

孩子在练习时，要把10块棱柱体散在浅色的地毯上，然后把它们按照薄厚顺序排列。

3. 10个边长为4厘米的绿色或红蓝相间的薄板，方截面相同，但薄板的长度不同，最短的为10厘米，最长的为1米。孩子把10块薄板放在一块大地毯上，然后把它们混合在一起，接着对这些薄板进行比较，最后把它们排列成管风琴状。通常情况下，老师会先向孩子们示范一下排列薄板的方式，但是孩子却不是直接从老师那儿学会如何做这些的，他们是看过其他的孩子的操作后才真正学会排列的。孩子们在进行练习时，老师仍然应该在一旁对孩子的活动进行观察，并在恰当的时机纠正孩子们的错误。不过老师的纠正都是针对孩子对教具不恰当的使用方式而作出的，而不是针对孩子排列薄板的顺序作出的。孩子在排列薄板的过程中会出现错误，是因为他们缺乏足够的练习，只要他们能在反复地练习中进行仔细观察，他们就能慢慢改正这种错误。有时孩子也会在进行练习时犯一些明显的错误，不过由于这种练习并不以让孩子按照正确的顺序排列薄板为目的，而是以让孩子亲手去做为目的，所以老师不需要在这一方面对孩子进行过多干涉。

总有一天，孩子能够把所有薄板按照正确的顺序摆放好。当孩子满心喜悦地叫老师过去欣赏他们的杰作时，我们的目的就达到了。

孩子在进行正方体、棱柱和薄板这三套装置的练习时需要走来走去，而且他们需要在行走的过程中拿着这些他们难以用手把握的教具。孩子们在使用这些教具的过程中锻炼了自己用眼区别相似物体大小的能力。如果凭感觉来看，这种练习好像比之前提到的圆柱体插孔练习容易很多，也简单很多，可事实上，这种练习的难度更大，因为教具本身不能对孩子的错误进行控制，孩子只能用眼睛来控制错误的出现。所以，我认为物体之间应该有醒目的区别，这样孩子一眼就能发现。基于这个原因，我所使用的教具体积都比较大，并且会让孩子事先进行一些立体插孔一类的练习，以锻炼他们的基本眼力。

我们也可以让孩子在同一阶段内做一些其他练习。我的教具中有一块小矩形板，一部分表面是粗糙的，另一部分表面是光滑的。孩子已经学会如何用凉水和肥皂洗手并擦干，他们还会把手指尖放入温和的水中浸泡几秒钟。我在本书中有关教育方法这一节中提到过，我们可以让孩子在这时进行循序渐进的感觉热度的练习。

之后，老师可以让孩子用指尖轻轻地分别触摸矩形板的两部分表面，让孩子们感觉到这两部分的不同。孩子在接触两个表面时，指尖会一前一后地运动，这种微妙的运动对培养孩子的控制能力非常有效。刚刚清洗过，并在温水中浸泡过的小手增加了美感和优雅，这是对孩子进行触觉训练时首先要做的事。在我的教学方法中，培养孩子的触觉是件非常重要的事情。

老师必须积极参与对孩子进行触觉训练的启蒙教育，不仅要向孩子们示范操作的过程，还要在参与时保持安静，因为老师需要握住孩子的手，并引导孩子用指尖尽可能轻柔地进行触摸。在指导孩子触摸两种表现的时候，老师不需要做任何解释，只要适当地鼓励孩子用手去体验不同的感觉就足够了。

当孩子感觉到这两个部分的不同后，他们就会自行地按照老师教的方法不断地去对不同的感受进行重复体验。当孩子们体验过这个矩形板后，我们可以让他们去感受一下另一种矩形板。这种板上交错着粘贴了一些光滑程度不同的胶带纸。

我们也可以利用一些层次分明的系列砂纸卡片对孩子进行触觉训练。孩子在触摸并感受这些不同的表面的过程中不断进行自我完善，他们不但提高了自己对各种相似度非常高的触感的辨别能力，还提高了自己对动作的控制能力。

孩子进行过这些练习后，他们即将进行对各种布料的触觉练习。这些布料包括天鹅绒、丝绸、缎子、羊毛、棉布、粗糙亚麻布和精细亚麻布。我们在每种布中选择了两块非常相似的布，它们都具有明亮和鲜明的颜色。

在这项练习中，老师要教孩子们一种新的动作。之前我们提过，老师要教孩子触摸物体，而现在，老师则要教孩子抚摩布料。孩子可以根据布料的精细或粗糙程度果断地或轻柔地抚摩它们。由于孩子曾做过类似的实践，所以他们会在这种练习中感到非常快乐。并且为了增强触觉感受力，孩子几乎会本能地闭着眼睛进行抚摩。有的孩子怕自己不够尽力，甚至用一块干净的手绢蒙住了自己的眼睛。他们在抚摩布料时会把布料按照相似的触觉分类，成对放好，然后解下手绢对自己的区分结果进行确认。

孩子很喜欢这种触摸和抚摩练习。在进行过这两种练习后，孩子会很自然地在自己周围的环境中寻找类似的感受和体验。我们看到，有的孩子看到来访者穿着由漂亮的布料制成的衣服后，马上去把手洗干净，然后走到来访者身边，轻轻地用手抚摩那件衣服的布料，同时他的脸上会呈现出兴趣十足的表情。

随后，我们会看到孩子们更加热衷于进行那些难度更大的练习。

我的教具中还有一些小的矩形板。虽然这些小矩形板的大小相同，但它们却是由不同的材料制成的。所以，这些小矩形板具有不同的重量和不同的颜色。

在进行练习时，孩子需要拿起其中的一块，把它轻轻地放在手掌上，四指伸开，像在称什么东西一样轻轻地上下掂量手中的矩形板。我们可以利用这一时机教孩子如何做出轻微的动作。当孩子能够敏锐地察觉出物体的重量时，他们的动作就会变得越来越轻微，当孩子不需要掂量这些矩形板就能够直接感觉出这些矩形板的重量时，这项训练的目的就达到了。想要达到这一目的，孩子就必须不断地重复这种练习。

当一个孩子对这项练习入门了以后，他就会主动用手绢蒙住自己的眼睛，然后重复进行这项练习。比如孩子会把重一点的木板放在右侧，然后把轻一点的木板放在左侧。然后他会摘下手绢，根据木板的颜色来确认自己有没有出错。

孩子可以在进行这个艰难的练习之前先用三套几何立体图形和带有粗糙面和光滑面的木板进行练习，也可以用一套裹有色彩鲜亮的丝绸的色板来进行练习。这种色板练习很容易吸引孩子的注意力。

整套色板共有 64 块，分装在两个盒子里，每个盒子里又分为了 8 个格子，每个格子里放 8 块属于同一颜色，但是深浅度不同的色板。在进行这项练习时，孩子首先要做的事就是给相同的色板配对。孩子要从打乱了顺序的色板堆里挑出两块颜色相同的色板，然后把它们放在一起。当然，老师不会把 128 块色板同时混合在一起，然后让孩子去挑选，而是会把几种颜色对比非常鲜明的色板混合在一起，如红色、黄色和蓝色，然后让孩子进行配对。老师会挑出 3 对或 4 对属于这 3 种颜色的色板，把它们混合在一起，然后从中拿出一块色板，比如是红色的色板。老师会把这块色板展示给孩子看，然后向孩子示范自己是如何从那一小堆色板中拿出和红色色板相同的一块色板。做完这些后，老师会把配好对的红色色板放在桌子上，再从色板堆里拿出一块色板，比如是蓝色的色板，然后她会让孩子从剩下的色板中挑出和她手中色板相同的一块。演示结束后，老师会把这些色板重新混合，然后让孩子自己重复这个练习。比如让孩子从中挑出两块红色的色板、两块黄色的色板和两块蓝色的色板，并分别配对摆好。

当孩子渐渐适应这一练习后，老师可以把色板颜色种类由 2 种增加至 4 种或 5 种，3 岁大的孩子最终能够从成堆的色板中配出 10 对或 12 对颜色相近的色板。当孩子的眼睛对颜色的一致性已经非常敏感后，我们就可以让他们进行辨别颜色深浅度的练习了。当孩子对每种颜色各种色度之间轻微的差别进行区分时，他们就得到了锻炼。我可以用蓝色色板举个例子，老师可以把 8 块深浅程度不同的蓝色色板按顺序排列好，这样做只是为了让孩子知道应该如何进行练习。老师做完这些后就可以走开了，剩下的事情留给孩子自己思考。孩子们常常会在练习中犯一些错误，有时，即使他们已经知道了这种练习的概念，可是他们还是会犯错。这说明他们还没有达到对一种颜色的各种深浅色度进行区分的阶段。孩子们只有不断进行实践，他们在这方面的能力才能逐渐增强。所以，我们应该留给孩子足够的空间，让他们自行练习。

如果我们希望孩子能够尽快适应这个练习，我们可以给孩子提两个建议。第一个建议是在每次练习时先把颜色最深的色板挑出来，这个建议给孩子们指出了一个明确的方向，从而极大程度地推动了孩子的选择。第二个建议是，我们可以不时地建议孩子对两块相邻的色板的颜色进行观察和比较，并把它们和其他颜色的色板区分开来。这样，孩子就会在摆放一块色板之前把它和它相邻的色板进行仔细比较。

最后，孩子会很乐意把64块色板混合在一起，然后把它们按照不同颜色摆放成8列，并且每列都按照从深到浅的顺序排列。这个练习也同样能让孩子用双手进行细微工作的能力得到锻炼，并且能让孩子的记忆力和注意力得到锻炼。孩子在做练习的时候既不可以随意把色板握在手里，也不可以让手在拿取或摆放色板时碰到裹在色板上的彩色绸布，他只可以握住色板两端的木头部分，然后把这些色板整齐地摆放成直线状。这样，排列好的色板看上去就像一条具有明暗色彩的漂亮丝带。想要摆出这一效果，孩子必须具备一定的手工技巧，这就要求孩子进行大量的实践和练习。

对于年龄大一些的孩子来说，这种色彩感知练习能加速开发他们的“色彩记忆”。当孩子对某一种颜色进行仔细观察后，他们就可以在没有刚才所观察到的颜色做引导的情况下，在混合好的色板堆中挑选出和那块色板颜色相近的色板。所以，孩子是通过记忆来对颜色进行识别的。他们在比较颜色之间的差别时，可以不依靠对实际事物的对比，而是只要靠他们脑袋里的印象就可以了。

孩子们非常喜欢这种“色彩练习”，他们也会在进行这项练习时产生一些离题的行为，比如他们的脑海中突然浮现出某种颜色，然后他们就会在现实生活中寻找有哪些事物和这种颜色相同。当他们能够在现实生活中找到和脑中印象相对应的实际存在的事物，并把这件实物握在手中的时候，他们就已经取得了真正的胜利。

还有一套非常有趣的教具是一个带有六层抽屉的小橱柜，我在每个抽屉里都放了一个木制的方框。几乎所有方框的中央位置都插嵌了一个大几何图形，这些图形都是蓝色的，在图形的中间部分按了一个小把手。我在每个抽屉的底部都铺了一张蓝色的纸，只要把几何图形拿开，我们就能看见抽屉的底部出现一个一模一样的图形。

我把这些几何图形按照一定的类推原理摆放在抽屉里：

1. 第一个抽屉里放了6个直径依次减小的圆形。

2. 第二个抽屉里放了1个正方形和5个等长不等宽的长方形，5个长方形的宽度依次递减。

3. 第三个抽屉里放了6个三角形，它们的边长和角度都不同，包括等边三角形、等腰三角形、不等边三角形、直角三角形、钝角三角形和锐角三角形。

4. 第四个抽屉里放了6个多边形，分别是1个五边形、1个六边形、1个七边形、1个八边形、1个九边形和1个十边形。

5. 第五个抽屉里放了6个不同形状的图形，包括1个椭圆形、1个卵形、1个棱形、一个直角梯形、一个平行四边形和一个梯形。

6. 第六个抽屉里没有放任何几何图形，也没有用于固定图形的小把手，只放了四块平面木板和两个不规则的几何图形。

我为这套教具设计了一套木框，这个木框中有一个格状分类夹，可以把这些抽屉架在上面。当它打开时，它会呈一个盖子状，当它合拢时，它能够完全覆盖住这六个抽屉，还能固定住它们，让它们保持原来的位置。

老师可以在给孩子们准备上第一堂平面几何图形课时使用这个木框，也可以根据判断挑选出一些图形备用。

我建议老师们在刚开始进行几何图形教学时先让孩子们看一些在形状上有很大区别的几何图形，然后再让孩子们看更多的几何图形，最后再把那些形状相似和相近的几何图形展示给孩子。比如老师可以在第一次进行木框练习时选择圆形和等边三角形，或圆形、三角形和方形。我们应该用几何图形木板填充木框中剩余的地方。慢慢地，木框就被各种几何图形填满了。起初是一些完全不相似的图形，如一个方形、一个非常窄的矩形、一个三角形、一个圆形、一个椭圆形和一个十边形或其他图形组合。

当这项练习已经进行过了一段时间后，老师会给孩子们选一些形状相似但尺寸不同的图形，比如6个矩形、6个三角形或6个圆形。

这个练习和之前我们提到的圆柱体插孔练习有相似之处，同样是从插件中取出嵌入物，然后把它们放在桌子上打乱顺序，再让孩子们把它们物归原位。孩子在取和放这些嵌入物时，要用手捏着上面的小把手。这种教具本身同样具有纠错的作用，因为所有几何图形插片都有它们各自专属的位置，它们不能被插入其他形状的孔里。所以，孩子只要多进行几次练习，他们就会成功地完成练习。在进行这项练习时，孩子能学会对不同的形状进行比较，如果他们弄错了插片的位置，他们就不能成功地把插片插进去，所以孩子就会渐渐发现不同形状之间的差别。同时，孩子用眼识别各种形状的能力也得到了锻炼和提升。

孩子做练习时必须要对手上的新动作进行协调，因为这一过程对孩子起着重要的作用。老师教孩子用右手食指和中指的指尖去触摸几何图形的轮廓，如果孩子具有两手都善用的能力，也可以让他们用左手。孩子不但要触摸几何图形的轮廓，还要触摸和图形相对应的孔的轮廓，只有这样，他们才能够把每一块几何图形放到它们正确的位置上。

孩子在进行这种练习的时候能够更容易对形状进行识别。有些孩子不能一眼识别出形状的特性，有些孩子会在放置几何图形时出现错误，但是当他们对几何图形和孔都进行过触摸后，他们就不会再犯这样的错误了。

孩子在触摸几何图形的过程中，他们的手对所触摸的事物产生了具体的了解。当孩子触摸木框时，这一点就显得尤为正确。因为孩子的两根手指需要顺着木框的边沿移动，所以木框对于他们来说既是障碍，也是向导。老师必须在刚开始的时候教会孩子如何进行触摸，这有助于孩子在以后进行练习。所以，老师在向孩子们做示范时一定要保证动作的规范，不但要缓慢地、清楚地进行，还要让孩子伸出手来跟着自己一起做，这是孩子们第一次尝试触摸，我们要让他们触摸到所有的细节部分，如几何图形的角和边。当孩子的手能够并准确地完成这些动作时，我们就可以让他们触摸几何图形，并感觉几何图形的形状。在进行过多次练习后，孩子就能协调地用手描出一种图形的形状。

可以说这是一种非直接性质的训练，但它却为孩子真正的绘画活动做了准备。这种训练能够锻炼孩子用手勾画封闭形状的图形轮廓的能力，这也是手上基本功的准备工作。也许孩子还没有意识到，当他们用手触摸、感觉并沿着一个确定的图形轮廓移动时，他们也正在为书写做准备。孩子对锻炼自己精确触摸平面插片轮廓的能力这件事非常重视，为了加强训练程度，他们还想出了一个办法，就是把自己的眼睛蒙住，这样他们就不能在训练时看到插图的形状，也就可以更好地把注意力集中在通过触摸图形的轮廓来识别图形形状这件事上。

我为几何图形在平面插片上所复制出的每个形状制作了相应的 3 套卡片，这些卡片的尺寸和插片木框的尺寸完全相同。我把这些卡片放在了 3 个特殊的成立方体形状的纸板盒里。

我在每套卡片上都画上或贴上了和平面几何图形插片形状及尺寸都完全

相同的几何形状。第一套卡片上贴有用蓝色纸剪裁出来的实心图形形状，第二套卡片上贴有用蓝色纸剪裁出来的宽约半厘米的图形轮廓，第三套卡片上画有黑色的图形轮廓。

这套教具能够增强孩子对平面形状的识别能力，但却并不能对孩子们出现的错误进行控制。在进行这一练习时，孩子只能够凭借自己的眼力进行判断，然后把图形放到相应的卡片上。此外，孩子每换一套卡片，他们的视觉辨别能力都能得一次提高。当孩子们用第三套卡片进行练习时，他们已经能够看出自己手里拿着的木制几何图形插片和其外形图之间有什么联系了。也就是说，孩子已经能够把具体存在的事物和提取的概念性事物联系在一起了。现在，孩子们对线条也有了明确的概念，他们会对于一个简单的轮廓中包含的图形形状进行辨认和了解，并作出评价。

训练有许多种，有些训练的方式是孩子自己发明出的。一些孩子喜欢把很多几何图形插片平摊在地上并摆好，然后像洗扑克一样混合手中的卡片。卡片洗好后，孩子会像发牌一样把每张卡片和它相应的图形插片放在一起。为了检验选择是否正确，孩子会把插片放在相应的图形上。孩子在进行这项练习时常常需要用到整张桌子，他们把木制图形插片放在最上面，插片的下面则是拥有相同图形的三张卡片。

孩子还发明了一种游戏，就是把两三张桌子拼起来，然后把三套卡片都放在上面并打乱顺序。进行游戏时，孩子会先拿出一个几何图形插片，然后迅速地扫一眼桌子上的所有卡片，接着以最快的速度从中找到和手中插片图形一致的卡片，并把它们放在一起。当四五个孩子一起进行这项游戏时，如果其中一个孩子找出了和插片相对应的填充图形形状，他就把这块插片小心地、精确地对准卡片上的图形放好，而另一个孩子则会把插片拿走，并放在绘有相同图形轮廓的卡片上。这个游戏在某种程度上启发了孩子对国际象棋的兴趣。

很多孩子可以不依靠任何人的暗示或提议，自觉地用指尖触摸 3 套卡片上的图形轮廓。当他们在进行这项练习时，我们可以看到他们严肃的神情，他们对这项练习充满了兴趣，什么困难都不能阻止他们。

我们教孩子给平面插片上所有的图形形状命名。

最初，我还想让孩子学会如正方形、矩形、圆形等最严肃的正式名称，可是孩子们却想知道所有图形的名称，他们甚至会对那些非常复杂的形状如梯形、十边形等之类的名称产生浓厚的兴趣。他们喜欢聆听新单词的准确发音，也喜欢跟着老师重复读单词。在早期的儿童时代，孩了的语言渐渐成形，如果我们让孩子在这一时期学习外语语音，孩子就会学得非常好。

当孩子们进行过较长一段时间的平面插片练习后，他们就会试着在自己周围搞一些“新发明”。他们通常会在所有的感知练习都进行过后，对辨认已知物体的形状、颜色和品种这些事情产生兴趣和热情。这些练习和游戏能够激起孩子体内的激情，让孩子觉得他们所处的世界是一个充满快乐的世界。一天，一个小男孩独自在屋顶的平台上散步，他一边走，一边喃喃地说着：“天是蓝的，天是蓝的。”一位红衣主教非常喜欢维亚·盖斯蒂学校的孩子，他曾给这些孩子送了一些饼干，并满心希望能够看到孩子们愉快地争抢饼干吃的情景。可是当他分完饼干后，孩子们并没有争先恐后地把饼干塞进嘴里，而是观察起饼干的外形来。主教听到孩子们说：“这个是矩形的！这个是圆形的！这个是三角形的！”他感到很惊讶。的确，这些饼干都做成了几何图形的形状。

在米兰的一个普通家庭里，一位妈妈在厨房里准备晚餐，她 4 岁的儿子则站在一旁看着她把一片面包和一些黄油从袋子里拿出来。这个孩子在看到面包时突然对妈妈说："这片面包是矩形的。"妈妈拿起刀，切下了面包的一个角，这个孩子又喊道："这是三角形。"妈妈把切下的这一小片面包放到煎盘里，这时，孩子看着面包剩下的部分更大声地说道："现在，面包变成梯形的了。"

这个孩子的爸爸是一名工人，他看到这样的场面后感到非常惊讶，于是他找到孩子的老师，向老师询问孩子出现这种情况的原因。他非常激动地说："如果我小时候也受到过这样的教育，我现在一定不只是一名普通工人。"后来，这位爸爸安排了一次示范演示，让小区内所有工人都喜欢上了这所学校。最后，他们画了一份毕业文凭，并把它交给了老师。在这份毕业文凭上，他们画了很多小孩子，还把许多几何图形画在了孩子们的画像中。

在通过触摸物体来对它们的形状进行感受和了解这一方面，孩子们生活的环境就是他们最好的实践场所。我们看到一些孩子会静静地欣赏一个非常漂亮的柱子或雕像，他们怀着虔诚的祈祷，轻轻地闭上眼睛，然后用手摸着柱子或雕像的外形。有一天，我们学校的一位老师在教堂里看到了维亚·盖斯蒂学校的一对兄弟，这两个孩子正在欣赏那些支撑圣坛的小柱子。渐渐地，哥哥缓缓地挪到柱子前，把手放在柱子上来回抚摸着。他似乎想让弟弟和自己一起感受这种乐趣，于是他把弟弟也拉到跟前，并把弟弟的手拉起来放到柱子上，他希望弟弟也能感受到这些柱子光滑美丽的外形。可是就在这时，教堂圣器收藏室的管理员走了过来，赶走了这两个"到处乱动乱摸的孩子"。

孩子通过触摸物体的形状对物体产生认识，在这一过程中，他们获得了极大的快乐，他们的感官练习也得到了促进。

许多心理学家都提到过"立体感知"，它指的是通过对立体物体的轮廓进行触摸，从而对物体的形状进行辨别的能力。这种感知不仅包括触觉，因为触觉只能让我们分辨出物体的表面是否粗糙或光滑。对形状的感知是由触觉和肌肉知觉这两种感觉结合而成的，其中肌肉知觉是运动知觉。我们在现实生活中常会说盲人的“触觉”灵敏，这种“触觉”一般多指“立体知觉”，即他们用手感觉物体形状的能力。

3～6 岁是孩子自身肌肉运动逐渐形成的阶段，这种特殊的肌肉知觉促使孩子去运用立体知觉。当孩子自发地把眼睛蒙住，然后依靠双手对平板、螺栓一类的物体进行区分时，他们的感知能力也正在得到锻炼。

可以在很多练习中锻炼孩子闭上眼睛辨别形状规则的物体的能力。我们可以让孩子从小砖块、福禄贝尔立方体、弹球、硬币、豆子、豌豆等物体中挑出相似的物体，并把它们单独摆放在一起。

在我们的教具中有一些浅蓝色的几何立方体，包括一个球体、一个棱锥体、一个圆锥体和一个圆柱体。在教孩子识别这些立体几何图形时，最有吸引力的方法就是让他们闭上眼睛猜物体的名称。我会在这本书的后面详细讲述教孩子这些名称的方法。孩子经过这样的练习后，他们就会对这些物体更有兴趣，并在睁开眼睛后更仔细地观察物体的形状。还有一个办法能够让孩子对几何形体产生兴趣，那就是让这些几何形体动起来。球体可以朝任何方向滚动，圆柱体只能朝一个方向滚动，圆锥体能够绕着自己滚动。棱柱体和棱锥体虽然不能滚动，可是棱柱体却比棱锥体更容易倾倒。

到这里，我们差不多已经介绍完了所有用于感知训练的教具。不过我们还有一套纸板圆柱体教具，这套教具一共有 6 个圆柱体，这些圆柱体或者是完全封闭的，或者盖着一个木头盖。圆柱体的内部装有一些性质不同的物体，当孩子摇动这些圆柱体时，它们就会发出强度不同的声音，有的声音很大，有的声音则小得听不清。

这样的教具一共有两套，练习的第一步是辨别同样强度的声音，并把声音强度相同的圆柱体放在一起。接下来的练习就是对声音的强弱进行比较，也就是说，孩子要把 6 个圆柱体按照发出声音的强弱程度进行排列，就像在进行色板练习时要把色板按照颜色的深浅程度排列一样。在进行这项练习时，孩子们也要在桌子旁边找个舒服的姿势坐好，老师先对练习的内容进行简单讲解，然后让孩子自己做练习。老师应该在练习过程中蒙上孩子的眼睛，以便孩子更好地集中注意力。

我们可以对指导感觉训练的通用原则进行总结：

1. 一致性识别（把相似物体配对，把物体放到适合它的位置上）；
2. 对比性识别（区分物体）；
3. 区分相似物体。

为了让孩子的注意力在某一时间段内集中于感知源，我们最好尽可能地对感觉进行隔离，比如保证训练时房间内的安静，或是在进行不涉及视觉感知的训练时蒙上孩子的眼睛。

在观看我们拍摄的教学电影时，我们可以从一些片段中看到孩子能够用教具进行的所有感知训练的一个大体概要。如果观看影片的人曾学习过这些练习基础理论，那么他们就会在看到孩子做这些练习时逐渐对这些练习产生认可的态度。

我们建议那些想对孩子进行感知培养引导的人也亲自用这些教具做做练习，这样他们就会明白孩子必须去感觉哪些感觉，以及孩子必须克服哪些困难等。等练习进行到一定的程度后，他们就会了解孩子会对这些训练产生多大的兴趣。做过这些试验的人都会认识到这样的事实——当他们蒙上双眼时，他们会发现自己的触觉和听觉变得更加敏锐，他们更容易对事物产生感知。这些事实让人们很感动，仅此一点就足够让那些进行这种尝试的人对这种训练产生很大的兴趣。

我们刚开始在罗马对孩子进行肌肉知觉训练的时候使用了一种教具，这种教具并不属于现今出售的教具中的一种。这种教具包括两套乐钟，形成了全音和半音的八度音阶。这些乐钟的外观非常相似，但是当我们把它们放在矩形的木基上，并用小木槌敲打它们时，它们会分别发出 doh、re、mi、fah、soh、lah、ti、doh、doh#、re#、fah#、soh# 和 lah# 的音。

我们把一套乐钟按色彩的顺序在长板上摆好，板上用黑白两色漆着和乐钟木基尺寸相同的长方形格子，看上去就像钢琴琴键。白色的格子代表全音阶，黑色的格子代表半音阶。

首先，只有那些要摆放在长板上的乐钟才和音调有关，每个乐钟都代表特定的音符。这些乐钟按照 doh、re、mi、fah、soh、lah、ti、doh 的顺序摆在白色的格子键上。

孩子在进行第一步练习时要用小槌子先敲击一下按序摆好的乐钟中的 doh，然后再依次敲击第二套乐钟。第二套乐钟没有半音符，并且没有按照顺序排列好，孩子只有一次又一次地挨个敲击这些乐钟，以便找到和他刚刚敲的乐钟音调相同的一只。当孩子找到了和刚才听到的 doh 音调相同的乐钟，他们就要把自己挑选出的乐钟和长板上相应的乐钟摆放在一起。接着，孩子要敲击按序摆好的乐钟中的 re，然后按照同样的方式在无序的乐钟中找到音调相同的一个，并把它们并排放好。孩子需要以同样的方式识别出其他的音符，并把音调相同的乐钟放在一起，就像之前进行圆柱体音箱和色板等配对练习一样。

随后，孩子们快速连续地敲击起排列有序的乐钟，或一边唱着 doh、re、mi、fah、soh、lah、ti、doh，一边为自己伴奏，这时，他们就能够依次听到熟悉的各个音阶的音调。当孩子能够辨别清楚这个音列，并把它熟记于心时，他们就会再次把这 8 个乐钟混合在一起，打乱它们的顺序，然后重新通过敲击辨别每一个乐钟的音调。孩子每拿出一个新乐钟进行练习，就会从头开始按照顺序把所有自己已经记住的乐钟敲击一遍，如 doh、re；doh、re、mi；doh、re、mi、fah；doh、re、mi、fah、soh 等。孩子在进行过多次这种练习后，单凭听音乐就能把所有的乐钟按音阶顺序排列好，并且他们会把所有的音符按上下音阶依次地敲击一遍。这个练习对 5 岁以上的孩子非常有吸引力。

如果我们可以用上面描述的那些教具作为进行听觉系统训练的开端，那么我绝不希望它们仅限于是用于治疗耳聋的方法，或是进行现代生理学的音乐教育的程序，即使它们在对耳聋的漫长治疗期中显得如此重要，并且在实践中已经是那样纷繁复杂。其中，我还选用了一些能够引起共鸣的金属管、能发出音符的小木棒和弦乐器等，孩子进行过乐钟的练习后，可以根据在这项练习中积累的经验对这些乐器发出的音符进行辨别。我们也可以用钢琴对孩子进行听音和辨音的训练。这种方式的训练能够让孩子发现，木料材质不同，音质也就不同。我在前面提过的各种练习，如用钢琴弹奏进行曲来对孩子进行节奏训练和让孩子自己哼唱简单的歌曲为自己的动作伴奏等，这些练习都能培养孩子的乐感。

有一个非常重要的练习能够让孩子们尽快地注意到不同声音之间的联系，这项练习不同于我们目前采用的教育实践中的练习，它不但不会制造声音，还会尽可能地消除环境中的声音。我提出的“静默训练”被广泛应用于各地的“儿童之家”中，那些没有采用我的教学方法的学校，在看到静默训练所产生的效果后，也开始在他们的学校中应用这种训练。

老师让孩子们保持静止和安静，抑制他们心中产生的任何运动神经冲动，无论这种冲动是由于什么原因而产生的。只有抑制了各种运动神经冲动，孩子们才能得到真正的身心安静。老师需要让孩子明白，控制自己的所有动作非常重要。老师不能只在口头上告诉孩子“要一动不动地坐在那里”，而是要亲自为孩子做示范，让孩子了解如何才能让身体保持一动也不动，即双脚、身体、胳膊和头都要一动也不动。老师要给孩子做榜样，这样孩子才能掌握要领。在进行呼吸运动时，身体也要保持这种姿势，否则就一定会制造出声音。

孩子必须学会做好这项练习。首先，孩子要找到一种舒服的姿势坐下来，这种姿势应该能够让他们的身体保持平衡。所以，无论孩子在做这项练习时是坐在椅子上还是坐在地上，他们必须让自己坐得舒服。当一切都安静下来时，老师要保证房间内一半是明亮的，一半是暗的，否则孩子们会闭上眼睛，或用手蒙住自己的眼睛。

很显然，孩子们非常喜欢这项静默训练，他们就像给自己下了一道迷咒一样，我们可以说这些孩子进入了沉思状态。渐渐地，这些孩子越来越能保持寂静，他们对静态的感觉也越来越深刻。最后，这些孩子对静态的感觉变成了可以感觉得到的绝对的静止，这种感觉就像黎明慢慢地接近时，太阳就升起来了。

这时，我们能够听到那些之前轻微得几乎听不到的声音。我们能听到钟表指针发出的嘀嗒声，这种声音随着周围的环境越来越安静而变得越来越明显。我们听见，从曾被我们认为是安静的院子中传来了小鸟的鸣叫，孩子跑过的脚步声等。这个世界突然之间变成了一个充满声音的新世界，这些声音侵袭了这深沉的寂静，却并没有打扰这份寂静。这种情景就像星星在夜空中闪烁，却没有驱散夜的黑暗一样。在这个新世界里，还有许多其他的东西。过去，喧嚣和躁动压抑了心灵，而如今，心灵得到了解放，它像旋花的花冠般自由地绽放了。

让我们不去管这些对现实的隐喻，当所有对白天、光明、喧闹的鲜活印象都得到了沉静，我们难道就不能回忆起一点日暮笼罩时我们曾有过的心情吗？那并不是我们对白天的怀念，而是我们心灵的伸展。它对情绪的变化更加敏感，更加强烈和持久，也更富于变化和平静。

就在那时
水手们感到了一种渴望
他们的内心变得温柔

——但丁

在进行训练时，老师或其中一个孩子需要坐在教室的最后边或隔壁的房间里，然后轻声呼唤每个孩子的名字。孩子们在听到有人叫他们的名字时要轻轻地站起来，快速走向传出声音的方向。在行动的过程中，他们不可以弄出任何的响声。通常，当所有的孩子都被老师叫过名字后，静默训练就结束了。

当孩子对寂静产生了深刻的认识后，他们感觉声音的能力就变强了。对于这些感受过沉静的美好的孩子们来说，那些喧闹的声音是那么令人讨厌。

这些孩子会继续进行自我完善，他们会小心地走路，避免在行走过程中碰撞到家具，他们会小心地移动椅子，也会小心地把东西放在桌子上。我们可以从孩子优雅的举止中看到教育的效果，更让人感到欣喜的是，这些孩子并不是为了显得美丽或特意让别人觉得他们很优雅才这样做的，他们是发自内心这样做的，因为他们想要感受这种宁静的喜悦。这些孩子从心底希望挣脱那些让他们感到厌烦的喧闹和妨碍他们内心平静的障碍。他们在努力地呵护着他们的心灵。

我们可以确定，这项练习能够培养孩子的社会精神，这是其他课程都达不到的效果。即使五十多个孩子一起挤在一个小小的房间里，只要他们都知道如何保持静止和安静并愿意这样做的话，那么这个房间就不会出现噪声。相反，如果这时有一个打扰者出现在这个房间里，那么整个房间就会一下子变得闹哄哄的。从这一点上我们可以看出，所有孩子都在为了达到一个共同目标而进行着合作。孩子们的克制力越来越强，他们越来越不想破坏这种平静，于是，有的孩子宁愿抑制自己想要赶走鼻尖上的苍蝇的冲动，有的孩子则努力让自己不要打喷嚏或咳嗽。我们在小心翼翼地工作着的孩子们当中看到了这种集体合作精神。孩子们需要培养许多好习惯，如在安静的环境中踮起脚尖轻盈且灵活地奔跑，优雅且斯文地关上小橱柜或在桌子上摆放物体等。一个叛逆者足以摧毁所有人共同努力的成就，一个用脚后跟走路或用力砸门的孩子也会让一个小群体内的安静氛围遭到破坏。

Part 8

孩子的语言发展和他们对世界的认识

我们认为听力具有非常特殊的重要性，因为它和讲话的感觉器官相连。所以，我们对孩子进行听力训练，让他们注意聆听周围环境产生的各种声音和喧闹，并让他们对这两种声音进行区分，这些都是为了让孩子更清楚地聆听发音语言而做的准备工作。老师在和孩子讲话时要注意，发出的每一个音节都要清晰无误，并且一定要到位，即使老师为了表现出讲话内容的秘密性而用很小的声音讲话时也要注意这一点。唱歌也是锻炼准确发音的好方法之一。老师在教孩子们唱歌时要注意，必须把每个词的音节都分开，然后缓慢地发音。

我们可以让孩子在和感觉练习相关的命名法中进行清楚且准确的语音练习，这种方法很有效。在每个感觉练习中，当孩子能够分辨出物体之间的差别时，老师就可以用一个词对这个差别进行清晰的描述。这样，老师就可以在孩子重复用粉红色积木搭建塔时选择恰当的时机坐到孩子身边，然后把最大的积木和最小的积木拿给孩子看，并告诉孩子“大的”“小的”。老师要接连几次用重复和清晰的发音向孩子说明“这个是大的”“这个是小的”。这样念过几次后，老师可以暂时停下来对孩子做一个小测试，以检验孩子是否已经明白了这两个词的意义。老师可以告诉孩子“把大的给我”或“把小的给我”，然后重复进行一次，再中断一会儿。最后老师可以依次指着积木问孩子：“这个是什么样的?”如果孩子已经清楚地理解了这两个词的意义，他们就会回答“大的”或“小的”。接下来，老师可以用如下的方式督促孩子更清晰且准确地重复这些词。

老师：“这是什么样的?”

孩子：“大的。”

老师：“什么样的?”

孩子：“大的。”

老师：“清楚地告诉我，这是什么样的?”

孩子：“大的。”

这里使用的大的物体和小的物体仅仅是就尺寸而言的，而不是就形状而言的，也就是说两个物体的三维比例是相同的。我们可以说“house（房子）”是大的，“hut（棚屋）”是小的。当两张图片所代表的相同物体的尺寸不同时，其中一个就可以被称为是另一个的放大体。然而，当物体仅是截面上有变化而长度没有变化时，那么它们就有厚薄之分。对于长度相同但截面不同的两个物体，我们可以说它们之中有一个是厚的，另一个是薄的。所以，老师教孩子区分棕色棱住体的薄厚时，要像教孩子区分积木体积大小一样，把过程分为三个阶段：在第一阶段，老师要给棱柱体命名，如“这个是厚的”或“这个是薄的”；在第二阶段，老师要让孩子进行识别，如告诉孩子“把厚的那个给我”或“把薄的那个给我”；在第三阶段，让孩子练习单词的发音，拿起一个棱柱体向孩子询问“这个是什么样的”？

老师可以按照如下的方法帮助孩子识别物体的尺寸差别，并让孩子把棱柱体按照正确的次序摆放。当老师结束了教孩子识别棱柱体的课程后，可以把所有棱柱体放在地毯上，然后对孩子说“把最厚的棱柱体给我”。当孩子挑出相应的棱柱体并递给老师后，老师要把这个棱柱体放在桌子上，然后重复进行这个过程，并把这些棱柱体按照孩子挑出的顺序排列好。这项练习能够让孩子从剩下的棱柱体中挑出最厚的或最薄的，还能锻炼孩子按次序摆放物体的能力。

当物体只发生一维变化时，我们可以这样对孩子进行教学：有的教具只在长度上发生变化，如木棒，我们就可以说它是“长的”或“短的”；有的教具只在高度上发生变化，我们就可以说它是“高的”或“矮的”；有的教具只在宽度上发生变化，我们就可以说它是“宽的”或“窄的”。

在以上的三种变化量中，我们只把长度变化作为孩子们的入门课程，我们还用通常的“三阶段”方法让孩子从成堆的物体中挑选出最长的或最短的，用于对孩子进行识别物体之间差别的教学。孩子接受过如此的训练之后，就会具备非常精确的用词能力。有一天，老师用线条在黑板上打了一些格子，一个孩子看到后说：“这些线条真小啊！”马上就有另一个孩子对他纠正道：“这些线条不是小的，而是细的。”

在教孩子关于颜色或形状的名称时，老师并不需要对孩子就两个极端的物体之间的对比进行强调，如告诉孩子哪一个是最红的或哪一种是最不红的。老师可以同时向孩子出示几种不同的颜色，并告诉孩子“这个是红色的”，“这个是蓝色的”，“这个是黄色的”，或“这个是正方形的”，“这个是三角形的”，“这个是圆形的”等。但是，如果老师在教孩子颜色的单词时，颜色出现了等级变化，老师就要选择两个极端的概念，如“深”和“浅”，然后让孩子进行选择“最深”和“最浅”的颜色的练习。

我们可以在放映机影片中看到我讲述的这些练习，包括触摸平面插片和不同的表面的练习、“踩线”练习、颜色记忆练习、给积木和长木棒命名的练习、组合词语的练习、阅读练习和书写练习等。

孩子能够在进行过这些练习后彻底懂得许多词语，如长、短、大、小、薄、厚、深、浅、光滑、粗糙、轻、重、冷、热等，他们还会懂得许多和颜色以及几何形状有关的名称。事实上，孩子们是经过了长期的练习才掌握它们的。他们要全神贯注地观察和感受物体的差别，并对这些差别进行比较和推理，从而形成自己的判断。最后，他们终于获得了从前没有过的辨别能力，可以说，他们对自己的感觉进行了“提炼”。他们能够对事物进行彻底和基本的观察，并改变了他们自己。

他们发现自己能够以更加机灵和敏捷的心理素质来面对世界，他们的观察和辨别能力也得到了非常大的提高。随后他们发现，他们不会再建立起杂乱无章的精神映像，而是能够工整地把这些映像分门别类，他们明白了尺寸和形状是两回事，学会了按照组合的变化对尺寸进行分类。

所有这些和等级变化又不一样。我们可以根据色调饱和度对颜色进行划分，安静和不安静之间也有一系列的过渡，噪声和声音的定义不同，每个东西都有其独特的名称，并且这些名称都恰如其分。孩子不但具有了自身的观察能力和判断能力，而且他们还能把所观察到的物体根据脑中已建立起来的次序概念，在他们的脑中安排好适当的位置，并按照名称确切地归类。

实验科学的学生不正是以相同的方式对外部世界进行观察的吗？当他们

置身于千差万别的自然物中时，他们感觉自己就像一个文盲，但他们却并不是真正的文盲，因为他们具有特殊的观察素质。如果他们用显微镜进行工作，他们的眼睛就会在训练下看得到显微镜视野中的每一个一般人分辨不出来的微小细节。如果他们是天文学者，他们就能用望远镜观察宇宙。虽然许多游客和业余爱好者都会做同样的事，可是那些人却不会像他们一样看得那么清楚。当一位植物学家和一位旅行者同时看到一些植物时，只有植物学家才会根据脑中记忆的植物分类特征对这些植物进行识别和分类，并叫出它们确切的名字。这种从复杂的门类中辨别植物的能力就是植物学家和一般园丁之间的区别，同样，正是准确和科学的语言让我们看到训练有素的观察者具有怎样的特征。

如今，只有那些接受过特殊观察能力培养、掌握了对外部物体进行分类的科学法则的科学家，才能在未来成为新一代的科学发明者，而那些从未做过准备、不懂科学法则、只会每日闲逛于花草中或躺在星空下做白日梦的人，这一生都不可能成为科学发明者。

事实上，孩子对不停地发现他们的世界有着深刻的感受，他们在这个过程中感受到了非常大的乐趣。孩子从这个世界中获得了许多知识，这些有条不紊的知识让他们产生了强烈的热情。孩子的头脑不再发生混乱，他们开始把各种各样的“创造物”装进脑子里，在这样的过程中，孩子们感受到了灵魂上的极乐。

Part 9

孩子需要自由

孩子们能够取得这些成就，离不开老师的巧妙参与。在孩子的发展过程中，老师一直在对孩子进行着引导。老师对孩子的引导是有必要的，但是老师在进行引导时需要注意一点，即不要让孩子觉得老师是无所不在的。所以，老师应该随时准备为孩子提供帮助，但是永远不要阻碍孩子进行实践。

如果老师在课堂上总是使用一些平淡乏味的语言和词汇，孩子就会渐渐失去求知的热情。只有保持孩子的求知热情，才能真正对孩子起到引导的作用。想要完成这一项任务并不难，老师只要能够对孩子保持尊重，冷静且耐心地对待孩子，在孩子做练习或行动时任由其行事而不采取过多干涉。

然后我们就会注意到，孩子有一种极力向外扩展的个性。他们会主动选择自己要做的事，并坚持做下去。孩子会根据自己内在的需要来改变这件事，他们不但不会逃避努力，而且会对努力进行探索，并最终靠自己的能力克服困难，这一过程让他们感到喜悦。孩子希望把他们的成功、发现和小小的胜利都与身边的人分享，所以我们不需要干预他们。教育者对此最好的做法就是静观其变。

让我们静静地等待吧，让我们随时做好分享孩子快乐和他们所经历的困难的准备。我们应该在孩子需要我们同情时积极而热情地回应他们；当孩子进展非常缓慢时，我们要保持无尽的耐心；当孩子取得成功时，我们要向他们表示出我们的热心和兴奋。如果我们能够做到和孩子在一起时保持谦恭与和善，如果我们能像要求别人对待我们自己一样对待孩子，那么我们就掌握了最基本的教育原则，我们也就可以被树立为优秀教育的楷模。

就我们自己而言，我们渴望当我们工作时，不会有人打扰我们；我们渴望当我们努力时，没有阻力阻碍我们；我们渴望当我们需要时，有一些好朋友能随时为我们提供帮助；我们渴望和朋友真正友好地相处，并且能够依赖他们，因为只有这样我们才能一起快乐地共事。孩子比我们更需要被人尊重，他们是那么天真，而且前途无量。我们需要的一切，他们也同样需要。

可是事实上，我们把不尊重孩子当成了我们的习惯。我们总是无视孩子的需要，并试图强迫他们遵从我们的命令。我们对待孩子的方式既专横又粗鲁，我们只希望他们服从我们的所有命令，永远在我们面前表现得服服帖帖、规规矩矩。我们总是记得他们有多么强烈的模仿本能，以及他们对我们的忠诚和钦佩有多讨人喜欢。孩子喜欢模仿我们，所以，我们应该友善地对待他们。难道我们不希望帮助孩子养成对人友善的态度吗？友善和爱抚并不一样。难道我们会把第一次见面就拥抱我们的人视为粗鲁、粗俗并且没有教养的人吗？友善包括了解并适应别人的愿望，在必要时甚至要牺牲自己的意愿。这就是我们必须向孩子展示的友善精神。

要懂得孩子们的需要，我们必须科学地对他们进行研究，因为他们常常会产生无意识的需要。这种需要是来自生命内的呼唤，它想要挣脱出来，可是我们却几乎不知道它会如何挣脱。一个孩子在长大成人的过程中需要得到一种神奇的力量的帮助，这种力量类似于他从无到成为一个小孩所基于的力量。

我们对这个非凡过程提供了间接的干预，也为这个自己来到这个世界的小生命提供了必要的成长手段，接下来，我们需要做的事只是谦恭地等待他成长。

让我们任由这个生命在他的极限内自由成长，并对这个成长过程进行仔细地观察吧，这就是我们全部的使命。也许我们会在进行观察时想起上帝说过的话："让孩子们经历些痛苦来达到'我'的境界。"也就是说，"不要对他们的到来进行阻碍，只要给他们自由，不对他们进行妨碍，他们就一定会到来。"

Part 10

孩子学习书写的过程

当孩子完成上述所有训练时，他们已经 4 岁了，有了上述的准备做基础，这时的孩子开始向一个新的、意料不到的境界前进。

一些孩子没有接受过引导，他们只能靠自己的力量获得一些不断变化的、非正式的训练。这些孩子就像一个个未知数，他们无法确定自己的未来。我们的孩子和这些孩子在性格类型和智力水平上都不同，这不仅因为这两种孩子有不同的“天性”，还因为他们自发、内在所获得的不同机会。

教育为孩子们确定了一个环境，所以我们可以说，是个体的“天性”导致了孩子们的个体差异。我们在环境中为孩子提供了一些适合的手段和措施，让他们的身体成长得到了满足，所以我们的孩子获得的基础基本上是相同的。他们在进行各项家务手工劳动的时候协调了自己的动作，所以他们也获得了特有的行动独立性，能够主动适应周围的环境。这时，我们就可以看到一个个性问题，因为这时的孩子们已经成为了一个个能够自理的小大人。

孩子能够小心地处理易碎的物品而不打碎它们，他们也能够轻轻地移动重物而不弄出噪声。孩子在做这些行动时，小心谨慎赋予了他们能够轻盈而优雅的动作的特征。在责任感的驱使下，孩子们渐渐变得完美。例如，一个孩子会在手中拿着几个大玻璃杯或端着一大碗汤行走时格外小心，因为他明白自己的负责，他不但有责任保证玻璃杯的完好，还有责任布置好餐桌。同样，每个孩子都感到自己有责任保持安静，避免发出刺耳的声音。他们懂得合作，懂得保持环境中的秩序和安静。事实上，我们的孩子已经具备了自我控制的能力。

但是他们的形成还要取决于深层的源自感知教育的心理工作的功劳，除了要对外在的个性和环境进行规整，他们还要对自己的内心世界进行规整。

事实上，这些教具虽然没有给孩子们提供什么精神上的内容，但是它们为孩子提供了精神内容的组织秩序。这种秩序能够促使孩子对不同物体进行对比，特别是对具有细微的等级差异的物体进行比较，从而发现它们的相同点和不同点。它能促使孩子对质量和数量产生概念，并根据这些概念把对表面、颜色、尺寸、形状和声音的变化产生的感觉分类。孩子在经过了特殊的关心、观察、对比和分类练习后，他们就自发地形成了意识。

孩子在进行这些练习的过程中获得了一些看法，这些看法能够引导孩子对其身边的环境进行有序地观察。这些观察对孩子而言就像是一个个新发现一样，孩子对它们非常感兴趣。孩子在观察的激励下举一反三，最终在头脑中形成了清晰的概念和丰富的内容。

现在，孩子们能够把他们意识中获得的概念用精确的词语表达出来，这些词语数量不多，它们指的并不是某个单个的物体，而是意识中形成的概念的顺序。孩子能够在这种方式中发现自己，就像在自然世界和客观世界及围绕他们的语言世界中那样，因为在他们内心中有一个能够引导他们去成为积极的、有智慧的探险者的向导，所以他们绝不会像独自前行的徒步旅行者一样，在未知的领地迷失方向。

这群孩子能够在很短的时间内学会写字和初步运算，有些孩子甚至只花了几天的时间就学会了。其实这并不像很多人相信的那样，孩子们一生下来就会做这些。我们并没有在孩子还没有做好准备的时候就把用于书写的教具塞到他们手里，然后坐在一旁等待奇迹的出现。事实上，在这之前，我们已经让这些孩子在意识上做好了书写的准备，并且让他们接受了手部的锻炼。我们也让他们做好了运算的准备，教会了他们有关计算的基础知识，如数量、一致性、差别和等级等概念。

有的人可能认为，写、读和计数是基本文明的第一阶段，所以所有前期的教育都是为了这些做准备的，这样孩子就会更容易获得知识。这说明知识是准备逻辑后果，也就是说知识是准备的自然产物。

我们已经看到，词语的目的是让人们对概念有一个明确的认识，并促进人们对事物产生基础的理解。同样，写字和算术可以让人们对内在意识的复杂收获产生明确认识，而这些收获会在不断进行的观察中变得越来越丰富。

孩子的手已经在正式学习写字之前做了长期的准备工作。他们进行感觉练习的时候，他们的手和头脑都在配合着进行工作，这都是为它们将来的用途所做的准备工作。当孩子的手轻微地在一个水平表面上稍作停留，以感觉这个水平面的粗糙和光滑时；当孩子用手拿起一个圆柱体插件，然后把它放到相应的插孔里时；当孩子把两根手指放在几何图形上，轻轻地触摸它的轮廓时，孩子正在对自己的动作进行协调。现在，孩子已经做好了充分的准备，他们希望能够用双手写字，甚至对进行这种合成艺术产生了一种迫不及待的心情。

书写的直接准备工作也包括手上动作的练习，我为孩子设计了两套不同的练习。我对和书写有关的运动进行了分析，并分别准备了这两套练习。我们在写字的时候会用一些动作对书写工具进行控制，每个人的动作都带有个人的特点，所以我们可以根据这一点对不同人的笔迹进行识别。在一些医疗案例中，医生还会根据病人的笔迹变化对病人神经系统的病变进行追踪。事实上，专家在解释一个人的精神特征时，就是以笔迹为依据的。此外，书写还有一个基本的特点，即对字母符号的引用。

人们在写字时把这两部分结合了起来，但它们分别是以一个单个成品的组成部分而存在的，所以我们也可以把它们分开进行准备。

控制书写工具的练习（个别部分）

有一种教具是由两块浅槽木板组成的，每一块木板上都有 5 个粉红色的方形金属框架，每个框架中都插着一个蓝色的几何图形，金属架的手柄上也和几何插片一样安了一个小圆顶。在使用这些教具时，我们还会搭配一盒彩笔（共 10 支）和一本图案书，这本图案书是我经过了 5 年的观察后为孩子们准备的。孩子们对这些教具的利用程度不同，于是我以此为依据挑选了一些图案，并把它们划分为几个等级。

首先，我把两个浅槽板并排放置，并把 10 个完整的带有几何图形的插片放在上面。然后我会给每个孩子发一张白纸和一盒彩笔，让孩子从 10 个金属插片中选出一个，然后按照下面的方法对孩子进行教学。

我让孩子把金属框架放在纸上，用一只手压紧，然后用另一只手握住彩笔，沿着金属框架的内侧轮廓描画。孩子在描完后只要把框架拿起来，就能发现画在纸上的封闭几何图形，这个图形也许是三角形、圆形或六边形等。这并不能算得上是一个全新的练习，因为孩子早在触摸木头插片时就进行过这样的练习了。这项练习唯一的新特点就是孩子不再需要用手指触摸轮廓，而是用彩笔来描下图形的轮廓。也就是说，孩子在描画的过程中留下了手运动的轨迹。

孩子们发现这个练习非常容易，也非常有趣，他们每描完一个图形的轮廓就会马上把蓝色的插片放在这个轮廓上面。这个练习和以前把木头几何图形插片放在第三套卡片上的练习非常相似，因为第三套卡片上的几何图形就是由一条简单的线条构成的。

可是这次，当孩子把几何图形插片放在画好的轮廓上时，他们会用另一种颜色的彩笔描下金属插片的轮廓。当孩子描完插片的轮廓并把插片拿起来后，他们就会发现纸上出现了由两个颜色不同的轮廓组成的几何图形。如果孩子在描画之前对彩笔的颜色做了精心的挑选，那么他们就会看到一个非常漂亮的图案。孩子们已经进行过大量的色彩感知练习，所以他们对这种描画图形轮廓的练习题非常感兴趣。

这一过程看起来有些过于详细，也许有些人会认为这样做没有必要，可事实上，它们都有着非常重要的意义。举个例子，如果老师没有把 10 个金属插片全部展示在孩子面前，而是把这些插片分别发给孩子们，那么孩子得到的练习效果就会大打折扣。另外，把这些插片同时摆在孩子面前能够增加孩子描画的欲望，他们会在描画完一个插片后马上想要描画其他的插片，这样就增加了练习的数量。

孩子在看到两种不同颜色的轮廓组合后，会产生想看一看其他颜色组合的欲望，于是他们会重复进行这项练习。物品和色彩的多样性都是促使孩子工作的原因，也是它们让孩子取得了最后的成功。

其实，孩子此时已经开始进行初步的书写练习了。当孩子完成对一个图形的轮廓的描画后，他们需要像写字一样拿起一支铅笔，然后给这个图形轮廓填色。当他们把描画出的整个图形轮廓都填满了颜色后，纸上被填画出的图形就和第一套卡片上的图形看起来非常相似了。这个图形可以是 10 种颜色中的任何一种。在刚刚开始填画时，孩子的手部运动显得有些笨拙，而且他们不会在填色时考虑到图形的轮廓。他们会描画出粗重的线条，而且这些线条的方向各异。然而，他们渐渐地掌握了规律，他们填出的图形也变得更美观。最后，孩子能够用很多细细的、平行的线条填满图形，并把所有的线条都涂在图形的轮廓之内了。

当孩子已经开始进行这些练习时，他们就会受到一种想要继续进行下去的欲望的控制，而且他们永远不会对这项练习产生厌烦的情绪。突然之间，所有的孩子都拥有了一批数量可观的图画作品。孩子对这些作品非常珍惜，他们把这些图画藏在自己的小抽屉里。孩子在这种练习中组织了自己的书写动作，这让他们能够对自己手中的铅笔进行控制。如果采用一般的教授方法，这种动作就会变成一种歪歪斜斜的笔画，孩子也会对这种艰苦乏味的书写尝试感到厌烦。

到目前为止，以控制金属插片开始的这种动作的组织还很粗糙，也没有得到足够的完善。现在，孩子开始进行给图样册中的图样着色的练习。书中的图样是按照一定的顺序排列的，在进行练习时，只要按照相应的顺序把书页依次撕下来使用就可以了。孩子要像之前做的一样，用彩色铅笔把那些图样填上颜色。孩子在选择颜色时需要运用他们的智慧，所以这项练习能够促使孩子衍生出更多的工作。孩子兴趣盎然地挑选着自己喜欢的颜色。我们对那些没有受过教育、生长在一个不适当的环境中并接受了许多简陋粗暴的锻炼的孩子们进行观察，并从他们选择的颜色的微妙感觉以及他们把这些颜色和谐地应用于图样中的感觉这两方面得出结论，孩子们喜欢明亮鲜艳的颜色。

色彩感知教育对孩子的成长发育起到了一个杠杆的作用。它让孩子能够以坚定、大胆和优雅的书写字体进行书写。

图画从诸多方面对孩子进行引导，从而限制他们填画图形轮廓时每一笔的长度。孩子必须填画各种平面图样的几何图形，无论这个图形是大还是小，无论这是一朵花还是一片叶子，也无论这是一只动物还是一幅风景画的细枝末节。孩子的双手在这样的练习中得到了锻炼，它们不仅能满足孩子日常的一般活动和动作，还能在受到许多限制的情况下正常地活动。

所以，孩子正在为书写大字体和小字体做准备。的确，他们将于不久之后进行大量书写运动，无论他们是在黑板上的宽格中进行书写，还是在窄格中进行书写，大一些的孩子还会在练习本上那些细小的格子中书写，他们都一样能写出优美的字体。

其实，孩子们进行图画练习的数量并不受限制。孩子常常会用另一种颜色的铅笔去描已经填好颜色的几何图形。我们可以在更深入的色彩感知教育中找到促进这种练习继续下去的方法。孩子需要在进行下一步色彩感知练习时用水彩描画出相同的图样，然后，他们需要把各种颜色进行混合，直到他们能仿制出自然的颜色或创造出他们自己想象中的颜色。但是我不可能在这本书中对所有的内容都详细解释一遍。

书写字母符号的练习

我为孩子们设计了一套教具，这套教具由一系列的字母符号和一个装符号的盒子组成。在做这项练习时，我们要选一组贴有用砂纸剪成的字母符号的卡片，还有一些贴有形状相似的字母的大卡片。

孩子们需要仔细地触摸这些字母符号，就像他们真正在写字一样。他们需要用食指和中指的指尖触摸这些字母符号，就像触摸木制插片时做的一样，在触摸字母时，孩子们要把手抬起来，老师也要用手去触摸字母符号，向孩子们示范应该如何进行这项练习。如果孩子之前做过大量的触摸木制插片的练习，他们在做这项练习时就会感到轻松和愉快，并很乐意模仿老师的动作。如果孩子之前没有做过这样的练习，他们就不能精确地把字母描绘出来。为了了解孩子们为书写而做的间接的运动神经准备工作的重要性，以及孩子在没有预先进行过手部运动神经训练的情况下，就直接接受我所强加给他们的书写练习时，会产生何种程度的紧张，我对孩子们进行了细致的观察，这一观察过程让我觉得很有趣。

孩子在触摸砂纸字母符号的过程中体会到了非常大的快乐。孩子能够把在触摸练习中获得的能力应用于这项练习中，从而获得更多的收获。当孩子用手触摸字母时，老师要读出这个字母的发音，并采用之前提到的三阶段授课法。比如，老师可以拿出字母 i 和字母 o，让孩子们慢慢且准确地触摸这两个字母符号，当孩子们触摸这两个字母符号时，老师一个接一个地向孩子重复它们的发音“i、i、i！o、o、o”，然后要求孩子把字母 i 或字母 o 递给自己。最后，老师要拿起其中的一个字母问孩子：“这是什么？”孩子们需要回答“这是 i”或“这是 o”。在教孩子其他字母时，老师也要采用同样的方式，但是在教孩子学习辅音字母时，老师应该只教孩子发音，而不教孩子字母的名称。孩子们反复地触摸着独立的卡片上的字母符号和粘贴在大卡片上的字母符号，在这种练习中，孩子确立了书写字母符号的基本动作。同时，他们也对这些字母产生了直观的印象。这个程序不仅构成了书写的第一步准备工作，也构成了阅读的第一步准备工作。因为很明显，孩子在触摸这些字母的同时也在进行和书写相关的运动。同时，当孩子用眼睛对这些字母进行辨认的时候，他们也在进行着阅读。

这样，孩子其实已经做足了书写前所有必需的准备工作，所以他们能够真正开始书写了。这个重大的成果是由长期的内在努力而形成的，可是孩子并不能清楚地认识到这一点。但是也许很快就会有这么一天，他们突然发现自己会写字了，到那时，他们一定会喜出望外，并感到格外兴奋，因为他们不知道自己是在什么时候开始学的，也不知道自己是如何学会的。这些活动字母符号都由粉红色和蓝色的纸板剪裁而成，它们被放在一个分为许多小格的盒子里，用于进行单词组合的练习。

在语音学语言中，比如在意大利语中，只要清晰地发出构成单词的不同的字母的发音就可以读出整个单词如 m–a–n–o。所以，孩子只要在训练中学会辨别单词中每个字母的发音，然后从活动字母中找到和每个独立的发音相对应的字母，并把它们按照听到的顺序进行排列，就可以构成一个完整的单词，如 mano。渐渐地，孩子能够用他们自己想出的单词做同样的事情。他们能够成功地对这些构成单词的字母进行分类，然后把它们转化成为字母符号的组合。

当孩子用这种方式进行单词组合时，他们就知道如何读出这个单词了，所以，这个方法中所有引导孩子书写的练习也可以被看作引导孩子阅读的练习。

如果孩子学习的语言并非语音学语言，老师可以用活动字母组成独立的单词，然后读出这些单词，并让孩子自行重复把它们排列并复述出来。

我为孩子准备了两套活动字母的教具，其中一套比较大，这些字母都是元音字母，它们被分装在两个盒子里。我在对孩子进行第一步训练时要用到这些字母，因为孩子需要用很大的物件识别字母。当孩子已经认识了一半的辅音字母后，虽然此时他们只能处理一部分字母，但是他们已经可以开始练习组词了。

另一套活动字母稍微小一些，它们也装在单独的盒子里。当孩子已经进行过第一步组词练习，并已经认识了所有的字母后，我们可以让他们用这套字母进行练习。

当孩子用活动字母做过组词练习后，他们就能够把整个的单词书写出来。这种现象的产生常常出人意料，有些从来没有在纸上画过一笔或写过一个字母的孩子竟然能够连续写出好几个单词。随后，这些孩子就会不断地进行书写，并不断地提高和完善他们的书写能力。这种发自本能的书写具有一种自然现象的特色，孩子一旦读出第一个单词就会继续讲话，一旦迈出第一步就会继续行走，同样，孩子一旦写出第一个单词就会继续写下去。这种和通过内在形成而出现的书写现象相同的进程就是孩子未来发展的进程，也是孩子成长完善的进程。孩子以这种方式进行了准备后，就会进入一个发展的进程，他们一定能够稳稳当当地通过这个发展进程，就像他们身体能够自然而然地发育那样。当孩子建立起生活后，自然官能也就得到了顺利的发展。

如果你想了解更多和孩子书写及阅读发展有关的极其复杂和有趣的现象，你可以阅读我的其他几本书。

Part 11

教孩子识谱

当孩子已经学会了阅读，他们就可以利用这种知识对音符名称进行识别。除了用于感觉教育的一套乐钟，我还为孩子们准备了另一种用于识谱入门的教具，这种教具由一块漆成浅绿色的木板制成，木板的表面有用黑色颜料画出的五线谱，每条线上以及线与线之间的空白处都刻了一些圆孔，这些圆孔的上方标有对应的高音谱号的名称。

米兰音乐学院和佩拉斯卡方法中都使用了单式五线谱和一套可以嵌入圆孔内部的白色小圆片，在这些小圆片的一面上，依次写着音符的名称：doh、re、mi、fah、soh、la、ti、doh。

孩子根据小圆片上标示的音符名称把它们分别放在板子上相应的位置上，在放的时候，他们需要把有字的一面朝上。在放好这些小圆片后，孩子要读出它们上面音符的名称。我们可以让孩子单独做这项练习，并学习每个音符应该摆放在五线谱的什么位置。我们也可以让他们同时进行练习，即把写着音符名称的小圆片放在相应的音乐钟的长方形基座上。孩子在做乐感练习的时候已经学会了用耳朵辨别音乐钟的声音。

等孩子们做过这项练习后，我们可以给他们提供另一块刻着五线谱的绿色木板，这块木板比之前的那块长一些，并且它既没有凹痕，也没有标示符号。我们有很多在一面标了音符名称的小圆片，孩子可以随意使用这些小圆片。他们可以拿起一个小圆片，然后按照上面写的名称把它放在五线谱上相应的位置，在放的时候把有字的一面朝下。这样，我们就会看到一串排列好的白色小圆片。孩子在进行这项练习时可以把多个小圆片放在同一条线或同一个空内。当练习完成后，孩子要把这些小圆片依次翻开，有字的一面朝上，以检查他们做得是否正确。当孩子学完了高音谱号后，我们就可以让他们接着学习低音谱号。

我们可以再准备一个和这个五线谱相似的五线谱，然后把它们一上一下地并排摆放在桌子上。孩子可以从 doh 开始，按照逐渐上升的顺序从左向右摆放小圆片，最后形成一个八度音阶：doh、re、mi、fah、soh、lah、ti、doh。然后，孩子按同样的方式摆放小圆片，这次他们要按照逐渐下降的顺序从左向右摆放。这样，两个八度音阶之间就形成了一个角度。接下来，孩子要分别按照降序（ti、lah、soh、fah、mi、re、doh）和升序（doh、re、mi、fal、soh、lah、ti）把这些小圆片从右向左摆放在下一个五线谱上。这样就形成了另一个角，这个角和上一个角合起来就是一个菱形——“音符菱形”。

孩子按照这个方式摆放好小圆片后，这两个五线谱是分离的，后面的五线谱中的音符是按照低音谱号排列的。我们教孩子识别那些他们已经非常熟悉的音符相对应的五线谱，并通过这种方式让孩子们了解了识别五线谱的最基本要素。

在第一次对这一知识进行实践运用时，我选择了我们学校的微缩钢琴键盘。虽然这套教具只以一种简化的形态呈现在我们面前，但是钢琴最基本的元件它都具备了。这套微缩钢琴只有两个八度音阶，而且琴键也很小。正常的钢琴是供成年人使用的，所以它的琴键是以成年人的手为比例而制作的，我们的微缩钢琴键盘是给孩子使用的，所以我们参照了四五岁孩子手的大小，并以此为比例制作了这套键盘。我们能够看见琴键所有的机械装置。

我们可以先用专用的钢琴护垫木槌敲击一个键，当我们抬起它后，我们就能看到琴键上写有的音符的名称。护垫木槌的颜色和钢琴上音符的颜色一样，都是黑白相间的。孩子可以用这个教具轻松自如地做练习，他们既能在键盘上找到和五线谱上的节拍竖线相对应的音符，也能看到手指是如何弹奏钢琴的。

键盘本身不能发出声音，但是我们可以在键盘的表层放置一层类似管风琴风管的谐振管，这样，孩子一敲击这风管，就能听到相应的乐音。我们可以让孩子用这种方式练习对音符乐音的控制。

Part 12

教孩子算术

孩子们拥有计算所有必要的本能知识，所以他们对计算有一个清楚的概念，我们可以把这当作教孩子计算的一个基础。孩子在进行感知练习时了解了数量的概念，他们在进行感知练习时使用的教具让他们明白了长、短、暗和亮等。在感知教育目前所用的技术中，“一致”和“区别”是两个重要概念，孩子们需要先识别出相同的物体，然后把相似物体按照正确的次序摆放。我在这里要对孩子用立体插件开始做的第一个练习进行一下特别说明，这个练习非常简单，就连一个刚过两岁半的孩子都能做得到。如果一个孩子把一个圆柱体插到了比它大一些的插孔里，那么到最后，他就一定会发现有一个圆柱体没有地方放置。孩子做了一系列的练习，最后本能地从这些连续的练习中理解了有一个圆柱体找不到位置的原因。孩子们的大脑还没有做好准备，如果老师过早地教他们用“某些初步的概念”进行算术，他们就会不知所措。但是，孩子在经过了一个形成过程和一个缓慢的自我培养过程后，他们的大脑就准备成熟了。

我们在对孩子进行算术教学时必须借助于感知教育所采用的同样的教具。

我们在进行过立体插孔练习后向孩子们展示了3套教具：由粉红色正方体组成的教孩子们区分大小的教具，由棕色棱柱体组成的教孩子们认识厚度的教具和由绿色木板组成的教孩子认识长度的教具。每一系列的教具包括10个组成部分，这10个部分之间都有联系。在教孩子认识长度的那一套教具中，最短的木板是其余所有木板衡量单位，第二块木板的长是第一块木板的长的两倍，第三块木板的长是第一块木板的长的三倍，其他每一块木板都比之前的那块长10厘米，而其他的尺寸都一样。也就是说，所有木板的截面都是一样的。

10个部分之间存在一定的联系，这种联系和1、2、3、4、5、6、7、8、9、10等计算的自然序列完全相同。

在教孩子认识厚度的那套教具中，棱柱的长度都是相同的，不同之处在于棱柱的方截面。方截面的边长随着自然计算的序列发生变化，也就是说，第一个棱柱的方截面边长为1厘米，其他棱柱的方截面边长依次增加1厘米，即第二个棱柱的方截面边长2厘米，第三个棱柱的方截面边长3厘米等，最后一个棱柱的方截面边长为10厘米。所以，棱柱之间的比例和平方数序列相同，即1、4、9……第一个棱柱的边长为1厘米，我们可以用4个这样的棱柱构成一个底面边长为2厘米的一根棱柱，或用9个这样的棱柱构成一个底面边长为3厘米的棱柱。依次类推，孩子就能够认识到这10块厚度教具之间成如下比例：1：4：9：16：25：36：49：64：81：100。

粉红色正方体的边长根据数字顺序依次递增，即第一个正方体边长为1厘米，第二个正方体边长为2厘米，第三个正方体边长为3厘米……第十个正方体边长为10厘米。所以这10个正方体的体积之间的比例为1：8：27：64：125：216：343：512：729：1000。事实上，把8个边长为1厘米的粉红色正方体（第一个正方体）摆在一起，就可以得到一个边长为 8 厘米的正方体（第二个正方体），把 27 个边长为 1 厘米的粉红色正方体（第一个正方体）摆在一起，就可以得到一个边长为 3 厘米的正方体（第三个正方体）等。

孩子能够对这种区别产生直觉性的认识，因为他们能够意识到用粉红色正方体进行的练习是这 3 项练习中最容易进行的，而用绿色木棒进行的练习是这 3 项练习中最不容易进行的。我们在直接教孩子算术时要先用长木棒作为教具，然而在使用的时候，我们要对这些木棒进行加工，我们要以 10 厘米为一个单位，然后在每根木棒上用红蓝两种颜色依次做标记。比如把第四根木棒（长 40 厘米）看作由 4 个长度为 10 厘米的木棒组成，然后把它按照红色、蓝色、红色、蓝色的顺序涂上颜色。

我们把木棒按顺序摆好后就可以教孩子们计数了。我们可以让孩子一边用手指点着这些木棒，一边教他们数：1、2、3、4、5、6、7、8、9、10。为了让孩子能够对计数有一个清晰的概念，我们还利用惯用的三阶段方法让孩子对单个的木棒进行识别。

我们把第一根、第二根和第三根木棒摆放在孩子面前，依次指着它们或握住它们。我们一边向孩子出示这些木棒，一边告诉他们："这是 1。""这是 2。""这是 3。"我们指着每根木棒上的分割线告诉孩子："1、2，这是 2。""1、2、3，这是 3。"然后我们让孩子分别把代表 1、2、3 的木棒递给我们。最后，我们指着一根木棒问孩子："这是几？"孩子回答："这是 3。"然后我们和孩子一起数："1、2、3。"

我们用同样的方式继续按顺序教孩子计数，并根据孩子的反应适当增加难度。每一次，我们都会在原有的基础上加一根或两根木棒。我之所以说这套教具很重要，是因为它能够让孩子对计数产生清晰的概念。孩子能够在叫出一个数的同时看到一个具体的物体，对于他们来说，这个数就像这个物体一样真实存在着。这就是一个数与实物相结合的联合体。当我们说一个人拥有一百万时，我们是从他拥有的财富值的价值衡量单位的角度来说的，并且这些价值单位都属于同一个人。

所以，如果我们给 7 加上 8，或给一个数加上另一个数，这些数量就很明确地代表了同类单位的集合。

当孩子把 9 展示给我们的时候，他手里拿着一根完整的木棒，只不过这根木棒包含了 9 个可以用于计数的相等的部分。孩子会在进行加法“8+2”时拿起 8 根长度单位为 1 的木棒和 2 根长度单位为 1 的木棒，然后把它们连接放在一起。老师在学校教孩子运算时，为了让课程显得更轻松、更简单，往往会让孩子用一些小物体辅助计算，如豆子、弹球等。在进行“8+2”的运算时，孩子会先拿出 8 个弹球，然后再拿出 2 个弹球放在一起，那么此时孩子的脑中并没有在进行“8+2”的运算，而是在进行“1+1+1+1+1+1+1+1”和“1+1”的运算。孩子不但不会得到一个清晰的结果，他们还需要努力在脑子里记下这样的概念：把 8 个弹球当作一个整体，这个整体刚好和单个的数字 8 相对应。

进行这种努力会让孩子降低对算术的理解力，导致孩子的这种理解力推迟几个月甚至几年。

如果我们使用教孩子们认识长度的教具来教孩子进行 10 以内的数字的加减法，那么这个过程就会变得非常简单。我们可以通过让孩子摆放木棒来把这个练习变得更加有趣。我们可以让孩子先把木棒按照正确的顺序摆放成长楼梯的形状，然后依次把木棒 1 放到木棒 9 的旁边，把木棒 2 放到木棒 8 的旁边等，直到最后剩下一根木棒 5 为止。然后，他们要把这些木棒放回原来的位置，先把 4 拿起来放回 5 的下面，再把 3 拿起来放回 4 的下面，依次类推，最后把所有的木棒又摆放成长楼梯的形状。

这个把木棒依次组合的简单游戏演示了 10 以内的加法："9＋1""8＋2""7＋3"和"6＋4"。而当孩子把这些木棒依次放回原位时，他们就进行了一系列的减法："10−4""10−3""10−2"和"10−1"。

向孩子教授实际数字标志着从木棒向使用独立的单位进行计算的一个飞跃。木棒是一种具体概念。孩子们了解数字后，就能够把它们用于抽象概念的运算。可以这样说，一定数量的独立单位结合在一起可以形成一个整体，而数字恰好就代表了这个整体。

可以说，我们可以通过数字的功能来论证语言的综合功能和它向人类脑力劳动展现出的广阔领域。在运算过程中，数字已经可以作为具体的小木棒的替代品了。

如果我们只使用现有的木棒，那么我们对孩子进行的算术教学就会受到限制，因为这套教具只能让孩子学会 10 以内的加减法，或比 10 多一点的加减法。这些运算在意识的建立过程中只比那些简单的初级的感知教育多取得了一点进步。

数字是一种单词，也是一种图形符号，人类可以借助它让人类的数学思维发生变化，并在其进化的过程中取得无限的进步。

我为孩子设计了一套光面的卡片，每张卡片上都贴了一个用砂纸剪成的数字，数字的范围是 1～9。这种卡片和贴有砂纸字母的卡片很相似。我会在教学过程中让孩子依次触摸这些砂纸剪成的数字，并让他们说出每个数字的名称。

孩子在认识数字的过程中要做的比学习字母的过程中所做的更多。老师先向孩子们示范如何把每个数字放在对应的木棒上，当老师以这种方式教授完所有的数字后，孩子就要进行按大小顺序摆放数字卡片的练习，即按照数字的大小顺序把数字卡片放在木棒上。这样，一个充满快乐的摆放卡片的连续步骤就形成了，孩子能够在以后的很长一段时间内都非常喜欢进行这种练习，这也是我为什么这样设计课程的原因。

进行过这项练习后，孩子们就迎来了他们的“解放时期”。孩子已经能够掌握这些数字，并懂得如何利用它们把最小的整数组合到一起，我们可以说这些数字已经属于孩子们了。为此，我还特意为孩子们设计了一套木钉，并为孩子们提供了各式各样的小教具，如小棒、小积木和筹码等。

练习的内容是把一定数目的东西放到和写有相应数字的卡片摆放在一起。在我为孩子设计的教具中有一些盒子，这些盒子里面被分成若干个小格，每个小格的底部都印有数字。孩子在进行这项练习时，需要按照小格底部的数字在格子里摆放上数目相等的木钉。

我还设计了另一个练习，这项练习需要孩子把所有的数字卡片在桌子上摆好，然后把相应数目的积木、筹码等放在每个数字的下面。

这只是我们教学的第一步，这时我们的教学内容还没有涉及关于 0、几十或其他的数学运算。我在其他的作品中对有关 0 的教学和其他数学运算进行了更细致的讲解，你们如果想要了解这些课程，可以去阅读我的其他作品。

但是教具本身说明了这一点问题。在盛着木钉的盒子里，有一个格子的底部印了一个 0，这个格子里什么都不能放，孩子只能从写有 1 的格子开始摆放木钉。

0 代表什么都没有。我们把它安排在 1 旁边，这样我们数过 9 以后就可以继续数 10。如果我们不使用 1，而使用像木棒 10 一样长的教具，我们就可以数 10、20、30、40、50、60、70、80、90。在我们的教具中有这样一种框架，框架的底面嵌有从 10、20、30……直到 90 的卡片，这些数字卡片被牢牢地固定在了框架上。在使用这种框架进行教学的时候，我们可以把从 1 到 9 的数字依次盖在 0 的位置上。以数字 10 为例，当我们用 1 把数字 10 的 0 盖住时，我们就得到了 11，当我们用 2 把 0 盖住时，我们就得到了 12 等，直到我们用 9 把 0 盖住之后得到了 19，我们就转到了 20，以此类推。

孩子对这些练习表现出了极大的学习热情，他们喜欢进行这样的练习，因为这些练习能让他们同时进行两项活动，并让他们的头脑变得清晰。

我们在书写和算术的教学中付出了许多艰苦的努力，也取得了许多喜人的教育成果。教育的内容包括对各个动作进行协调和对整个世界进行初步认识。这种锻炼和发展是一个人第一次致力于与世界进行智力对话而产生的自然结果。

这些初期收获帮助孩子厘清了意识，如果我们不通过书写语言和数字巩固这些收获，那么它们就有可能被荒废。我们一旦借助语言和数字这两个工具帮助孩子巩固了这些收获，这些收获就能为孩子提供更广阔的前景，让他们在未来接受更多、更好的教育。所以我们现在需要把孩子带入一个更高的层次，这个层次就是文化层次。现在，孩子们可以去学校了，但这个学校并不是现今那些所谓的学校。社会上现有的这些学校并不懂得开发孩子的智力，他们只会试图向那些还没经过准备的或没经过预先教育的大脑中强行灌输知识。

为了保证那些已经接受过系统训练并且还没有对正常工作产生厌烦的头脑继续健康地发展下去，我们必须为孩子提供一种新型的学校，并让他们在那里学到文化。我把这些方法延续到了针对年龄更大一些的孩子的教育中，相比于其他的方法，这些方法已经非常超前了。

Part 13

精神道德因素对儿童教育的重要性

我对“儿童之家”所采用的教育方法作了一个简短的介绍，也许读者们会觉得它是合理的，是令人信服的。可是，组织并不是我的教育方法的重点，真正的重点在于这种方法对孩子产生的效果。孩子们的本能表现让我的教育方法的价值得到了证实，人类的内在发展法则似乎也是在他们的本能表现中得到体现的。也许我们会在“儿童之家”开设一个心理实验室，到那时，我们将有机会获得更多的真理。我相信，这些真理一定会比迄今为止所发现的所有真理都要多，因为心理学研究的基本因素，特别是在心理发生领域，只有思想能够在正常条件下得到自由发展，我们才能对它的起源和发展进行研究。

众所周知，当孩子们正在进行工作或其他不惹人烦扰的活动时，我们应该给予他们足够的自由。也就是说，我们会制止孩子陷入混乱或进行“不好的”活动，但是我们会支持孩子做一些有秩序的和“好的”活动，并保证孩子能够在进行这些活动时拥有最完全的自由。

我们取得了惊人的成果，因为孩子们已经表现出了他们对工作和劳动的热爱。虽然这些孩子并没有察觉到这一点，但我们已经从他们的动作中看到了一种镇静和井然有序的气质。这种镇静有序已经超出了纠正的界限，而进入了“优雅”的境界。在整个班级中，我们可以随处感觉到孩子自发的纪律性和强烈的服从精神，这也是我们教育方法带来的最鲜明、最显著的成果。

在远古，有许多哲学家经常就“人之初，性本善”还是“人之初，性本恶”产生争论。如今，人们一提到这两种观点，就会自然地提到我的教学方法，很多支持我的方法的人也曾当场提供了许多人性本善的例子。其他的人则持有相反的观点，他们对我的教学方法表示反对，并声称给孩子自由是件非常危险的事，因为孩子生来就是邪恶的。

我喜欢从积极的层面去看问题。“善”和“恶”这两个字包含了最多样化的概念，人们很容易把两者弄混淆，特别是在实际处理小孩子的事情上。

我们常常认为在 3～6 岁的孩子身上会出现向恶倾向的表现，而事实上，孩子之所以会产生这些表现是因为我们不理解孩子。当我们不理解孩子的需求，不但不满足他们，反而对他们进行诸多限制的时候，他们就会出现这种表现。孩子需要在自然倾向的引导下试着协调他们的行动，从而积累各种印象，特别是触觉上的印象，可是我们却不许他们这样做。我们不许他们为了解世界而到处乱摸，四处乱跑，我们不许他们自由行动，于是他们便进行反抗，并制造了许多让我们感到反感的事。于是，我们认为孩子是淘气的、顽皮的、不可理喻的。

令人感到惊讶的是，我们一旦为孩子提供了适合他们发展的正确的工具，并让他自由地使用这些工具，他们就不会再出现这种向恶倾向，他们的反抗行为也就自然而然地消失了。

此外，如果我们能让欢乐的暴发代替狂怒的暴发，那么孩子的精神就会变得平和，他们也会自然地呈现出镇静和亲切的神态。这些都让孩子变得与众不同。

激起孩子为进行真正的生存竞争而表现出的激烈行为的人，其实正是我们自己。孩子们希望根据他们的精神发展需要而生存，为此，他们不得不从我们这里攫取那些他们非常需要的东西。他们不能按照我们的法则生活，有时，他们甚至需要从其他的孩子手中夺取他们想要的东西。

另一方面，如果我们能够为孩子提供生活的手段和工具，他们就不会出现这种斗争，转而出现的是有利的生活扩展。这个问题和大脑还在快速发育的艰难阶段中与神经系统有关的卫生学原理有关，那些专门研究儿科疾病或儿童神经错乱问题的专家们应该对这个问题非常感兴趣。人的精神生活和智力的起源受到特定的法则和至关重要的必需品所控制，如果我们以人类的健康为目标，那么我们就必须对这些特定的法则和必需品产生足够的重视。

从这个角度来说，不仅老师和学校需要采用培养和保护孩子精神活动的教育方法，我们在家庭中也要采用这种方法，这一点对妈妈们来说尤其重要。

通常，我们只有对一个问题进行更深入的探讨，才能得到真正能够解决这个问题的方法。比如，当我们看到几个人在争抢一片面包时，我们会认为这些人很坏，而当我们进入一家非常暖和的餐厅，看到人们静静地坐在自己的位子上，心平气和地吃着东西，谁也不妒忌其他人桌上的饭菜时，我们会觉得这些人很好。很显然，引导我们进行表面评价的直觉概念已经超出了绝对的善与恶的概念。我们可以这样打个比方，比如我们为所有人提供一个很优雅的餐厅，让他们在里面吃饭，却不直接影响他们的道德问题。也许有人会认为，在进餐时，那些平日里丰衣足食的人比那些平日里难以果腹的人表现得更好，丰衣足食的人会以一种更好、更安静的方式享受面前的美味，并且很少犯错误。是的，的确有人会这样认为。但是无论他是谁，只要他认为人们只要能够吃好就足以成为好人，那么他就大错特错了。

然而，我们也不能否认食物对一个人是否能成为好人有必要的影响，因为它能够消除人们由于缺乏食物而造成的所有的恶行和痛苦。

我们现在所谈论的并非是人们对物质的基本需求，而是对更深层次的需求，即人类对精神食粮的需求以及精神食粮具有怎样更高层次的功能。我们现在所探讨的并不是从口中吃下的面包，而是精神上需要的“面包”，我们现在面临的是如何满足人类精神需要的艰难课题。

我们已经取得了引人注目的成绩，我们发现了让孩子们达到更高层次的镇静和善良的方法，并通过我们的经验建立了这些新方法。我们能取得今天的成绩，这和我们所发明的这些方法和工具是分不开的，我把这些总结为两个要点，即工作的组织和自由。

组织合理的工作能让孩子拥有自我发展的可能，它能让孩子散发能量，让孩子获得有益的、从容的满足。这种工作条件让孩子能够在自由中不断进行自我完善，并获得很强的纪律性，而这种杰出的纪律性本身就是由孩子身上培养出的镇静从容这一新素养中产生的。

只有自由而没有工作的组织也不行。如果我们只给孩子自由，却不给他们工作的机会，他们就得不到发展，这就如同我们不给一个新生的婴儿喂奶，他就会饿死一样。所以工作的组织为“善”这个新结构提供了基础，但是，如果我们不让孩子自由地利用它，不让孩子自由地扩充他们从最重要的活动中获得满足而产生的所有能量，那么这种组织就被白白浪费了。

难道在人类的历史中就没有出现过类似的现象吗？人类文明的历史就是

一个成功结合了组织工作和获得自由成功的历史。从整体上说，我们可以从人类从野蛮到文明的进步中看出人类的“善”在增长，也可以这样说，随着人类逐渐走入文明，罪恶、形形色色的邪恶、残忍和暴力也逐渐减少了。

事实上，曾有人称我们这个时代的犯罪为“残存在文明人中间的一种形式的野蛮”。所以，我们只有对工作进行更好的组织，才有可能让我们的社会得到更深入的净化，同时，这似乎也是在不知不觉中寻求推翻它和自由之间最后屏障的途径。

如果我们从社会中学到的就是这样的东西，那么对于这些处于 3 岁至 6 岁之间的孩子们来说，如果他们工作的组织是全面的，并且他们也有绝对的自由，那么他们取得了多大的成绩呢？正因如此，我们才会认为这些孩子是那么好，并把他们视为希望和拯救的使者。

如果到了现在，人类每日带着缺陷沿着工作和自由的路前行，我们虽然感到痛苦，却依然能够变得更好，那么我们为什么害怕孩子会在同样的路上遇到无数灾难呢？

但是从另一方面来说，我也不能确定孩子在自由中获得的“善”就一定能够解决人类绝对的善与恶的问题。我们只能说我们为“善”这个事业做了一定的贡献，因为我们消除了会导致暴力和反抗产生的障碍。

所以，让我们各就各位，各司其职吧！

Part 14

蒙台梭利教育的大纲

很显然，在旧式教育中，孩子并没有被当作真正的人来看待。在最初的几年里，我们往往强迫孩子适应成年人的社会，并强迫孩子背离他们的天性。孩子在这些教育形式中只以一个“未来式”的状态存在着，而不是“正在进行式”。所以，孩子在长大成人之前不会受到真正的重视。

需要强调的是，孩子和所有人类一样，也有其独特的人格。我们不应该抹杀孩子那神奇而富有尊严的创造力，他们的心灵纯真而敏感，我们必须小心翼翼地呵护它们，照顾它们。我们不应该只想着尽全力保护孩子娇小的身体，按时给孩子喂食，帮助孩子洗澡和穿衣服。没有人可以活在一个只有面包的世界里，这句话尤其适合用来形容一个处于童年时期的人。在童年时期，物质是最不重要的东西，它还可能导致任何年龄的人堕落。一个人如果受到了物质奴役，无论他是成年人或是孩子，他一定会感到非常自卑，没有了尊严。

其实，成年人所营造的环境对于孩子而言并不是一个完美的环境，因为孩子在这个环境中遭到了隔离，他们没有办法了解成年人的社会。孩子不知道用什么方式适应这个把他们摒弃在外的社会环境，于是我们把他们送进了学校，希望他们能在学校中学会适应社会的方法。可是，学校往往会在最后变成一个监牢，给一些孩子套上沉重的枷锁，并把他们禁锢在里面。我们现在清楚地认识到，如果我们在学校中使用过时的教学方法，那么我们就会对孩子的成长造成严重的影响。生活在这样的学校中的孩子不但会受到身体上的创伤，还会饱受道德上的痛苦。时至今日，忽视性格方面的教育是教育中的最基本问题。

同时，我们也在各个家庭中发现了同样的错误。每位家长都在想孩子将来要怎么样，却没有考虑过孩子现在要怎么样。孩子现在想要存活，就需要许多的东西，可是我们却忽略了孩子的需要。在大多数的现代家庭中，家长们只会关心孩子吃得好不好，穿得暖不暖，身上是不是干净以及玩耍的地方是不是有新鲜的空气等。

人们在帮助孩子健全发展时，最容易忽视的就是人性的物质，即孩子精神上的需要。我们看不到孩子的内心人格，我们能够看到的只有孩子为了极力维护自我所作出的负面行为反应。孩子在我们面前哭泣、尖叫、害羞、不听话、说谎、自私，甚至作出破坏东西等不当行为。如果我们把孩子们这些自我防卫的方式视为孩子的性格要素，那么我们就犯下了一个不可饶恕的错误。我们一旦犯下这个错误，就会接着把用最严厉的方法改掉孩子的坏毛病当成我们的责任。通常情况下，这些严厉的方法就是我们俗称的体罚。但是孩子之所以会出现这些负面反应，是因为他们在道德上产生了缺失，或是因为他们的精神出现了失调。这两者产生的后遗症都会对孩子的一生产生不良影响。

正因如此，我们肩负了重大的责任。我们必须小心谨慎地进行探索，发现是什么消灭了孩子的精神，并融入孩子的世界中。在成年人数不清的规定、教条下，孩子犯的错好像永无止境。直到现在，我们仍习惯性地批评那些犯了错的孩子，并且毫不留情。但是从现在开始，我们必须让自己变得温和，就像美国文豪爱默生所言："童年是永恒的救世主，他会一次又一次地回到堕落者的身边，祈求用自己的力量把他带回天堂。"如果我们能够领悟到儿童教育的重要性和迫切性，我们就能为人类的福祉做出更大的贡献。

对于孩子而言，想要在复杂的成人世界中过上平常的生活是完全不可能的事情。成年人不停地监督着他们，不断地教训和命令他们，在这样的生活环境中，孩子受到了强大的干扰和阻碍，他们没有办法正常成长。于是，孩子萌芽过程中所有充满生命的力量变得越来越微弱。在孩子的心中萌生了这样一种念头：我要尽快脱离这里的每一件事和每一个人，这样我才能得到自由，得到解放。

所以说，我们必须停止我们现在正在做的事情——在孩子的生活中扮演一个看守员的角色，而是要为孩子准备一个适合他们身心发展的环境。我们不能再让他们生活在一个充斥着监督和命令的环境中，并因此感到窒息。然而，我们越想让这个环境符合孩子的需要，就越需要对自己的行为加以限制。作为老师，我们要清楚地牢记，给孩子自由并不代表任由孩子做任何事或是对孩子毫不理会，这也是我们对孩子进行教育时要掌握的基本原则。我们应该在孩子遭遇困难时给予他们真心的帮助而不是被动的关怀，我们应该充满细心和爱心地关注孩子，并对孩子的自我发展表示鼓励。何况，为孩子准备一个适合他们成长的环境是一项非常严肃的工作，因为我们要创造的是一个专属于孩子们的童年世界。

一旦我们为孩子提供了他们需要的家具，我们就可以立刻看到孩子的活动发生了转变，这种转变绝对出乎我们的意料。孩子能够按照我们的期望做事了，他们能够和谐地相处，也不会发生任何危险或产生任何意外，因为他们都知道自己想要做什么，而这些事情的发生似乎只是一瞬间的事。孩子想要活动的意愿，要比想要吃东西的意愿更强烈，但是目前这种不自然的环境让孩子缺乏了活动的动力，所以我们很少看到这样的情况。如果我们能为孩子提供一个适当的环境，我们就会发现，那些原来一直给我们制造麻烦的“讨厌鬼”们马上就变成了活泼快乐的好孩子。那些喜欢破坏房子的孩子开始小心地爱护身边的物品，那些到处乱跑乱叫的孩子也突然变得既安静，又遵守秩序了。如果我们不为孩子提供一个适合他们活动的外在环境，他们就无处消耗那些旺盛的精力，于是他们只好凭自己的直觉去做一些能够让他们耗尽体力的事情，并在做这些事情的过程中琢磨他们的才能。

如今，市面上出现了许多可以促进孩子智力发展的学习材料，我们对这些材料并不陌生。其中，有一些设计优美、颜色明亮的小家具，它们都很轻巧，便于孩子移动，如果孩子不小心撞在上面，这些家具就会倒下，但孩子不会受伤。另外，这些小家具的颜色都比较浅，只要有一点脏就可以看出来，孩子们看到家具脏了后，就会意识到他们应该清洗家具了，于是他们也顺便学会了用清洁剂和水进行简便洗涤的方法。孩子常常喜欢待在他们喜欢的地方，这些小家具重量很轻，如果孩子的动作过于突然，它们就会发出夸张的挤压声，于是，孩子渐渐地学会了控制自己的动作。

一些玻璃或陶瓷做的小东西也能够对孩子起到教育意义，因为这些东西很容易破碎，并且一旦破碎就不可能再出现了。对于孩子来说，失去心爱的东西的悲伤是最严厉的惩罚。他们会在失去了心爱的东西后难过地哭泣很久。有谁忍心看一个孩子望着满地的花瓶的碎片哭泣而不上前安慰呢？但是，如果这个孩子以后再有机会拿其他的易碎物，他就一定会格外小心。

如果老师或家长能够在孩子犯了小错误时安静地站在一旁观察，而不是介入其中，这也是一种教育孩子的方式。慢慢地，孩子会觉得这些东西正在和自己说话：“你好！我是刚刚漆好的茶几，你要小心一点对待我哦，别把我弄脏，也别把我划伤。”孩子会觉得这些东西正在提醒自己要小心行动。好动的孩子们会对环境本身和物品的美感产生注意，并小心对待它们，所以我们在为孩子准备各种用品的时候，最好选择一些能够吸引孩子的东西。我们可以给孩子准备不同颜色的抹布、色彩鲜艳的刷子或形状各异的肥皂。这些东西一旦引起了孩子的好奇心，孩子就会想要摸摸它们，进而思考如何使用它们。孩子会被颜色鲜艳的抹布吸引，然后知道抹布是用来擦桌子的。同样，孩子也懂得了刷子是用来刷衣服的工具，肥皂是用来清洗双手的东西。这样，孩子会被所有漂亮的东西所吸引，并慢慢学会这些东西的使用方法。老师也不需要再整天盯着孩子，或是像这样提醒他们："卡尔，你的衣服应该刷了。""约翰，去洗手。"孩子们会自动自发地绑鞋带、穿衣服，我们从他们的喜悦和成就感上看到了人性的尊严，而正是独立自主让他们拥有了这种尊严。

孩子一旦在工作中得到快乐，他们就会充满热情地去做每一件事。他们会花很长的时间擦门把手，直到门把手变得像镜子一样亮。即使只是从事一些简单的工作，如掸灰或扫地，孩子们也会小心翼翼地去做。显然，孩子们并不是因为完成工作而受到鼓舞，他们喜欢工作是因为他们可以在工作中运用潜藏的精力。只要他们的体内还有精力，他们就会一直专心工作。

孩子们并不是天生就喜欢反复地做同一件事，但是他们能够在不断地重复中变得熟练。我曾看到一群年龄非常小的孩子能够自己穿衣服、脱衣服、扣扣子、系鞋带、打蝴蝶结。他们还能在饭前把碗筷整齐地摆放在餐桌上，甚至能够在饭后帮忙清洗用过的杯子和碗碟。孩子们拥有旺盛的精力，这些精力不但能让他们学会做许多事情，还能让他们帮助其他还不清楚应该怎么做的孩子。我看到一个孩子在帮另一个年龄小一点的孩子穿围兜，并帮他系鞋带。我还看到一个小孩子不小心打翻了汤，然后一个大孩子就马上跑过来帮他清理地板。

孩子在清洗碗碟的时候，不但要清洗自己的碗碟，还要清洗其他人的碗碟；他们在布置餐桌时不但要把自己的碗筷摆放整齐，还要把其他人的碗筷摆放整齐。而且孩子不会觉得，因为自己帮助别人做了事，所以自己必须得到奖励。对于一个充满热心的孩子来说，给别人帮忙的过程本身就是一种奖励。有一天，一个小女孩默默地坐在摆了热汤的餐桌前，她的眼中充满了忧郁，并且一句话也不说。后来我得知，曾有人答应让这个小女孩帮忙摆放碗筷，可是最后那个人却忘记了，所以这个小女孩非常失望。她的心灵受了伤，所以难过得汤也喝不下了。

这样，孩子们外在的社会行为也得到了发展。他们能够清楚自己的目标，并轻易达到自己的目标。如果我们能够让孩子处在一个能够自己动手做的环境里，孩子就能拥有达成自己设定目标的自由。有了浓厚的基础，孩子才能产生真正的学习兴趣。孩子按照自己的方式做事，就是为了让活动的驱动力和发展的需求得到满足。然而，想要让他们的驱动力得到满足，首先要确定一个明确的目标。有时，孩子的手并不脏，可是他们还是会一遍又一遍地洗手，这是因为孩子一看见自己的手就会联想到一些和手有关的行为，如把手弄湿，在手上涂肥皂和用毛巾把手擦干。扫地，给花瓶里的花换水，把小桌子排列整齐，铺平床单，摆好晚餐要用的碗筷等事，都能让孩子的肢体得到合理的锻炼。一个人只要在家务劳动方面付出过许多努力，却又不能不做这些，他就一定能够明白，那些看似简单的家务劳动其实需要花费许多的力气。特别是今天，人们总是认为体操和身体运动非常重要，可是却没有留意到家务劳动虽然不属于一般机械式的运动，可它却是有明确目的的运动。

所有来“儿童之家”参观的人在看到孩子那么乐意去做日常生活练习时都会感到惊讶，但这些日常生活练习并不是最重要的事。在孩子的童年活动中，这些练习只是一个开始，它们并不是最重要的活动。

人们对思想家和科学家的印象往往是“专注沉思，脱离现实”。大家都听说过牛顿由于过于专注地思考而忘记吃饭的故事，也听说过阿基米德因为苦苦钻研数学计算而没有意识到西拉克斯市已经沦陷了，直到敌人站在他面前时，他才吓了一跳的逸事。这些趣闻逸事让我们看到，在人类的性情当中，专心是比沉思更重要的特性。各项伟大发明之所以能够诞生，除了需要科学家拥有丰富的知识和文化内涵外，更需要这些人在工作上投注的那种几乎与世隔绝的专心。

如果孩子的活动正好能够配合他们的内在需求，我们就能从孩子的表现中得知他们在发展时需要什么。一般来说，孩子会希望尽量和周围的人做同样的事。

但是孩子也有个别的内在需求，因为他们必须在进行工作时把自己和周围的一切人和事完全隔离。我们在神奇又丰富的秘密世界中找到了亲密的孤独，这一点没有人能够帮助我们感受得到。如果此时出现干扰，这种感觉就会遭到破坏。我们从外在的世界解放出来后形成了一种思想，这种思想离不开内在精神的培养，周围的环境无法对我们产生影响，我们可以安心独处。

许多伟大、超群的人物都能够如此陷入沉思，并从中获得强大的精神力量。有些伟大的人在沉思中获得了思想的力量，并把静思和慈悲相结合，最后感化了众生。有的人在长时间独处静思后忽然感到自己有帮助人类解决大问题的义务，于是他帮助那些陷于仇恨、侵略的同胞，包容那些人的缺点和毛病。我们还发现，劳动和精神的专注之间有着密切联系。这句话乍听起来好像很矛盾，但是只要我们仔细思考一下就会发现，这两者的确是相互依赖、相辅相成的。内在精神对人们在日常生活的能量起决定性作用，换个角度来看，日常生活也以一般性的劳动让脑部的思考变得更灵活，当一个人的体力不断被消耗时，精神就会对其进行补充。一个了解自己的人会了解自己的精神所需，并尽量满足这种需要，就像他了解自己的生理所需，所以会在饿时吃饭，困时睡觉一样。忽视精神需求和忽视身体需求一样，都是非常危险的事。

我们发现孩子具有这种思考能力，即发自内心的专注能力。由此可见，并非只有超凡脱俗或天赋禀异的人才具有专注力，其实每个人都具有这种特征，只不过很少有人能够把这种特征一直保持下去。

如果我们对孩子令人刮目相看的专注力采取重视，我们就不应该只对我们认为有用的工作进行讨论。虽然有些东西在我们看来什么作用都没有，可是孩子却很容易被它们吸引住。孩子会对这些东西着迷，并试着用各种方法摆弄它们。通常情况下，孩子会用一些没有条理的方式摆弄这些东西，他们会把刚刚才开始玩的东西弄得乱七八糟，然后再重新玩起来。孩子会重复着用同样的方法摆弄这些东西，虽然他们看起来并不是很投入，但事实上，我们正在见证一个非常特别的现象。我在第一次发觉这个现象时感到万分惊讶，那些心理学理论在我眼前刹那间瓦解了。我甚至问我自己："这是真的吗？我眼前的这个奇特的事实，这个全新的、神奇的奥秘是真实存在的吗？"因为我曾和所有人一样，相信孩子不可能长时间地专注于一件事。可是，我却看到一个只有 4 岁的小女孩正在试图把面前那些大小不同的圆柱体放回相应的凹槽里。她做得非常谨慎，也非常专注。当所有的圆柱体都被放进了凹槽之后，这个小女孩把这些圆柱体倒出来，然后又一次开始进行这项练习。她做得那么起劲，似乎这项练习对她而言有着十足的吸引力。我在她身边坐下，然后开始给其他的孩子念故事，然而这个小女孩却并没有被我的故事所吸引。当她做了 14 遍这项练习后，我走到钢琴前坐下，然后一边弹钢琴，一边让孩子们随着我的琴声唱歌，可是这仍然没有影响到这个小女孩。她全神贯注地玩着她的圆柱体，甚至没有抬头看一下周围发生了什么事情。突然，这个小女孩停止了手中的练习，然后面带微笑地站了起来，她的眼中闪烁着光芒，好像非常满足。她非常开心地微笑着，好像看到了刚刚升起的太阳一样。

在发现那件事之后，我又看到过许多孩子表现出同样的行为。他们会在完成了一项非常有趣的工作后流露出平静且愉快的表情。这时，他们的灵魂深处仿佛有一条大道豁然敞开，这条大道为他们的潜能指明了发展方向，让他们把各自最好的一面呈现在众人面前。孩子们会对所有人友善，看到别人有困难，他们也会非常乐意地上前帮助。然后，其中的一个孩子会悄悄走到老师身边，小声地告诉老师："我是一个好孩子哦！"他的声音是那么轻，好像在向老师讲述一个天大的秘密一样。

在很久以前，已经有许多学者对这样的观察表示了认同，但是对我来说，这种观察法却有其特殊的重要性。因为我把发生在孩子之间的一切都视为了法则，所以我能够把教育中遇到的问题完全解开。我明白，秩序观念和性格、智能和情绪的发展都是从这个被遮蔽的源头中流淌出来的。所以，我希望我能找到一些能够对孩子的专心进行试验的物品，并为此付出了努力。之后，我又用心地为孩子布置了一个有利于培养他们专注力的外在环境。

所有的教育方法都以同样的一个教育方针为主，即把握并利用好孩子珍贵的专注时刻，并在教孩子读、写，以及为孩子说故事时应用这一方针，之后再更进一步在教孩子文法、算数、外语等科目时应用这一方针。此外，最佳的教学方法就是让孩子时刻保持高度的兴趣和强烈、持久的注意力，这一点也得到了心理学家们的认同。所以教育作出了一项要求，即借助孩子的内在力量，让孩子进行自我学习。这么做有可能吗？是的，这么做不但有可能，而且我们必须这样做。想要对孩子进行注意力的培养，我们就一定要先慢慢地激发孩子的注意力。在一开始的时候，我们最好为孩子选择一些容易辨认，并且容易对孩子的感官产生吸引力的东西，如各种大小不同、颜色也不同的圆柱体，能够明显发出不同声音的乐器或教具、表面粗糙程度不同的物体等。等到孩子发展到一定程度之后，我们才应该对孩子进行字母、写字、阅读、文法、设计、比较复杂的数学、历史和科学等学科的教学。这样孩子就能逐渐积累到知识。

对于一位新任老师来说，这种教育工作非常困难。老师决定了孩子是否能够找到自我学习和提高自我的方向，也决定了孩子是否会遇到重重困难。让一位刚上任的老师理解我们的教学法是非常困难的，因为他们无法接受我们提出的“自我克制，避免对孩子进行指导，不能对孩子的自律产生影响，以及相信孩子们的潜力”的要求。我们要求老师不要擅自指导孩子，即使是在孩子刚刚开始学习的时候也不要这样做。可是，老师往往会忍不住去教孩子、鼓励孩子或纠正孩子。老师会不自觉地在孩子面前显示出自己身为老师所拥有的别人没有的丰富经验和文化教养，可是到最后，老师们还是抑制了这种心态，否则我们就不可能达到我们预期的目标。

如果一位老师不能懂得教育的要领，那么他就必须付出加倍的努力，以弥补他的不足。他必须事先做好计划，还要为孩子安排一个适当的环境，为孩子准备一些有明确目标的教具，并小心地引导孩子学习日常生活的实际工作，我们期望老师能够分辨出哪些孩子选择的方向是正确的，以及哪些孩子选择的方向是错误的。当发现孩子做错了时，老师应该冷静，随时守候在孩子的身边，只在必要时才为孩子提供爱和信心。

作为一位老师，我们必须为全人类的福祉奉献我们的力量。我们要学习女神维斯特献身于炉火的精神，保护孩子内心点燃的纯洁的小火花，不让它受到半点侵犯。因为如果此时孩子心中的火花被熄灭，那么它很可能再也没有办法燃起。

Part 15

蒙台梭利方法对老师的要求

通常来说，人们对蒙台梭利方法的评论总是停留在表面，认为它没有对老师做过多要求，老师只要尽量不去干涉孩子，把大量时间和空间留给孩子就可以了。可是如果我们考虑到教具的因素，那么老师的工作就变得复杂了，因为他们需要负责对种类繁多的项目进行安排，并根据孩子的能力做计划，以及安排和调整教学的顺序和细节。这并不能说明采用蒙台梭利方法的老师比传统的老师更被动，事实上，在进行我们提到的所有工作前，蒙台梭利学校的老师都需要花很多时间进行准备工作。之后我们看到的老师的悠闲和被动，刚好说明了这些老师已经顺利地完成了任务。这些老师让他们的班级达到了一种特殊的境界，这时，即使老师不在教室里，班级里的孩子也仍然能够照常做他们应该做的事情，也就是说，这个班级已经成为了一个完全自立的团体了。想要达到这种成功，老师们就必须付出十足的努力。

一名普遍学校的老师是不可能马上就转变为一名合格的蒙台梭利学校的老师的。在这之前，他必须接受新的塑造，并去除他心中的偏见。首先，他需要预备想象力，因为在蒙台梭利学校的老师眼里，孩子们绝不是幼稚的小孩。蒙台梭利学校的老师对孩子有充足的信心，他们相信孩子会在工作中显露出他们的本性来。即使他们面前站的孩子是一群有各种行为偏差的孩子，他们仍然坚持这个信念。蒙台梭利学校的老师相信孩子们具备不同的精神特质，相信孩子一定会对工作产生兴趣，并会被工作深深地吸引，他们也相信自己能够从中发现孩子们的本质。他们等待孩子发出全神贯注地投入工作的讯息。

这个发展过程包括3个阶段：

第一阶段：老师是一个学习环境中的管理者和维护者，他们应该专心做好自己的工作。他们不需要对孩子遇到的问题和困难投入过多精力，因为环境本身就能够让孩子得到治愈。孩子的意志会在环境的吸引力的作用下日益变得坚定。老师要时刻保证教室中陈列的教具的美观、明亮和完整，这样才能经常让孩子感到新鲜。老师也要保证每套教具的配件都是齐全的，以便随时都可以应用。老师本身也属于教学资源，所以他们应该让自己富有吸引力，最好年轻端庄，穿着大方得体。老师要经常保持愉快的心情，对待孩子时既亲切又优雅。这是我们对老师的理想标准，然而想要随时保持这种完美的形象却并不容易，所以我们要求老师至少要记得他们每天面对的孩子是非常重要的人，他们不可以对孩子产生轻视，而是要尊重孩子、理解孩子。老师要注意自己在日常生活中的言行举止，尽可能做到温文尔雅，这样孩子才会不自觉地对老师产生敬重和爱戴的感情。在孩子眼中，妈妈就是一切美好事物的化身，而老师就要做到让孩子对自己产生对妈妈一样的感情。

第二个阶段：老师要对那些心思散漫、四处游走、不能专心做任何事的孩子采取措施。这些孩子都是还没有步入正轨的孩子，对于这些孩子，老师要善于诱导，比如用除了棍子之外的任何技巧来吸引孩子的注意力。老师可以让这些孩子先做一些他们既不讨厌，也不喜欢的工作。在刚刚进行工作时，这些孩子会感到不开心，因为老师不许他们继续游荡。但是因为游荡是不利于孩子成长和发展的行为，所以即使孩子不情愿，老师也必须让这些孩子参与到工作中，这是一种高明的策略，也是非常必要的策略。当有孩子不断对其他孩子进行骚扰时，老师要尽快阻止他们，但是不需要让他们完成整个活动。

第三阶段：通常情况下，老师可以先让孩子做一些简单的日常生活，一旦孩子对这些活动产生了兴趣，老师就要退到一旁，不要干扰孩子。可是老师有时也会难免犯错，比如在经过一个原来很顽皮，现在却能专心工作的孩子身边时对这个孩子说："很好！"老师虽然是出于好意才对孩子进行赞美，可是这同样会让孩子对手中的工作失去兴趣，也许他会连续好几个星期内不肯再碰这份工作。当孩子遇到困难时，老师不要直接告诉孩子解决困难的方法，因为这样会让孩子失去兴趣。把工作做完并不是重点，让孩子学会克服困难才是我们最需要做的事情。对于一个提着重物行走的孩子来说，别人的帮助反而是负担，如果这时他发现有一位老师正在看着他，他就会放下手中的重物。老师需要记住一点：只要孩子正在专心地工作，老师就不需要理会他们，至少不要让他们觉得自己正在被人注视着。即使两个孩子为了同一件东西产生了争执，老师也不要主动上前处理，而要让孩子们自己解决问题，如果孩子们解决不了问题而来找老师帮忙，这时，老师才应该介入。当孩子已经能够熟练地从事旧的工作后，老师就需要让孩子从事一些新的工作了。如果孩子让老师观看他们专心工作后的成果，老师就应该给予孩子真诚的肯定和称赞。老师应该和孩子感到同样的欢喜。

蒙台梭利方法并不是要求老师成为孩子的贴身仆人，从事为孩子洗澡、穿衣、喂饭的工作。这些事情都应该由孩子自己做，因为只有这样孩子才能变得独立起来。我们必须给予孩子帮助，让他们学会自己行动、自己作决定、自己思考问题，这是为心灵服务的艺术。当老师看到孩子真正心灵的展现时，他们会感到非常快乐，也会继续对孩子报以信心。孩子的本来样貌应该是这样的：他们应该是不知疲惫的、永远全力以赴的工作者，他们的心态非常平和，他们会全力帮助弱小的人，他们会对别人的独立表示尊重。这样的孩子才是真正的孩子。

我们的老师必须能够发现童年的秘密，并且要比传统的老师更加深入地了解孩子，不仅了解孩子的表象，还要了解孩子的内心。老师一旦了解到孩子的秘密，就能对孩子产生更深层次的爱，也许这种爱才是真正的爱。虽然亲吻和拥抱也能体现老师对孩子的爱，但是这种爱和深层次的爱是不同的，我们可以从孩子的表现中观察到这两种爱的差异。老师被孩子真正心灵的展现所震撼，他们在这种震撼的引领下进入了一个新的境界。当老师们达到了这种境界时，他们就会感到无比快乐。以前的老师可能只把事情少、工资高、能够运用权力并发挥影响力视为快乐的源泉，他们还会把升为主管或督导视为自己最重要的目标，而如今，对于他们来说，通过孩子获得的更大的精神快乐才是最让他们感到幸福的事。

Part 16

老师需要做的准备工作

由于把孩子心理生活的发展当作自然现象和实验反应存在一定的可能性，所以我们可以把学校当成研究人心理发展的科学实验室，并对孩子的学校活动进行研究。也许在不久的将来，心理学家可以把学校当作最出色的实验场所。所以，我们现在应该尽可能准备和完善这样的学校，这不仅是为了建立一种更好的儿童教育方法而做准备，同时也是为了新兴科学的诞生而做准备。

对于学习自然科学的学生来说，实验室内必须要配备一个直接为观察所需要的材料进行准备的组织，如在观察简单细胞运动前要准备一块中间盛有一滴水滴的凹形玻璃片，还要准备用于浸泡细胞以保证细胞持续活力的“淡溶液”，以及用于培养细胞的土壤等。于是，一种特殊的职业便诞生了。从事这一职业的人被称为“准备者”，他们并不是教授的助手，而是从高级仆人过渡而来的高级职员。可是现在，他们中的大多数人都成了从事自然科学的研究生。是的，他们从事着最精细的工作，这就要求他们具备生理、物理、化学方面的知识。想要让科学得到发展，科学家们就要先对人类研究工作自身的文化知识做好准备，这种准备越充分，科学发展的速度就越快，这一过程也就越有保障。

一些人认为，实验心理学实验室是所有的自然科学实验室中唯一一个被认为不需要为观察对象做准备的组织，这种想法很奇怪。如果我们让当今的一位心理学家给他的准备者布置工作，这位准备者一定会认为心理学家让他准备一些“仪器”，于是他会或多或少地按照准备物理实验室的标准进行准备工作。

但是科学家对为产生现象而做的准备还没有一个明确的概念。如果他的目的是对一个细胞或一个活的微生物进行观察，那么他需要一个准备者。如果他的研究对象是人，那么他需要的就是一个能够帮助他进行研究的助手。

心理学家们认为，他们能够用一个字把实验对象的注意力吸引到自己这里，并向这些实验对象说明，如何对实验作出反应。心理学家会用这些方式准备实验对象，他们还认为，即使是偶然间闯入实验室的陌生人，也可以被他们拿来作为实验对象。总之，今天的心理学家以和小孩子类似的行为在进行着研究，小孩子会先捉住飞行中的蝴蝶，然后再把它们放飞，而心理学家则是先对观察对象进行观察，然后再让这些观察对象离开。但是留心实验材料的生物学家则会在科学实验室中适当地进行准备。

另一方面，虽然我们的实验室中并不能显示出完整的心理发展情景，但是我们仍应该把孩子身体发育成长的微妙途径讲述给他们听，尊重孩子的自由是这一途径中最重要的一点，同时，这也表明如何才能保证孩子的心理现象能够被揭示以及如何才能形成一个真实的观察材料。所有的这一切都需要在一个特殊的环境中进行，此外还需要一支富有实践经验的科学团队，这样才有可能构成一个无论是在复杂性还是在组织上都能够比一般自然科学实验室更具有无限优越性的整体。只有以科学方法为依据，我们才能够建立起可以作为这样的实验室的学校，而这里的老师应该都是非常适合当准备者，即研究生的人。

的确，没有一所学校能够真正实现这个崇高的理想，但是他们却可以朝着这个理想努力。想要拯救孩子的心灵，我们就要以生活方式和生活自由为基础，这样才能把另一种“自然权利”赋予我们的孩子们。同时，我们还应该以社会和哲学观念建立学校，我们应该抛弃所谓的“教育的义务”，因为这不但会给国家带去经济负担，还会给我们的后代带去精神负担。如果国立学校的孩子们没有从心理上表现出丰富的心理学倾向，那么它们就会自动消失。

事实上，成立新学校的目的并非是为科学服务，而是为当今的人类服务。老师只会对眼前出现的生命感到欣喜，而不会接纳科学上的创新。他们产生了一种神圣的自我陶醉，并把自己沉浸于其中，他们为见到的一切感到欣喜和振奋，正如人们之间的亲密关系所带给他们的感觉一样。

毋庸置疑，这种教育方法要求女老师以新的方式进行准备工作，同时会改变她们的个性和社会重要性。

目前为止，自从我们进行了首次的实验之后，教育界便出现了一种新型的女老师，她们需要学会用沉默代替表达，用对孩子进行观察代替对孩子强行灌输知识，并用谦恭代替老师们过去时常会表现出的唯我独尊的骄傲感。

当实证科学在世界的舞台上亮相时，大学教授也在经历着相同的转变。过去的教授和如今的教授有什么不同之处呢？在过去，教授是高贵身份的象征，他们会穿着貂皮装饰的长袍坐在高高的椅子上，并像皇帝一样威严地对学生讲话，学生们只能听从并相信教授的话，不但如此，学生们还需要以自己的名义对教授发誓。如今，教授会让学生坐在高一些的位置上，自己则站在较低的位置或直接站在地板上。他们穿着灰色的亚麻外套，站在所有学生的面前进行授课。

学生们知道，如果有一天他们能够证实教授的理论，能够推动科学的进步，或者能够让他们的名字和那些曾做出过贡献或发现过真理的人排列在一起的时候，他们就取得了进步。

化学、物理学或自然现象所产生的兴趣代替了学校中的尊严和等级制度，因这只要有这些兴趣存在，其他的一切就自然会消失。实验室也是以适合物理、化学、自然现象的实验目的为标准而设计和布置的。如果这个现象的实验需要在光亮的地方进行，我们就会用玻璃做实验室的墙，如果这个实验需要在黑暗中进行，我们就会把实验室改建成像洗相片的暗室一样的房间。

现象的产生是最重要的，无论它的气味是臭还是香，无论它呈现出的是剧烈的电火花还是杰斯伦试管的颜色，无论它是由赫尔姆霍兹的反射器产生的共鸣还是金属板上的微粒在震动中排列出的几何图形，无论它指的是树叶的形状还是青蛙肌肉的收缩现象，无论它研究的是存在于眼睛中的盲点还是心跳的节律，对于科学家而言，所有的现象都有着同样的重要性。对于真理的探索总是充满渴望和执着的，新一代的科学不需要教授们注重演讲的艺术、表现出高贵的姿态、适当用妙语减轻语言的分量、精心装饰自己的演讲的结束语或为了吸引人们的注意力而故意做的一切。曾经，人们把这些发展为一种特殊艺术的手段，而如今，激发年轻人对知识的热情要比吸引他们的注意力更重要，因为许多从大学走出来的学生都记不得教过他们的教授的音容笑貌。

但是这并不意味学生对老师不够尊重和热爱，一个现代学生在面对一位谦和俭朴的科学家时，他们会产生发自内心的尊重，而面对那些穿着长袍、戴着假发的学者时，他们则只会感到恐惧，这两种感情是完全不同的。

现在，学校和老师都应该沿着相同的方向进行改变。当学校里的所有事情都围绕着一个属于自然现象的基本的事实而展开时，学校就会逐步进入科学的轨道。所以，每一位老师都必须具备从事科学所必要的特征。

我发现，所有献身于科学的人都有一个共同的特点，即不受思想内容所支配。无论是物理学家、化学家、天文学家、植物学家，还是动物学家，虽然他们所掌握的知识内容均不相同，可是他们却都在从事着实证科学的研究，他们和过去的玄学家不一样，这不但和他们研究的内容有关，也和他们采用的科学的方法有关。所以，如果教学法的确在这些科学中占有一定的位置，那么它就必须具有特殊的方法。老师在进行准备工作时注重的不是内容，而是方法。

总之，老师所表现出的与众不同不应该是就文化而言的，而是应该就品质而言的。其中，观察能力是老师应该具备的基本品质。观察能力在教学中起着非常重要的作用，以至于我们也称实证科学为“观察的科学”。在那些和观察相结合的实验中，实证科学又被称为“实验科学”。很明显，如果一个人想要具备观察的能力，仅有感觉和知识还不够，因为一个人只有在接受过实践培养后，才能把观察当作习惯。如果我们把望远镜递给一个从未经过训练的人，让他观察星象，或对显微镜下的某个细胞进行详细的描述，那么无论我们花费多少努力，对这个人作出多么详细的解释，这个人也不可能看到我们期望他所看到的东西。有一些确信德弗里作出了伟大发现的人曾去他的实验室参观，当这些人对各种各样的月苋草属的微小植物的变种进行观察时，德弗里对他们作了许多和这些植物之间细微的却是本质的差别有关的解释，并向人们指出，新的物种其实还藏在那些几乎没有发芽的种子当中，可事实上，他的解释起不到一点作用。众所周知，人们习惯于在公布一项新发现时向大家介绍这项新发现的大致细节，可是那些缺乏专业知识的人却不可能对这些细节产生理解，他们不会观察，所以也不会明白这些细节正是发现的关键。

想要走向科学，就要先学会观察。然而想要学会观察，就需要接受一定的训练。如果一个人看不到某种现象，那么对于他来说，这种现象就是不存在的。另一方面，科学家对观察体产生了强烈的兴趣，并把他们的心灵完全沉浸于其中，他们接受过训练，所以他们看得见，也会对这些现象感兴趣，这种兴趣就是造就科学家精神的动力。在孩子身上，内部协调就是整个心理协调的凝聚点，所以老师只要以孩子的兴趣为中心，就会自然而然地呈现出完美的新人格。

观察品质包括许多细小的品质，耐心就是其中的一种。那些没有接受过训练的人无论是用裸眼还是借助透镜，都无法观察到科学家们能够观察到的现象，此外，我们也可以从他们的表现中看出他们是没有耐心的人。

如果天文学家没有事先把望远镜调好焦距，外行人就会对此感到焦急。一位科学家不会认为他所做的工作是耗费时间的、需要耐心的工作，而外行人则会感到不安，并认为做这种工作简直就是浪费时间。如果显微镜学家希望邀请一些外行来参观，他们就必须在那些人来之前准备好一长排对好焦距的显微镜，因为他们知道，他们的参观都是不会有耐心等待他们调试显微镜的，那些人只想在最短的时间内看到最多的东西。

不难想象，如果一位科学家曾对实验工作做出过杰出贡献，并在各种组织中担任首席职务，还曾获得过许多荣誉并得到了许多人的尊重，他一定会答应一位女士希望观看显微镜下的一个细胞组织的请求。在正式让这位女士观察前，他一定会这样做：首先愉快地从一片组织上切下一小部分，然后仔细地清洗载玻片和盖玻片，接下来，他还会清洗显微镜片，调节好显微镜的焦距。当这位科学家做这些事的时候，这位女士会不停地强调自己的时间多么宝贵，也许她会这样说："请原谅，先生，我马上要去约会，而且还有很多事情需要做……"其实，她在没有看到细胞组织的时间里什么都没有做，只是任由时间一分一秒地流逝，她并不缺乏时间，而是缺乏耐心。没有耐心的人不能从正确的角度对事物进行审度，他们只能意识到内心的冲动，并且只希望让这种冲动得到满足。他们只用自己的活动计算时间，他们的心只会为一些绝对的空虚、无用和琐碎的东西而感到满足。他们认为，只要自己满足了，就没有浪费时间。但是他们一旦认为某件事情浪费了他们的时间，他们就感到无法忍受，精神紧张、瞬间的自我控制，或一直没有直接结果的等待，都能让他们抓狂。

有一句意大利的谚语这样说，徒劳地等待等于自杀。那些缺乏耐心的人一遇到真正的工作就会逃跑。其实，想要克服这种态度，我们就必须接受完美的教育。如果我们希望自身和外部世界能够产生联系，并欣赏到外部世界的价值，我们就必须把握并控制自己的意志。如果我们不事先做这样的准备，我们就不会重视那些微小的事物，虽然我们可以从中得出科学的结论。

所有人都有一种能够让我们坚持工作的能力，并且能够准确地应用这种能力。有些工作看起来意义并不大，但是对希望在科学上取得成绩的人来说，这些工作也具有无限的价值。让我们回忆一下，一个物理学家是如何把一台仪器呈绝对的水平状态放置的。他会耐心地给仪器拧上第一颗螺丝钉，然后继续拧上其他的，直到所有的螺丝钉都固定在了仪器上。接着，他又做了许多缓慢而仔细的工作。他要让仪器达到什么程度呢？它必须让这台仪器的平面保持完全水平，这一目标并不难达到。当他达到了这一目标后，他还要小心翼翼地确保周围的温度的变化不会改变仪器的长度，哪怕是最小的长度，因为一点长度上的改变都会影响到在标准水平面上科学地使用仪器。他在努力保持一种标准，这件事在其他人看来是多么渺小啊。

一位伟大的化学家在寻找能产生反应的最小量的物质时所做的事情就像小孩子做的事一样：他会先选择一个曲颈瓶，在里面装满他想要研究的物质，然后他把这个瓶子倒空，再向里面装满水，看里面会产生怎样的反应；反应发生过后，他又再次把瓶子倒空，然后重新装满水，并观察是否还会发生反应。通过这样的方式，这位化学家建立起了稀释度，物质会在这个稀释度中留下痕迹。寻找到最小量对这样的实验来说是件非常重要的事，也是非常不容易做到的事，在这一过程中，这位伟大的化学家竟表现得像一个孩子。

谦恭的态度是耐心的要素之一。科学家无论在什么场合下都会表现出谦逊的态度：以外行的角度来看，他们能够离开象征地位的职业宝座，能够脱下象征身份的长袍，然后身穿工装在一张小桌子前进行工作；他们能够放弃自己的权威，不去强迫所有人听信他们的观点，然后和学生们一起去探究真理、检验真理。他们这样做不但有利于学生的学习，帮助学生们学到理论，还能促使学生在真理的鼓励下从事各自独立的活动。无论是和学生们一起进行研究，还是在实验室里独自进行研究，他们都是谦逊的。他们认为，世界上没有不能吸引他们全部力量，占据他们全部时间，并让他们全神贯注地付出努力的小东西。即使他们获得了大量的赞美和荣誉，他们依然保持谦逊。对于他们而言，谦逊才是真正的荣誉，才是让他们变得伟大的真正的源泉。也许这些科学家还有其他的身份，如某个国家的部长或参议员等，但是他们仍然会对任何东西感兴趣，哪怕只是一个微生物或是一点分泌物。我们不能把辛辛拉提国王的例子和现代的科学家相提并论，因为他远远没有现在的科学家伟大，是这些科学家拯救了人类，并让人类社会越来越繁荣，越来越昌盛。

随时的自我克制是科学家谦恭的最高形式，这种能力不但能够从外表上体现出来，也能从精神生活方面体现出来，如他们的理想和信念等。科学家们在真理面前没有任何偏见，他们会放弃所有有悖于真理的观念。渐渐地，他们得到了净化，他们的头脑变得和真理一样清醒和坦率。

他们情愿为了真理而把自己融入一个崇高的团体之中。难道这还不足以说明为什么婴儿疾病方面的专家能够在社会中拥有比老师更高的地位和权威吗？然而，儿科专家仅仅会寻求孩子病体方面的真理，而老师则用错误掩饰了孩子的灵魂。

如果老师能够在孩子的灵魂中发现真理，那又会出现怎样的一种情况呢？如果老师们真的这样做了，他们在人们心目中的形象就会变得非常伟大。想要让自己上升到这样的一种高度，老师们就必须先学会谦虚和自我克制，此外，他们还要有耐心，摒弃那种由虚荣心而产生的骄傲。只有这样，他们才可以成为像科学家一样神圣的人，并对人们说：你们在真正的科学中看到了什么？是迎风摇曳的芦苇，还是穿柔软衣衫的人们？不，你们看见的是先知，但是我比先知还先知，我正站在旷野中呼唤你们，为你们开拓了通往天堂的路，并让这条路变得平坦。

的确如此。一位老师能够胜过科学家，因为科学家永远只能对物体的外部进行研究，他们所研究的对象如电能、化学能、微生物的生命、星球等都和他们本身相隔非常遥远的距离。但是学校的老师把人作为研究对象，他们研究的是孩子的心理表现形式，他们能够对这引起心理表现形式的原因产生更大的兴趣。通过研究孩子的心理表现，他们获得了自身内心的揭示，他们会在和他们相同的人接触时产生情感上的波动。他们对整个人生进行研究，而不是对部分人生进行研究。所以，在这个灵魂中包含了许多如谦虚和耐心一样的美德，也包含了科学家为自己树立的外部目标。对于老师来说，他们所关注的已经不是“科学家的耐心”或“科学家的谦逊”一类的问题，他们关注的是所有人的道德问题。

在过去，人们认为科学家的精神发展就像是压缩在试管之中的能量，如今，他们的这种精神已经扩展开来，这种精神就像一束光线，它穿过了望远镜的圆筒，然后慢慢在原野上扩散开来，它就像太阳的光芒一样耀眼。想要获得真理，那些所谓的道德是我们必要的手段和实际方法。但是科学家们在工作中感受到的快乐必须随着表现在体力、原生物或人的灵魂之中这一真理而变化。我们很难让一个名称同时适合两种形式。我们明白，当我们把老师和科学家进行比较时，科学家在某种程度上必然是受限制的、枯燥无味的人，虽然他们有着和人们一样崇高的精神，可是他们的精神被限制在了那些蛮力或低级的生命的范围内。

只有当学生能够融合到其学习的科目当中去时，他们的精神生活和科学家的道德才能够结合在一起。这时，科学才有可能产生智慧，真正的实证科学可以影响一个人，让这个人变成一位有真知灼见的圣贤。科学家的美德和圣贤的美德并不是毫不相干的两种美德，事实上，它们之间存在着一种真正的相应的机制。科学家在谦逊和耐心的指引下接触到物质的本质，而圣贤则在谦逊和耐心的引导下把自己和事物的精神本质联系在一起，能够产生这种结果主要是和人的精神本质有关。

科学家的道德性仅在和物质的联系中得到体现，而圣贤的美德则包容了全部，他们拥有无穷无尽的欢乐和牺牲。每一位科学家在他的观察领域内都可以称得上是一位预言家，而圣贤却是精神领域的预言家，他们能够比其他人更清楚地洞察出物质世界的特征和规律，并能把这个世界中的一切赋予上精神价值。

现代的科学家知道，所有生物都有其特性，越是简单、原始的生物，就越容易揭示出自然的法则，然后我们就可以根据这种自然法则对复杂的生物展开研究。圣弗朗西斯就非常清楚这一点，所以当他听到从他囚窗外的无花果树上传来的蚱蜢的叫声后，他这样说："哦，我的姐妹，你可以离我再近一些吗？因为越微小的生物越能把上帝的力量和仁慈完美地表现出来。"

科学家会对每一个细小的东西产生关注，他们会计算一只虫爪有多少个关节，并研究它的翅膀有怎样的脉络，他们还会发现一般人难以用肉眼察觉到的非常微小而有趣的细节。圣弗朗西斯也观察到了这一细节，并因此感到了精神上的欢乐，所以他才会写出这样的赞美诗：“是谁？是谁在我小巧而美丽的双脚中置下了健康、灵活的小骨骼，让我能够在这些树丫之间灵活地跳跃，在一根根细枝之间轻快地蹦跳？又是谁让我拥有了能够迅速旋转的、水晶般的眼睛，让我能及时发现我身前身后的敌人，那些会伤害我的鸢、黑色的乌鸦和灰色的鹅？他在我的翅膀上装饰了精美的颜色，有金色、有绿色，还有蓝色，它们在阳光下反射出了天空和树木的色彩。”

老师应该拥有和科学家一样精确的想象力，还应该拥有和圣贤一样崇高的精神。也就是说，老师应该同时具备积极的、科学的和神圣的态度。正因如此，当科学的准备和神圣情感的准备结合在一起后，一个新的灵魂就形成了。

为什么老师要保证积极和科学的态度呢？因为他们要执行一项非常特殊的任务，他们必须进行细致的观察，并让自己和真理发生直接的联系。他们必须掐灭脑海中那些不切实际的幻想和虚幻无用的创造，他们应该能够准确地区分出哪些是真理，哪些是谬误。事实上，他们应该向科学家学习，因为科学家能够对每一种物质微粒、每一种生命最初的萌芽形式予以重视，不让自己产生感官上的错觉，并把所有可能影响真理研究的杂质和无关物质清理干净。想要获得这种态度，他们就必须经过长时期的实践，并在生物科学的指导下对生活进行广泛的观察。

为什么老师要持有神圣的态度呢？因为只有人才能对观察力进行应用，并且老师的观察对象是人，而神圣是人的特性。

所以，我以科学所给予的所有帮助为基础，对老师提出“观察生物最简单的形式”的要求。我会让他们成为显微镜学家，传授他们栽培植物的知识，训练他们对自己进行生理上的观察和对昆虫的观察，并让他们拥有研究生物学一般法则的能力。我不但会让他们关心理论，还会让他们走进实验室、走进大自然，并在那里从事独立的工作。

观察是一件复杂的事情，在进行这项复杂计划的同时，我们一定不要忘记观察孩子的生理情况。所以，如果我们想要直接且迅速地为更高一级的工作做准备，我们就应该在进行计划时把孩子身体发育方面的知识包含在里面，如孩子在出生多久后开始产生心理活动，这种心理活动从什么时候开始变得易于处理，以及孩子处于这两个年龄段时会出现什么特征等。当我说这些时，我不仅是指老师要从解剖学、卫生学和生理学的角度来分析并了解孩子，还指老师要以遵循孩子的发展为宗旨，并提前预见出孩子所有的生理需要。换句话说，就是老师需要在进行准备时采用生物科学的方法，他们需要像学习自然科学和医学的学生那样，从刚刚进入实验室做初步实验的时候就开始以一种直率且客观的态度面对即将遇到的所有问题，等到他们真正地走进了自然科学和医学学生研究的领域后，他们才能开始从事更深一步的研究。

我们学校里的那些年轻人也应如此，他们需要先保证心态上的平和，耐心而谨慎地准备浸液和玫瑰花柄的切片，然后用显微镜对这些切片进行观察。他们在进行这些实验时看到了“奇迹”，这种惊奇的感觉能够让他们对生命之谜产生强烈的好奇心，并对这项工作充满热情。他们曾在学校中阅读过许多冗长而枯燥的书籍，而如今，他们体会到了自然之书的奥妙。这本自然之书能够解答他们所有的疑惑。只有当他们接受过足够类似的训练，做了充分的准备后，他们才能真正地从事庞大而复杂的科学研究。

这样的书是新型老师应该使用的教材，因为他们能够在这种基础读物的帮助下完成指导婴儿生活的使命。这样的准备能够改变老师们的人生观，并能够唤起他们的一种“性向”，这种“性向”能够让他们充分胜任他们所从事的特殊活动。老师应该展示出一种神意的力量和一种母性的力量。

我说的这些并不是全部的准备工作，而只是其中的一部分。老师不需要一开始就像那些注定要对植物和动物展开观察的科学家一样，因为科学家们只会对前文所提到的那些生态学和生理学所能够提供的东西感到满足。老师的使命也不同于那些儿科专家，只要对孩子进行生理功能的调节都足够了。老师必须认识到那些方法的局限性。当他们一边唱着圣歌，一边把脚放在椅子上时，这把椅子的意义已经从生命的圣殿上升到了精神的神龛。当他们抬起头凝望时，他们会感到自己就是伫立于科学圣殿之中的崇拜者的“牧师”，观察人的内心生活就是他们的任务。他们不会在一个受到有机界之奇异物质局限的领域中得到满足，只有一切人类宗教和历史的精神成果才能让他们获得营养。在人类生活中有许多特有的表现形式，包括艺术、爱情和精神的表现形式。他们不但要对这种生活进行观察，还要为这种生活而服务，因为这种生活也是他们“自身的生活”。对于他们来说，这个东西并不陌生，所以他们会觉得这个东西很枯燥，并用冷漠的态度对待它。可是，这种社会生活却是唯一真实的生活，也是所有人都共有的生活，人们需要在社会生活中进行共享，并相互依存。

老师被引入的“观察内在生活现象”的领域就是我们之前提到的科学实验室，也就是学校。那里有我们为孩子们精心设计的许多可以帮助他们发展的教具，自由的孩子们能够在那里健康快乐地成长。当老师产生了这样的感觉——自己在兴趣的强烈驱使下“看到”了孩子的精神现象，从中感受到了一种宁静的喜悦，并忍不住想要对孩子进行观察时，他们就会明白自己马上就要成为真正的老师了。

第二部分

Part 1

儿童群体

近年来，各种教育形式层出不穷，为了与它们区分开来，我取了我自己的名字为这一教学法命名——蒙台梭利教学法。我希望能够在孩子的身上发现一些在过去不被人们所周知的精神特质。在我眼中，每一个孩子都具有极大的、尚未被发掘出的潜力。

基于以上的观点，我决定改善对孩子的教育，为的是能够从更深一层的角度了解孩子，认可他们的权益，然后进一步保护他们的权益。为什么我们要呼吁大家保护孩子的权益？因为孩子属于弱势群体，他们的思想、需要常常会被我们这些成年人所忽视。事实上，他们所受到的不公平待遇已经够多了。

为了让孩子释放被压抑的内心，将真正的自己展现出来，我建立了蒙台梭利学校。我希望孩子们能够在这里拥有一个安静、平和的成长环境。孩子们在这里所表现出的对学习的态度和日常行为举止和我们通常认为的有所不同，这说明我们一贯采用的儿童教育方式已经不再适合现在的孩子。所以我们应该从内心好好反省一下，究竟什么样的教育才更加适合现在的孩子。我想我们应该更多地关注孩子们的内心世界，因为他们的内心比我们更加敏感，更加容易受到外界影响进而产生波动。

之前，心理学家们对孩子进行过大量研究，但是他们却忽略了一点，即孩子的活动倾向是否具有一些特殊的含意。孩子们会在我们面前无意识地流露出他们的想法和态度，比如说我们通常认为所有的小孩子都会对玩具爱不释手，喜欢缠着妈妈给他们讲童话故事，可事实上，一些孩子并不喜欢玩具，并且他们对童话的兴趣也远远不及我们想象中那样强烈。孩子们真正需要的，是能够依靠自己的能力做一些事情，而不是处处都受到成年人的约束和干涉。孩子们在做自己真正想做的事情时，会表现出一种特别专注的神情，没有什么外界条件可以对他们产生干扰。除非他们真的需要成年人的帮忙，否则，当成年人插手干预孩子们正在做的事情时，孩子们就会表现出极大的不顺从和反感。

孩子们为什么会表现出这样的感情呢？这是因为长期以来，成年人经常以一种居高临下的态度对孩子们的决定和处世方式进行干扰。在成年人的心里有这样一种想法：我吃过的盐比你吃过的饭还多，所以我说的都是为你好，你必须听从。当成年人看到孩子表现出与自己意愿或以往经验不符的行为，他们就会采取强硬的方式去扭转，命令孩子放弃自己真正的想法。孩子的自主性受到了干涉，这时，他们的心里就会产生一种强烈的、不自愿的态度。

在教育孩子的问题上，成年人常常自以为是，认为只有自己的方法才是对的。这种观念将儿童教育引入了一个误区，从而导致学校采用了不恰当的教育体制，甚至整个社会都在使用错误的儿童教育方法。正因如此，孩子和成年人之间的分歧、矛盾才会越来越大。孩子和成年人之间的“冲突”愈演愈烈，如果再不加以制止，就会发展到白热化的阶段。

社会已经开始对这一系列现象进行反思。人们开始意识到儿童教育需要进行一次改革，不仅是针对教育学者，还有全天下的成年人，特别是那些孩子的家长们。

现在，世界上的很多国家，包括那些有着自己独特文化习俗的国家都开始采用蒙台梭利教学法。这些国家都建立了多所蒙台梭利学校，从这一点我们可以看出蒙台梭利教学法已经被世界所接受和推崇，同时也可以看出，世界上很多国家都存在着孩子与成年人之间的冲突。孩子从出生的那一天开始，就无时无刻地受到来自成年人的压制，可悲的是我们却从未意识到，我们约束孩子的想象力和创造力，打消他们心中不符合社会传统礼教的念头，并认为自己所做的一切都是为了孩子能成长得更好。

如果一个孩子从小就生长在成年人的管制之下，他必定会因为自己的要求总是得不到满足而极度缺乏心理上的满足感。家长们常常认为孩子什么都不懂，只要给予他们物质上的满足就可以了，却没有想过这样会影响孩子日后的智力以及道德发展。孩子对精神上的需求要远远多于物质上的需求，无法按照自己的想法行动对孩子而言已经十分难受，如果成年人还用近似于暴力的方法强迫孩子适应一个不利于他们生活的环境，孩子的心里会更加痛苦。成年人最习惯使用的教育手段就是强迫，我们要求孩子无条件地服从，从另一个角度来看，这等于否定了孩子存在的独立性。不能够自己选择，不能够自己作决定，这样的打击对于成年人来说都是难以忍受的，更何况是内心敏感的孩子。孩子在失去自主权利的同时感到自己失去了存在的意义。

一些家长认为自己只要对孩子宠爱有加就不会对孩子造成压制，这种想法是错误的。在成年人的思想中，有一种自己即是权威的态度，这种态度使孩子们无论是在家庭里还是在学校里，无时无刻不受到来自成年人的压制。相比于来自家庭的压制，来自学校的更加严重。学校是一个要求服从的地方，学校的领导会安排一系列规章制度，然后具体下达到各个班级，由老师监督，落实到每名学生的头上。学校为了让孩子早日适应社会，剥夺了他们无忧无虑的童年，取而代之的是严格控制的课业标准和强制的规定。面对这样的强制力，孩子们不敢怒也不敢言，偶尔有个别孩子发出呼声，也会马上被压制下去。由于长期生活在心理需求得不到重视的环境中，孩子们变得叛逆，变得不爱惜自己，甚至做出过激的事情。

想要使孩子健康地成长，我们就需要为他们建立一个自由轻松的环境，让他们可以不受来自成人世界的干扰和威胁，在这个环境中安全幸福地生活、学习，发挥他们自己的长处，培养自己的兴趣。想要建立一个健康的教育制度，我们要先为孩子提供一个安全的成长环境。只有在这样的环境下，孩子们才能正常成长。

在世界上任何一个角落里，都存在着被成年人压制的孩子，这也属于一个社会问题，就像奴隶、仆人和工人饱受强权压迫一样。属于弱势群体的人们在强权的压迫下，每天期盼着社会制度的变革，最后，他们决定采取强制手段进行反抗。翻开历史书，我们可以看到，为了废除黑奴制度，美国爆发了南北战争；为了推翻统治阶级、建立现代新型制度，法国发动了大革命。成年人想要掩饰自己犯下的错误，于是各种战争爆发了。

与那些单纯的阶级、种族或国家问题略显不同，孩子的社会问题更加复杂。如果一个孩子只懂得如何在成年人身边扮演一个附属角色，那么当他真正走进社会时，他就会无法适应社会的生活。成年人无所顾忌地压榨着孩子们的权益，到头来只是为了自己。无论他们采取的是怎样的形式，无论谁看起来更加委屈，更加受伤害，孩子永远是受伤害最大的那一个。孩子是最无辜的受害者这一观点已经被广大关心儿童福利的人们所认可。那些被成年人当成附属品的孩子们没有独立的生存能力，更不要说为自己争取应得的权益了，所以说，我们需要给予那些受到直接而深刻伤害的孩子们多一些的同情和宽容。一些研究学者们常常会将不同的孩子进行比较，他们比较了幸福的孩子和不幸的孩子，比较了从小被父母遗弃的孩子和被父母溺爱的孩子，比较了出身贫寒的孩子和家境优越的孩子，最后他们得出结论：童年时期的生活经历对人成长后的生活有很大影响，一个人的个性在其童年的时候就定型了。

很多人不清楚孩子到底是什么，其实孩子就是由成人制造出来的物品，所以他们的父母们总是把他们当成一种私有财产。孩子时刻被限制着，他们比奴隶更没有自主权，比仆人更加听话和顺从，比工人受到更多不合理的待遇，他们的权益最得不到别人的重视。我想，没有一个人愿意处在孩子的地位，因为作为一个孩子，只能绝对盲目地遵从成年人的指示，在成年人规定的时间内做功课和玩耍，不得有半点违抗。社会上从来没有人将孩子视为一个独立的个体。在成年人眼中，只要让孩子住得舒服，吃饱穿暖就是给了他们幸福。无论是家庭还是学校，都推崇这样的一种生活方式，即爸爸外出工作，妈妈料理家务，两个人同心协力地为了孩子服务。在成年人眼中，这样的生活方式就是最好的生活方式。

从古到今，人们建立道德观念和哲学理论时都以成年人为中心，没有人考虑过和孩子有关的社会问题应该如何处理。似乎从来没有人意识到，孩子与成年人不同，他们也有属于自己的性格，在生活中也有一些特别的需要。成年人眼中的孩子永远是没有能力的那一方，他们认为孩子没办法作出正确的判断，所以必须要靠自己的指导来进行一切事情。孩子们正在经历苦难，他们因为我们而受苦，我们却不了解他们，这是怎样令人悲伤的事情。我真诚地希望我们可以为孩子做些什么，可以让他们在人类的历史中占据一席之地。

Part 2

我们应该为新生儿做的事

有的人认为，是文明的出现使人类渐渐适应了生存的环境。如果真的是这样，那么，新生儿在诞生时所需承受的局面可以说是再糟糕不过的了。作为成年人，我们在刚刚接触一个新的环境时尚且会感到不适应、不舒服，对于新生儿而言，他们所经历的不仅是一个新的环境，还是一个新的世界。这个世界与他们之前所处的世界有着天壤之别，试想一下，他们的感受会有多么地强烈？所以我认为，在新生儿诞生之前，我们应该做足准备工作。

我们应该用怎样的方式帮助新生儿适应一个新的环境呢？这是一个值得我们思考的问题。可惜的是，目前为止，还没有人试着了解生命在刚刚诞生的时候会有怎样的需要。在人类的文明史上，这一页仍旧是一片空白。

我们从以往的研究中发现，人类从胎儿的发育期到儿童的成长期内所经历的一切，会对一个人一生的发展产生影响——这是一个可怕的事实。人们通常认为，婴儿脱离母体的一刹那是妈妈最危险的时刻，可是有几个人能明白，对于刚出生的婴儿来说，这也是他最艰难的时刻？

我们说生产对胎儿是一道难关，这是因为胎儿在与母体彻底分离的一刻，突然之间失去了之前赖以生存的环境。在出生之前，胎儿受到来自母体的全方位保护，不受任何噪声或光线的干扰，并能够从妈妈体内的羊水里吸收营养。出生后，他要立即开始依靠自己的器官来维持生命，虽然这些器官还没有发育完全。

胎儿离开母体后，要在完全没有准备的情况下承受外界寒冷的空气和吵闹的环境。我们面前的这个小家伙刚刚经历一场浩劫，正需要我们的关爱，可是作为父母的我们又为他做了什么呢？当护士把新生儿简单地检查一番，告诉新生儿的父母孩子一切正常后，初为人父人母的我们就将全部的精力转移到孩子的妈妈身上。我们沉浸在满心的喜悦中，我们感到这个孩子的降生使我们的生活更加美满。

婴儿出生后，妈妈躺在安静的房间里休息，享受着轻松和安逸。这时，是否有人想起那刚刚饱受疲惫的新生儿呢？他们也需要一个对环境慢慢适应的过程。可惜的是，没有人意识到新生儿降生时所受的痛苦，我们不曾试图珍惜这个对外界极度敏感的小生命，也不曾试图理解这些新生儿身体里正时刻产生着对外界刺激的反应。

曾有人认为，一切都由天注定，即使我们不做什么，老天也一定会在必要的时候给予我们帮助。但是，如果说人类文明和科技的发展速度已经远远超越了地球上的其他物种，并拥有了能够扭转自然规律的能力，他们就会对那些还局限在动物本性的生物产生极大的兴趣。我们在观察动物生活习性的时候会发现，动物界的妈妈们会先将刚出生的孩子藏在一个避光的地方，并用自己的身体温暖它们。如果有其他生物想要接近自己的孩子，这些妈妈们会马上进入防御状态，将入侵者吓跑。

我们再来看一下人类的新生儿是被如何对待的。虽然他们远离了残酷的自然环境，但现实的环境并没有为他们带去优势。家长们会在听到孩子的第一声啼哭时长舒一口气，因为他们认为孩子能够平安出生就说明他们可以适应外面的环境。婴儿在刚一出生后就被衣服、毛巾等一层又一层地包裹起来，人们认为这样做是在保护新生儿。事实上，刚出生的婴儿仍然需要保持在妈妈肚子里时的姿势，那些在成年人看来起着保护作用的包裹对新生儿而言其实是种负担。

人们常说："健康的孩子和世间万物一样，都具有生来的抵抗力，能够自行适应环境。"如果这句话所描述的是事实，那么为什么人类不选择住在森林中，而是选择在冬天穿上厚厚的衣服，或是披着棉被躲在温暖的家里呢？难道说我们这些成年人对自然的抵抗力还不及一个新生儿吗？

生老病死是每个人都要经历的事情，没有一个人能逃得过死亡的降临，就如同没有权利选择自己是否应该出生一样。既然如此，为什么人们明明知道不可能长生不老，面对死亡的时候却还不能够心旷神怡，还要在死亡即将降临的时候，想尽一切办法减轻它所带来的痛苦呢？如果有时间考虑如何减轻死亡时的痛苦，为什么不想办法减缓出生时所受的痛苦呢？

以上的例子说明，在人们心里，有一种无知已经深深地扎下了根，对新生儿的无知也包含其中。这种无知已渗入到整个人类文明体系中，形成了一个盲点，挥之不去。

新生儿很脆弱，只有得到适当的照顾，他们才能安稳地生存并成长。如果我们想要使孩子从一出生就得到适当的照顾，就必须彻底了解新生儿的特质，所做的一切都要从新生儿的角度考虑，而不是成年人的"想当然"。新生儿需要的是温柔的对待以及安静且稳定的环境，他们不喜欢被擅自移动，也不需要衣服和包裹。在满月之前，他们还不具备随着温度调节体温的能力，所以即使穿上了衣服也起不到什么作用。我们要做的只是帮助他们在室温下保暖。如果必须移动新生儿，我们需要注意一点，那就是动作必须轻柔。

有些女性朋友们可能并不赞成我的观点，她们认为每个国家都有独特的育婴方式，我所说的方法不具有普遍性和大众性。我想更正一点，我曾研究过许多国家的育婴方式，正因如此，我才能够知道如何做会更好。我并非要完全否定这些现有的方法，只是想要指出这些方法在心理意识上的欠缺，这些方法对婴儿出生之前的准备工作不够重视，而这一点恰恰是最重要的。

即使很多人不承认，我也要说，在任何国家里，人们对孩子的了解都是一知半解。做父母的人总会对自己的孩子产生不安，这种不安是随着孩子的出生而产生的。成年人总是会下意识地保护自己所拥有的东西，而孩子的出生对他们而言，意味着自己所拥有的一切将发生变化，这是他们不希望看到的。父母们害怕一成不变的生活因为孩子的存在而变得一团混乱，于是他们在照顾孩子的同时往往带着一种防备心理。为了防止孩子破坏屋子里的摆设，或是把整洁的房间弄得乱七八糟，父母们总是紧紧地跟在孩子们的身后，监督他们，并随时准备为他们收拾残局。有时，这些父母也会感到疲惫不堪，想要停止这样的行为。但是一想到要将自己的孩子培养成为一个有教养的小孩，父母们便再一次投身到抑制孩子天性的行动中。

我们并不了解孩子，所以常常会在生活中把孩子的天性当成任性，对他们想做而在我们看来并不合理的事加以制止。我们只想着要管教孩子，却没有意识到自己正在犯一个错误。举个例子，一两岁的孩子会对物品的摆放和使用有一种特殊的执拗，在他们心里，所有东西都应该被摆放在它们原有的地方，并且每样东西都有它独有的用途。如果这一“原则”被破坏了，他们的心里就会觉得不舒服，甚至会自己想办法让它们恢复原状。

这种需求普遍存在于孩子的心里，即使是年龄非常小的孩子也不例外。有一次，我们学校的一个孩子低头对着地上的一小堆沙子发呆，他的妈妈看到后随手将沙子扫开，结果这个孩子马上哭了起来。这个孩子一边哭，一边用手把被妈妈扫开的沙子捧回原处，重新堆成一小堆。他的妈妈知道了他哭泣的原因，可是却并没有认识到这是孩子对物归原处的需求，反而认为孩子不听话，这位妈妈的表现令我感到很遗憾。

另外，还有一名妈妈告诉我，有一天她刚脱下外套，孩子就开始哭，怎么哄也不停，这令她很费解。当她再次穿上外套时，孩子突然停止了哭闹，这时她才明白孩子为什么哭。

从上述的两个例子中，我们看到，孩子会在看到自己周围环境改变时出现情绪上的波动。这种感情是小孩子特有的，等他们长大了，自然就不会再因为看见妈妈脱外套而哭闹，也不会因为一堆沙子被扫开而不安。

最后，我想再举一个例子：有一个两岁的孩子，家里给他请了一个保姆，每次洗澡的时候都是这名保姆帮他洗。时间长了，孩子习惯了这个保姆给自己洗澡的方式，先洗头，后洗脚。每当这个保姆有事情临时离开，就会请另一个保姆给自己代班，这名保姆对孩子也很好，可是她每次给孩子洗澡时孩子都会哭，这令她很纳闷。之前的保姆回来后听说了这件事，就问孩子为什么，孩子回答因为新保姆给他洗澡的时候不按顺序洗，总是先洗脚，后洗头。对于孩子来说，洗澡的顺序已经成了他生活中的一部分，所以当这一程序出现异样，他就会觉得自己的生活受到了侵犯。

对于孩子们表现出的这些长大后会自然消失的特征，成年人们不应该认为是他们耍赖、任性，并对他们施以惩罚，而是应该从内心接受，并相信他们有一天会成长为一个优秀的人。

Part 3

新生儿的心理需求

科学家们认为，一个新生命降临到世界上时不存在精神和心理的形态，有的只是可以测量出的组织和器官。但是我认为，我们应该把新生儿视为一个“心理胚胎”。虽然我们不能用仪器测量出精神的存在，可是在新生儿娇嫩的肉体中，的确有精神的存在。

新生儿在离开母体这一安乐窝后，他们在这一世界的生活也随之开始。可是，这些娇小的生命还没有能力做任何事，他们还需要我们的照顾。在很长很长的一段不能自主的过程中，他们只能用哭声来表达自己的不舒适感，而在其他的时间里，他们都一直保持安静。身为父母的我们也只能凭着孩子的哭声来判断他们需要什么，然后在第一时间内满足他们。新生儿的这种状态会一直持续到几个月后甚至一年以后，然后，他们开始有了小孩子的特征。至于其他方面的发育，还要经过好几年。

人的成长是个不可思议的过程。当一个婴儿的身体和心理都在发生变化时，我们说他在渐渐成长为一个“人”，一个能活动，有语言，有思想的人。在成长的过程中，婴儿的体内会涌现出一种力量，这种力量首先能够使他站起来，然后他学会走路，学会穿衣，学会从事日常活动，最后学会表达自己的想法。这一过程就是从婴儿成长为一个“人”的过程。

自然界中的各种动物都会在出生后，尽自己最大努力在最短的时间学会独立生存的能力。它们必须马上学会奔跑，学会飞翔，不管身体有多么虚弱；它们必须学会用自己的语言和其他同类沟通，不管声音多么微弱。动物从出生的那一刻起就开始适应环境，学习生存，这与它们的本能有关。就拿老虎的宝宝为例，它们在刚出生后就懂得自己站起来，并且用不了多久就可以上蹿下跳。与它们相比，人类的婴儿在成长中显得格外不同。在出生之后的很长一段时间内，人类的婴儿都需要别人的照顾。

每一种动物在降临到这个世界的时候都具有一种或几种本能，不同的本能决定了不同物种的特殊属性。有人认为，区别动物与植物的根本不是在于外表，而是在于它们内在的特殊属性，所以说相比于植物，动物身上多出来的那些特性就是它们的心理上的精神特质。既然动物在出生时都具有明显的心理精神特质，比它们高级的人类的新生儿又怎么可能没有一点天赋呢？何况根据科学理论，人类的进化过程要比动物更加复杂，那么在这一进化过程中，一定也积累了某些经验，所以才有了人类今天的表现。

我相信，在人类的发展史中，一定蕴含着某种真理。打个比方，我们在制作某种东西时可以采用不同的方法，既可以用机器成批生产，也可以用手工一个个制作。用机器成批生产的东西大小和形状相同，几乎不会出现不一样的地方；用手工制作的则不同，即使彼此之间再相似，也都有特殊的风格。动物就相当于成批生产出的东西，彼此之间具有相似的特征，而人就相当于手工制作的东西，人和人之间存在着差异，这种差异不仅是在被制造的过程中形成的，也是在日后的自我发展过程中逐渐产生的。人的内心发展比外表发展还要迅速，这一发展的目的是为了制造出一个崭新的人，一个与众不同的人。关于人的内心究竟是怎样发展的这一话题，人们研究了多年，可是到现在还没有研究清楚。我只能说，人类的发展和一件艺术品产生的过程是相似的，都要在面世之前经历长时间的精雕细刻。

我们无法得知人格是如何形成的，更无从得知一个还在襁褓之中的婴儿在将来会成为怎样的人，有一番怎样的作为。我们眼中的婴儿看似柔弱无助，可是又有谁知道他的心里在想着什么事情？从肉体的形成方式和出生方式来看，每个人都是相同的，同样是经过妈妈十月怀胎，一朝分娩来到这个世界上；从个性形成方式看，每个人又都是一个独立体，不同的人心中怀有不同的力量，促使着每个人成为自己想成为的人，做自己想做的事。

孩子出生时的无助曾引起过哲学家们的注意，并把它作为一个主要课题进行研究探讨，可惜的是，在医学专家、心理学家或教育学家眼中，这一现象再平常不过，不值得他们花时间和心思研究。无助的婴儿期会对孩子日后的生活产生重要影响，虽然大多数的孩子都能靠自己撑过来，但是这些影响已渗入他的意识底层。一些人认为，新生儿不具备心智，还有人认为，新生儿的发展取决于父母的照顾和养育，于是一些父母把自己当成最伟大的人，把教育孩子当成一种工作，要按照自己的意愿做到最完美。这些想法都是错误的，可悲的是竟然没有人意识到这一点。父母们仍按照自己的标准，继续对孩子采取雕刻艺术品的方式进行教育，他们认为是自己创造了孩子的全部。

成年人心中的自负将更多的苦难转嫁到孩子身上。事实上，孩子在很小的时候就已经拥有相当的心智天赋，他们知道自己应该向什么方向发展，只是需要时间。如果我们给予孩子们足够的时间，他们就能够通过努力掌握自己的心智，表现出自己的天赋。然而，来自成年人的干预严重挫伤了他们的积极性，或许这就是导致人类在天赋发掘方面失败的原因。

孩子一天天地长大，他们内心的那股意志力也在一天天变强，犹如泥土中的种子不断向上努力生长。就在它即将破土而出的那一刻，一股强大的力量狠狠地压在了它的头上，压得它抬不起头，最终只能缩回地下。心理胚胎和生理胚胎一样，都需要被尊重、被接受。对于新生儿来说，新环境中经历的每一个环节都具有很强大的阻力，他们需要帮助，需要保护，可是到头来，他们什么都没有得到。于是，一个处在心理胚胎阶段的新生儿只得凭着自己微弱的力量，一点一点地撑过这段他们最无助的时期。

其实，像新生儿这样的一个娇小的、柔弱的小东西降临到我们面前，是需要我们用心爱护和尊重的。处于心理胚胎期的新生儿们需要的不是由物质堆积起的城堡，而是心理上的关怀。如果成年人了解到了新生儿所经历的痛苦，他们就应该承担起应负的责任，改变对待孩子的方式和态度。

人的一生要面临许多内在的挑战。几乎没有多少人能够理解意志这样一种看不见碰不到的东西是什么，但当它成为了主宰我们行为举止的力量时，我们就必然会对其进行控制。婴儿的意识产生后，他们开始对自己身边的一切感到好奇，他们需要我们的同情，需要我们的帮助。在孩子人格发展定型的关键期给予孩子恰到好处的帮助是父母的责任。我们应该科学地了解孩子真正想要的是什么，并为他们准备一个真正适合他们成长的环境，这是一门复杂的科学。想要完成对人类发展史的研究，我们还有很长的路要走。

Part 4

“有吸收力的心灵”

现在，对孩子的教育有一个新观念，即以生命为所有生物功能的中心，同时要改变过去的教育理念。在过去，学校就是一个与世隔绝的地方，孩子们进入了学校，就被过多的保护所包围。心理学家们经过研究发现，人格的建构和塑造都开始于孩子出生后的第一年内。新生儿的心理世界是一片空白，就连生理也没有发育完全，他们什么都做不了。慢慢地，他们通过自己的努力克服了走路、说话上的困难，成长为一个“人”，这一惊人的力量引起了科学家们的注意。在以往的观念中，孩子自己是没有学习能力的，一切都取决于父母的教导，可事实上，一切都是孩子自己学到的，就连常被我们称为“母语”的语言也是孩子自己从环境中学来的。否则，为什么很多出生在国外的孩子都能够流利地使用当地的语言，而他们的父母反而没有他们说得好呢？原因就在于此。创造孩子未来的人不是父母，而是孩子自己。

通过对孩子从出生到大学不同成长时期的研究，心理学家们发现，有一些成长阶段比较特殊，并且与生理发展阶段相互照应。对于这样一种现象，有些心理学家认为，每一个人的成长过程都是一系列变化的累积。从出生到

6 岁为第一个阶段，这一个阶段中，孩子的心智形态是不变的。第一阶段又可以被分为两个时间段：0～3 岁为第一时间段，在这一时间段里，孩子的心智不受成年人影响；3～6 岁为第二时间段，在这一时间段里，孩子的心智会受到以某些特殊形式出现的事物的影响。孩子在成长的第一阶段内会发生很大的变化，从摇摇晃晃地学走路到能跑会跳，从牙牙学语到能说会唱。当一个孩子成长到 6 岁的时候，他已经具备了上学的条件。这里我要强调一点，一个孩子到了 6 岁，他的心理和生理就开始步入成熟。6 岁到 12 岁为第二个阶段，孩子在这一阶段中不会有很大的变化。

12 岁到 18 岁是第三个阶段，在这一阶段中，孩子的生理和心理都会发生巨大变化。似乎在世界各地都有这样一个观点，即孩子到了 12 岁就应该接受更高一层的教育，以便有益于他心智的成长。处于这一阶段的孩子在个性上会有很大的波动，经常表现出叛逆和放荡不羁。对于孩子们表现出的叛逆，传统学校采取了一边教授安排好的课程，一边按照制度惩罚他们的方式。18 岁是该上大学的年纪，大学里的课业更加繁重，但是老师的讲授方式却与之前并没有太大差别。在学校的大部分时间里，孩子们只能聆听老师的讲授，而没有独立思考和实践的机会，这阻碍了他们成长为真正的成年人。所以当我们看到社会上太多没有工作的知识分子打着口号游行的时候，我们应该觉得这是社会的责任。

一些喜欢思考问题的人经常会产生质疑：人类是拥有最崇高智慧的生物，可是为什么却偏要经历其他动物不需要的婴幼儿阶段，而且这一阶段是如此艰辛和漫长？还有人不断地在追问婴儿期到底是怎么一回事。的确，婴儿期是一个特殊的阶段，这是一个从无到有的发展阶段。和动物的发展阶段不同，人类不会把逐渐响亮的叫声作为成长的标志，而会在安静中不知不觉地成长着。新生儿的心智是自己创造的，而这种能力是天生的。他们依靠自己的能力创造了各种器官，创造了语言和行动，创造了表达自己想法的方式。

我们在上面提到了孩子的创造工作，这些工作都是在潜意识的心智的引导下完成的。这听起来不可思议，但事实就是如此，在某个特殊的时间里，孩子们会对环境中的一些东西产生强烈的兴趣，这种兴趣就是在潜意识的驱动下产生的。

不可否认，孩子从生下来的那一刻就有了听觉。可是令很多人想不透的是，为什么他们单单从千万种来自外界的声音中挑选了人的声音作为模仿对象呢？这是因为在孩子的潜意识中，人的语言能够在他们心中激起一种特殊的情感，使看不见的肌肉纤维在这种情感的影响下产生共振，于是产生了与其类似的声音。这种独特的情感共振就是婴儿学习语言的方式，它是一种产生于心理作用的化学变化，也是组成孩子心理人格的因素之一。为了和日后习得的其他语言区分开来，这种语言被称为“母语”。通过学习，孩子能够对母语运用自如，这种学习被称为“有吸收力的心灵”，我们很难想象出由其引发的吸收力会对孩子产生多大的影响。

Part 5

心灵的建构

想要进一步了解什么是“有吸收力的心灵”，孩子在产前和胚胎时期的生活是我们必须要研究的。在过去，人们对动物或植物进行研究的时候，通常选择成熟的个体作为研究样本。而如今，科学家们对幼小的生命体或初期的生命更加感兴趣，对人类的研究也有着如此的趋势，于是胚胎学开始变得热门。胚胎学是一门研究受精卵如何生成、发育，最终形成胚胎的科学。由两个成人细胞的结合而产生，并以一个成年人的形态作为结束，这就是人的一生。

幼小的孩子生来就受到上天的眷顾。他们是由于爱而产生的，出生前就尽享了父母的疼爱，出生后又得到父母的百般呵护。父母对孩子的爱纯洁无瑕，毫无半点利益驱使，他们不图回报，只想完全地奉献。这是一种无比高尚的爱，也是人类的一种本能。法国生物学家法布尔在总结物种为什么能够得到延续时指出，这不仅因为它们天生就具有能够保护自己的方式，更因为有一种母性的保护幼崽的本能。

在 19 世纪，科学家们曾围绕着人的胚胎细胞展开过讨论。有人认为人的胚胎细胞和其他哺乳动物一样，会先形成一个小小的和母体形态类似的生命体，然后慢慢长大。关于人类胚胎细胞的讨论持续了很久都没有结论。显微镜问世后，科学家们真正观察到了人类的胚胎，这时，他们才不得不承认自己曾经的观点是错误的。人类的胚胎究竟是什么样子的？它其实就是一个不断分裂着的受精卵。受精卵由 1 个变为 2 个，由 2 个变为 4 个，由 4 个变为 8 个……就这样一直不间断地分裂下去，直到形成胚胎。就好像建造房子前要先堆砖一样，等到细胞分裂达到一定程度时，器官就开始形成了。

器官生成于细胞停止分裂的时刻。发现这种现象的人对此作了一番解释：有许多敏感点分布于器官形成的地方。各个器官之间原本是相对独立的，当它们开始活动时，他们的位置不断改变，逐渐开始围绕一个中心运动。运动过程中，每个器官都开始展现出自己在形状和功能上的不同，等到这一过程停止时，它们之间便出现了一种力量，这种力量将所有器官结合在一起，这时，婴儿的个体就形成了。首先，各器官之间产生联结，形成了循环系统；其次，神经系统也开始建立起来。所有的器官都要经历先从一个点开始建构，最后形成一个整体的过程，这一建构过程是所有高等动物都必须遵守的，也是自然界中唯一的生命体建构过程。

人类心灵的发展也是从无到有，逐步形成的。之前我们提到过，新生儿的心理层面等于零，什么都没有，心灵器官是在“吸收性心智”围绕着一个敏感点积累了足够多的信息后，一点一点形成的。信息在积累到一定程度时会发生巨变，产生新的东西，比如说语言。心灵器官的发展在一开始也是相对独立的，比如对思想的表达，对方向的辨别，对远近的判断等。这些器官都是以某个兴趣为发展中心，使孩子们向相应的方向活动。等到它们真正地形成之后，也就不再具有敏感性了。所有的这样的器官结合在一起的时候，孩子心灵的实体也就形成了。

如果我们想要了解孩子的心灵是怎样组成的，我们必须先要了解什么是敏感期，在敏感期内都发生了什么事情，以及这些事情是以怎样的顺序和形态发生的。我这种说法曾遭到过某些人的反驳，他们认为是否懂得敏感期与是否能够培育出健康的孩子无关，就好像古时候，人们都不懂得什么是敏感期，可是他们的后代依然能够茁壮成长一样。我想提醒他们一点，时代不同了，过去，我们拥有许多大自然赐给我们的本能，可是如今，这些本能中的很大一部分已经被外界压制住了，有一些已经不复存在了。在过去，妈妈们会随时将孩子带在自己身边，为他们提供学习的环境，用母爱帮助他们有效利用敏感期的优势。可是现在，人类的人性在发生着退化，妈妈们也不再拥有这样的本能。所以我认为，对人类母性的研究与对孩子发展的研究应该同时进行，以便让两者相互扶持。

我认为，回归自然是妈妈们必须要做的事。母爱是大自然赐予人类的一种神奇的力量，它应该被科学家们所重视。科学家们应该对妈妈的本能多加研究，然后帮助天下的妈妈们找回本属于她们的本能。只有妈妈们找回了她们的本能，她们才会懂得如何让孩子从一生下来就得到足够的来自心灵上的保护。现在的孩子一出生就被交给护士，因为人们认为护士受过专业的训练，可以给新生儿最好的照顾。其实，护士能给予新生儿的只是来自生理上的满足，至于新生儿心灵上的空虚和饥渴，护士则无法填补。从心理角度上来看，受到这样照顾的新生儿反而更加危险，因为精神上的饥渴很可能导致新生儿的死亡。

不要怀疑，这并不是我无凭无据的猜想，而是有真实的事例摆在我们面前。在荷兰就发生过这样一件事情：有一家机构为一些失去父母的新生儿专门设置了一个看似完美的环境，让这些新生儿们在绝对干净、安静的环境下，得到训练有素的护士的照顾，可是结果却不尽乐观，不少新生儿生了病，最后夭折了。这家机构的本意是想要教会那些收入很低、生活环境较差的妈妈们如何对新生儿进行卫生保健，可是事实证明，那些待在父母身边的新生儿虽然享受不到最完善的饮食和最专业的照顾，可他们成长得反而更加健康。这一现象让这家机构意识到了自己的不足，于是他们马上改变了方式，让护士像妈妈一样不时地拥抱一下新生儿，逗新生儿们开心。很多人好奇，为什么完全不懂得科学护理的妈妈们却比专门的机构更能够帮助新生儿健康成长？让我来告诉你们答案，那是因为妈妈们对新生儿的照顾是发自内心的，是满含爱意的，她们不但给予婴儿们物质方面的满足，也给予新生儿们内心的满足，并适当让这些小家伙们与成年人的世界有所接触，所以那些在妈妈看护下的新生儿会更健康、更开朗。

Part 6

孩子的行为能力

人们对行为主义研究了很久，也由此衍生出了许多条理论，可是很遗憾，这些理论在用来解释生命的奥秘时都显得苍白无力。不过值得庆幸的是，这些理论至少可以帮助我们弄清楚生命是如何成长的。我们已经知道，这个世界上的所有动物都遵循着同一种构建计划。这一计划被广泛地应用于各种研究中，比如说对胚胎的研究，对儿童心理发展的研究，甚至是对整个社会的研究。我们从研究中得到一个很有意义的发现：不管是人、兔子或是别的什么动物，只要是动物，它们的胚胎就都是类似的。所有的脊椎动物都有着相似的发展历程，可是当它们真正形成个体的时候，彼此之间就出现了很大的差别。我们说过，新生儿可以被看作一个心理胚胎，所有的新生儿都差不多，所以，所有处于这一阶段的新生儿们都应该被平等地对待。不管这些新生儿在将来会成为怎样的人，从事怎样的职业，过怎样的生活，至少现在，他们处在同一起跑线上，都将经历一个漫长的成长过程，当然，这一成长过程也是相同的。所以说，我们在对新生儿进行教育时，应该以他的本性为基础，这一点适用于所有新生儿。

事实上，在孩子内心成长和发展的路上，我们能为他们做的事并不多。每一个孩子的内心都存在着一个特有的个性，这一个性的发展是外人所无法控制的，作为家长，我们唯一能做的就是挪开他们自我发展路上的绊脚石，帮助他们实现自我。上一节中，我们提到了敏感点和器官，知道了器官与敏感点之间的关系，但是我们还是没有办法进一步对生命产生的过程进行解释和描述。我们也无法说清，究竟为什么每个个体都是相对独立的，并且拥有属于自己的独特个性。

美国费城的学者们对生物学进行研究后，于1930年得出一个发现：大脑中视觉神经中心的出现要早于视觉神经的出现，甚至在眼球还没形成的时候，这一中心就已经存在了。根据这一发现，他们得出一个结论，就动物而言，心理形式要比生理形式早出现很久，也就是说，动物的本能和习性并非是受器官所控制的。这一结论与现行的理论完全相反：按照旧的理论，动物的习性是为了适应环境而产生的。而按照如今费城的学者们的理论，我们身体的各器官都是在心理活动的影响下，为了能够适应心理需求并符合本能习惯而形成的。在过去，人们认为身体的调整是受到外在环境的影响后产生的，而控制这一调整的就是内在的意志。新理论与旧理论的不同点在于，将研究的重点转移到了动物本能的习性或行为上。

上述的理论可以通过对牛的研究得到证实。我们都知道，牛很强壮，很结实，生命力很强，它从地球上出现植物的时候就出现了。青草很难被消化，于是牛长了四个胃，用于储存那些暂时没有消化掉的青草。有人提出了一个疑问，地球上可以吃的东西很多，既然青草这么难以消化，牛为什么不选择其他的东西当作粮食呢？通过仔细观察，人们发现牛吃草不只是为了填饱肚子那么简单。牛在吃草的时候不会将草连根拔起，而是在接近草根的地方将草咬断，好像园林工人修剪草地一样。牛这样做其实帮了草一个大忙。青草对自然界的平衡起着重要作用，不仅能够使土壤更牢固，保持水土，还能优化土壤。青草如果不进行修剪，就会在开花、打籽后很快枯萎，所以牛吃草反而能让草长得更好。另外，牛的粪便可以作为青草的肥料，为青草提供营养，牛蹄对青草的践踏也成了利于青草生长的因素。我想，除了牛之外，应该没有任何一种生物或机器可以做得如此之好。所以我认为，牛能这样做，完全是由于在它的体内有着一套由大自然设计好的程序，牛与草的关系就好像乌鸦与秃鹰的关系一样，互为对方服务。

动物对食物的选择是受到使命的驱使，而不是单纯地为了满足自己的肚子。在所有生物与无生物的相互合作下，整个自然界才得以平衡发展。这是我们经过一系列的研究后得出的结论。有些生物的饮食非常不规律，时而吃得很多，时而几乎不进食。事实证明，这些动物是为了“吃”而存在，却不是为了生存下去所以才进食。就拿蚯蚓为例，一只蚯蚓每天要吃相当于自己身体容量 200 倍的泥土。如达尔文所说，正是因为有蚯蚓的存在，地球的土壤才能够变得如此肥沃。

还有一个例子被人们广泛熟悉，就是蜜蜂传播花粉。如果我们从行为主义的角度来看待这件事，蜜蜂每天辛勤工作，为的却不是自己，而是其他的生物体。在海洋中也发生着类似的事情，比如说一些单细胞的生物每天以每分钟 1 加仑的速度喝入海水，为的是将海水在身体中过滤，从而清除掉海水中一些具有毒性的盐。也许这些动物本身并不知道自己正在做的是一件多么有意义的事情，但是地球上所有生物的生存全都离不开它。

动物的器官似乎是为了某个特定的计划产生的，而生命的目的则是为了完成这一计划，将它变为现实。我们存在于一个世界中，我们存在的意义不是为了享受，而是为了推动这个世界的进步。

我们将对人类的研究结果与对其他动物的研究结果放在一起作比较，然后发现两者之间有很多出入，这些出入主要体现在运动方式及休息场所上。

人能对各种天气都有适应能力，也可以去任何想去的地方；直立行走使人类的双手得到了解放，所以他们可以从事很多其他动物不能从事的活动。就人而言，几乎没有什么事情是做不了的。人类可以走路，可以奔跑，可以跳跃，可以攀爬，可以游泳，就连一些复杂但美好的动作如舞蹈、体操等都可以做得到。可是，这些特殊的能力却不是一生下来就看得到的，刚出生的婴儿几乎什么能力都不具备，只有经过儿童期的学习，他们才能够掌握。

刚出生的婴儿几乎是一个瘫痪的个体，渐渐地，他们在自己的努力下学会了和成年人一样举止，一样行动。他们不但获得了其他动物不具备的能力，还学会了怎样根据外界环境调整自己。社会越来越复杂，气候越来越多变，新生儿必须学会适应，才能在这个世界上生存下来。儿童期是最容易适应环境的时期。当一个人长大成人后，他的适应能力就会慢慢减弱，比如说学习外语的能力，一个成年人学习外语的速度和对外语的掌握能力远不及一个小孩子，即使这门外语听起来相当简单。成年人在对某一环境产生好感时，他只会将这一环境记录在脑海里，而孩子会在不知不觉中将这一环境融为自己内心世界的一部分。心理学家称这种记忆的能力为“内在美”，它是用于形成一种既能适应所属空间和时间，又能适应整个社会的精神意识的行为的能力。成年人在看待问题时，特别是在宗教信仰上，往往持有一种抹不去的个人感情和偏见，虽然他们知道不应该这样，可是却无论如何都不能抑制这种情感。为什么会这样？这是因为这种情感已经深深地成为了他们的一部分。

如果想要突破某一地区特定的风俗习惯，或者使这个地方的人都拥有一种新的思想，唯一可行的办法就是从孩子身上入手。教育要从娃娃抓起，只有孩子才具有一种无穷的伟大的力量，只有孩子能够改变一个民族、一个国家，甚至整个世界。

Part 7

3 岁是孩子成长中的一道分界线

3 岁是孩子成长中的一道分界线。孩子在 3 岁之前虽然会经历许多创造性的事情，但等他们长大后，却很难记起这段时期究竟发生过什么事情。那些五彩缤纷的童年生活在他们的脑海中没有留下什么印象。3 岁之前的孩子和处于心理胚胎期的婴儿有些类似，由于人格还没有成型，所以他们都无法记得自己身边曾经发生过什么事情。只有当他们的语言、运动、感觉等完全得到发展后，他们才开始形成记忆。

孩子在 3 岁后开始有了意识和记忆，这时，他们开始能够与我们正常沟通。在沟通的过程中，问题便产生了，由于我们不了解他们早期的心理发展情况和本性，所以会在无意之中将他们的天性抹杀。这是很可怕的一件事。人类创造了引以自豪的文明，却在这一过程中过分地注重物质，忽略内心，结果使孩子在成长的道路中接二连三地遇到心灵上的阻碍。

3 岁的孩子有着强烈的表现创造力的意识，他们希望能够把自己内在的想法通过切实的行动表现出来。只有让孩子动手实践，才能使他们的创造力得到发挥，促进他们成长。可是现实生活中，成年人对孩子施加了过多的监禁，有些来自生活，有些来自精神。孩子在这样的环境下很难成长，除非得到一些来自科学的启示。

在对世界的探索上，孩子先从心灵上对世界作出感应，然后依靠双手对世界作出回应。他们以前获得的能力如今已经日渐完善，但心智却依然停留在心理胚胎期。对于这时的孩子来说，疲倦与他们无关，他们喜欢不停地用双手接触各种事物，进行一些活动，其中最主要的活动就是玩耍。人们认为这一时期是孩子最幸福的时段。为了满足孩子对活动的需求，市场上出现了各种各样的玩具，可是这些玩具并不能促进孩子的心智发育。家长们习惯按照自己的思维逻辑给予孩子们“最适合”的东西，却不知道这些东西对孩子并没有吸引力，家长们给孩子提供的是“个别”，而孩子想要的是“全部”。比如说孩子想要玩水，家长就会给他们一点水，并告诉他们玩的时候要小心，不可以弄湿衣服；孩子想要玩沙子，家长们会让他们玩，但也会嘱咐他们不要弄脏衣服；孩子想要和成年人一样做一些事情，家长就会给他们一些模拟的东西，如塑料的小锅小碗、不能切东西的刀子等，让他们玩过家家的游戏。孩子希望真正像成年人一样做家事，可他们得到的只是一些不能使用的东西，一切都是假的，这真可笑。

当父母没有时间陪在孩子身边时，他们就会给孩子买一个，甚至好几个娃娃，他们认为有娃娃陪的孩子就不会寂寞了，却不知孩子们抱着娃娃的时候，只是得到了身体上的安慰，心里却依旧空虚寂寞。对于孩子而言，娃娃虽然有着人的模样，可是它不会说话，永远只会睁着大眼睛看着自己，不会对自己作出任何反应——对它好它不会笑，对它不好它也不会哭，更不会反过来关心自己。父母们听说玩具有益于孩子的智力发展，于是就给孩子买了很多玩具，可是孩子很快就玩腻了，于是父母们只好再买新的。有时孩子会故意把玩具弄坏，这并不是因为他们天生就有破坏欲，而是因为他们找不到可以让自己尽情摆弄的东西。孩子不喜欢虚假的替代品，他们需要的是真正的、与现实社会有关联的东西。孩子希望能够通过模仿成年人使自己变得更完美，当这份心情不能被满足时，他们就会对所有事情失去兴趣，不再想专心做事，甚至会出现人格偏差。造成孩子出现这种情况的不是别人，正是不断否定他们的努力的家长们。

相比之下，那些在简单社会出生并成长的孩子更加幸福。他们不像那些生活在高度文明社会中的孩子一样，时刻受到限制，他们可以自由地使用家里的一切物品，做他们感兴趣的事情。简单家庭中的孩子可以和妈妈一起烤面包、洗衣服，在真正的实践中了解生活，学会生活。

3 岁的孩子需要自己动手摆弄东西，这是一个不可否认的事实。如果成年人能够按照孩子的身高比例为他们特意制作一些生活中常用的东西，让他们自由操作，他们就会拥有平和、满足的性格。孩子玩耍的目的在于适应周围的环境，所以他们只对身边真实存在的东西感兴趣，并因为能够掌握周围的东西的使用方法而感到开心。所以作为家长，我们应该采用能够让孩子产生兴趣，并尽可能发挥自身能力的“新的教育方式”。孩子需要的不是虚拟的城堡，不是一个又一个的假设，也不是不会说不会动的娃娃，他们需要的是一片可以驰骋的天地和一群和自己年龄相仿的朋友一同经历人生最美好时光的机会。

当我们清除了孩子成长中的障碍，让他们接触到真实的世界后，他们就会有一些出乎我们意料的表现。我们会看到他的人格发生了变化，不再事事要求我们帮忙，而是更喜欢靠自己的力量完成。这时，他世界里的主宰者不再是父母、保姆或老师，而是他自己。

我感到我是幸运的，因为很多年前我在罗马发现了一个难以被发现的事实。那里的一所“儿童之家”的成功让我明白，正因为它建立在相对贫困的地区，所以才少了许多可能阻碍孩子们成长的因素。

罗马的那所“儿童之家”之所以能够成功，主要取决于三个因素：

1. 学校的地理位置。学校所在的地区极其贫穷，没有足够的物质基础，但丰富的自然环境使孩子们的内心充满了富足感。

2. 孩子们的家庭背景。这些孩子们的父母都不识字，所以不会过多地从自己的角度对孩子进行干涉。

3. 老师们的素质。在这所学校中，没有经过专业训练的老师，这也就意味着他们不会被传统模式所影响，用有偏见的教育方式教育孩子。

如果把这项实验安排在美国进行，那么结果将注定是失败的。因为在美国，他们一定会聘请一些所谓的专业的老师，这些老师在教育孩子的时候，不会听取孩子的意见，不会考虑孩子的感受，只会把一大堆他们认为有用，而实际上对孩子没用的东西塞进孩子们的大脑中。在这些老师心中，孩子不应该具有自主能力，这样的想法落实到教学中，自然会阻碍孩子的自然成长。所以我认为，要想使实验成功，最好选择一群贫穷的孩子，然后将他们置身于一个从未经历过的环境中，并给予他们一些经过科学设计的、适合他们成长发展的教具。在教具的使用上，老师们不应进行过多干涉，而是应该唤起孩子们内心的兴趣，然后使他们自发地将注意力投入到教具上。40 年前，当这个实验成功时，人们受到了很大的震撼，他们从未想过能从一个 3 岁的孩子身上看到如此强大的专注力。然而这只是一个开端，接下来我们还有更多的事情要做。从这些实践过程中，我们看到孩子并非真的不愿意集中注意力做一件事情，而是我们对他们采用了不恰当的教育方法。

身为父母的人必须有这样的认识，在一个 3 岁孩子的身体内，有一种引导他们应该做什么事情的力量。在这种力量的促使下行动的孩子即被称作是自由的孩子。自由的孩子会用心做好每一件事，比如当成年人对两个孩子同时下达了擦桌子的命令时，不自由的孩子擦过桌面后就会停止工作，而自由的孩子则会把整个桌子擦得干干净净，就连桌子的缝隙也认真擦过。自由的孩子不喜欢在做事情的时候被老师约束或干涉，可是现实生活中，大多数的老师都喜欢不停地对他们进行指点和控制，这使他们很不舒服。老师们遵循的是从易到难的教学顺序，他们认为这样对孩子最有利，可是孩子却可能有着不同的观点，他们希望先学难的东西，然后再学简单的。

传统的老师们在对疲劳的看法上也存在着偏见。他们认为每隔几分钟就应该转换一种教学方式，不然孩子会因为感到疲倦而不专心听讲。事实上，孩子们在对一件事情产生浓厚兴趣的时候是不会感觉到累的，相反，如果在这时，老师们不断转换教学方式，孩子们就会感到索然无味。很遗憾，很少有老师明白这一点，特别是那些毕业于师范院校的老师，他们坚持每隔 45 分钟就让孩子休息一次。人们常常用人的逻辑进行教学，而忽略了大自然中的法则。按照人的逻辑，心智活动和身体活动是两个相对独立的行为，不能够同时进行，人在思考的时候需要身体上的静止，在运动的时候则会暂停思维。这种逻辑使孩子受到的教育一分为二，他们不被允许在思考的时候加入肢体动作，即使在他们的内心渴望着将思考与行动结合起来。

我们一直在想办法除去老师们脑中的这种偏见，看到大部分老师成功地从偏见中走出来，我们感到很欣慰。我认为，最理想的教育应该是不受约束和限制的教育，只有没有经过专业训练的老师才能够使孩子拥有越来越广阔的受教育的空间。

当然，作为一位老师，一些基本素质是必不可少的。我的第一所学校成立时，担任我的助理的是公寓管理员的女儿。这个女孩儿并没有受过教育，她只是按照我所说的，向孩子们示范教具应该如何使用，以及按照怎样的顺序使用后就走开了，剩下的时间都交给孩子们自己操作。结果孩子们都做得很好，甚至可以说是完美，这让她感到不可思议。一开始，我的助理猜想一定是有什么神秘的力量在牵引着孩子，否则一个从来没有学过写字和阅读的孩子不可能写出结构漂亮的句子，可是这样的事情真的就发生了，导致事情发生的原因不是什么神的力量，而是正确的教学方法。

这些鲜明的例子告诉我们，老师、保姆和父母们都应该对孩子放手。我们需要让老师们知道，他们没有必要对孩子进行干涉。孩子们真正需要的是一种“非干涉教学法”，即当他们做一件事的时候，无论可能产生的结果是对还是错，成年人都不可以干涉。在孩子面前，老师不应该趾高气扬，随意向孩子施加自己的想法，并让孩子照做。老师们需要做的只是为孩子准备好他们需要的东西，然后退到一旁，任孩子自己摆弄，同时时刻关注孩子的进展。一旦发现孩子产生了新的需求，老师们要立即为孩子换上一件符合孩子需要的教具。

我发现，那些家境一般，教育程度较低的家长对我们的教育方法十分热衷。因为他们自己不识字，所以这些家长在看到孩子能够写字时会满心欢喜，把孩子举在头顶以表达他们的喜悦。相比之下，那些家境优越，受过高等教育的父母把孩子识字当成一件很平常的事情，他们用一种淡漠的态度对待孩子努力的成果，并将一些德育方面的教育看得更加重要。有钱人家的孩子如果想要学着打扫房间，父母就会马上制止他们，并告诉他们这种低贱的工作留给佣人做就好了，我们把你送到学校里不是为了学这些。有的妈妈认为孩子不应该在太小的时候学习数学，以免累坏脑子。这样的教育造成了孩子们心理上的阴影，他们想要学习，却又不敢学习。

在对孩子的教育上，那些往往被大多数人认为没有用的东西反而是对孩子最好的东西，这些东西不仅对孩子有益，对家长也同样有益。早期的“儿童之家”会教孩子们做一些家务事，孩子们学会后，就会告诉他们的妈妈衣服要怎样洗，字要怎样写等。在孩子的影响下，妈妈们开始注意洗衣服的方式，开始学习读书写字。这说明正确的教育方式会同时对孩子和父母产生积极的影响。

Part 8

让婴儿自由成长

有不少人向我提出建议，他们认为我应该以原有的儿童教育方法为基础，进一步研究出更适合 7 岁以上儿童发展教育的方法。我知道，他们不相信我的观点，也不相信我所提出的那些法则可以真正用于对儿童的教育。更主要的一点，他们认为我提出的教育方法不利于塑造儿童的道德观念。在他们看来，儿童必须懂得尊重他人，必须能够在某一天为一项必须完成的任务付出努力，必须具备自我牺牲精神，而我所提倡的教育方法会使孩子在这一方面有所缺失。

另外，现在有很多人为 6 岁以上的孩子设计了一系列稀奇古怪的算术表和语法，为的是锻炼这些孩子们的大脑，从而使他们成长为更聪明的孩子。我会不时地思考，究竟应该取消这些锻炼，还是放任不管，让孩子们继续饱受这些所谓的必修课的折磨。

很明显，这些争论产生的根源在于我所提出的“儿童自由论”。我知道，想要说服那些反对我的人们不是件容易的事，因为就连很多已经被公认的事情同样会不时遭受来自不同声音的质疑。但是，无论外界怎样说，我始终坚持我的观点："自由"是不可动摇的。这是我所提倡的整个教育体系的根本。

我想以下的一些例子能够帮助我表达自己的观点。大概没有几个人会忘记，在很久以前，我们是如何对待婴儿的，对吗？不知从哪里流传下来这样或那样的说法：我们必须把婴儿的腿用绳子捆起来，不然他长大后就会长成罗圈腿；我们必须割断婴儿舌头下面的韧带，不然他长大后就不能够流利地说话；我们必须在婴儿的头上扣上帽子，不然他的耳朵就会向外支出来；我们必须时刻调整婴儿睡觉的姿势，不然他的颅骨就会因长时间保持一定的姿势而变形；如果想要让孩子的鼻子长得又高又挺，最好的方法就是经常向上捏一捏他们的鼻子；如果想要改善婴儿的视力，可以在他们的耳垂上打一个洞，然后将一种小金耳环从洞中穿过去。现在，有不少国家已经不再采取上述的做法，可是有一些国家依然将这些做法当作优良传统传承下去。

让我再举一个例子吧，有些孩子在刚刚几个月大的时候就天天被妈妈强迫着学习走路，他们的妈妈们会用手架起他们幼小的身体，然后拖拽着他们向前挪动。婴儿的运动能力出现得要比平衡能力早很多，所以他们虽然能够移动，可是由于神经系统还没有发育完全，所以无法站起来。婴儿们会在脚弓成形后尝试移动小腿，这是他们正常的身体反应，可是他们的妈妈却不知道。看到孩子在漫无目的地移动着双脚时，妈妈们会感到十分开心，并认为孩子正在自己的努力教导下学习走路。为了让孩子快点学会行走，妈妈们还会为他们提供一些特别的"帮助"。有的妈妈会买来一个上小下大的篮子，把还处在婴儿期的孩子放进去，然后将孩子的手从篮子里拉出来，放在外面，并把孩子的身子捆在篮子里面。孩子的整个身体被手臂和篮子支撑起来，他们在篮子里移动着双脚，这令他们的妈妈感到欣喜。妈妈认为孩子在走路，却不知强加给孩子的支撑物反而对孩子有害，因为当这些支撑物从孩子的身边消失后，孩子一定无法正常走路。

我们希望可以从科学的角度拯救和帮助儿童。这里我想要说明一点，科学并不会教会你一些不切实际的方法，如怎样让孩子的鼻子或耳朵长得更加完美，或是怎样能让一个婴儿一出生就学会走路。那些都是不可能发生的事情。科学只能将事实摆在你的面前，让你明白头、鼻子和耳朵的形状都是天生的；即使不割除舌头下的韧带，我们也能正常说话；我们也不需要用捆绑的方式让腿长直，它自己会慢慢变直的；至于行走，到了一定的时间，我们也能够走得很稳健。以上的事实表明，在婴儿的成长过程中，人为的干涉都是没有必要的。

我认为，我们应该尽可能让婴儿在最自然的环境下得到最自由的发展，这样他们的身体比例才能更协调，身体机能也会更健全。我的主张是，消除所有对婴儿的束缚，使他们时刻处于“最恬静的状态”，并得到“最大限度的安宁”。我们应该让婴儿的双腿在躺着的时候得到完全的舒展和放松，而不要逗他们在床上乱动；我们不要急着让孩子走路，而是要让他们顺其自然。

现在，有很多家长接受了我的观点，我感到很高兴。事实证明，这一结果是好的。解除束缚后，孩子们的腿更直了，走路也更稳当了。这是我最乐于看到的事情。多年以来，家长们总是认为孩子只有在自己的呵护下才能成长，于是他们给自己添加了许多不必要的麻烦，连孩子的身体各部位长得如何都要进行干涉。现在，家长们选择了放手，把孩子交给了大自然，而自己则在一旁静静地观察，看着孩子一天天地长大。

我们曾认为，孩子的性格和智力都需要来自家长的指导，身为家长，我们有帮助他们开发智力、塑造性格、学会表达感情的责任。我们曾在这些问题上绞尽脑汁，想要为孩子们提供最恰当的帮助，却又不知从何处下手。相比于用手捏他们的鼻子，用绳子捆绑他们的双腿，如何在感情上束缚孩子成了我们最头疼的事情。其实，随着孩子们身体的成长，他们的性格、智力、情感等方面也在成长，他们不需要受我们摆布或支配。

所有人都应该明白一点，我们既不能创造出精神，也不能创造出物质，创造出它们的是大自然。如果你能认同这一点，你就应该在教育孩子的时候遵守这样一条原则：不为孩子的自然发展设置障碍。我们不应该过于重视孩子单方面的发展，整天想着怎样使孩子形成良好个性，或是怎样提高孩子的智力。我们需要弄清楚的事只有一件，那就是怎样给孩子充分的自由。

自由是最利于孩子身体和心理成长的因素，只有在一个自由的氛围中，孩子的各个器官才能够最完美地发育，他们的各方面能力才能被最有效地开发，他们的感情才能最大限度地发展。作为教育者的我们，应该平静地关注孩子成长过程中出现的奇迹，这样我们就可以摆脱那些虚构出的责任，远离那些本就不存在的沉重和痛苦。

可悲的是，成年人太喜欢自欺欺人，即使有人告诉我们，根本不存在什么值得我们烦恼的责任，我们还是认为自己为履行责任所做的努力是正确的。直到有一天，有人将事实的真相彻底展现在我们面前时，我们才恍然大悟。可即便如此，仍有一些固执的人不肯放手，拼命地思考什么才是我们这些成年人应承担的使命和应负的责任。他们对曾经的所作所为发出质疑，并由此认为自己可能犯下了渎职罪，如果这是真的，那么自己将会受到怎样的惩罚。

也许，我们可以从婴儿的成长过程中得到一些启发。从卫生学的角度，我们可以看到，人类的身体是以一种自然的方式进行发展的。一个婴儿在出生时的体形是否完美并不能决定他一生是否能够生活得幸福。

我想，为何婴儿有着高得惊人的死亡率才是科学家们应该解决的问题。

当各种疾病向这些刚出生不久的小生命袭来时，当这些小家伙们正承受着来自心理和生理的双重折磨时，我不明白为什么还有那么多人只关心婴儿长得是不是标准，而不是研究如何使婴儿摆脱死亡的威胁。我遇到过这样一位妈妈，她认为自己很有儿童看护的经验，因为她曾有过 9 个孩子。而当我问她有几个孩子还活着的时候，她竟可以面无愧色地说“2 个”。这样的一个人竟能称自己是养育孩子的权威，我感到很不可思议。

看到婴儿死亡率的统计让我触目惊心，因为这个数字实在太大了，并且不是一两个国家中存在的少数现象。我担心这样的死亡率会对整个人类社会造成威胁。婴儿很脆弱，这是不能改变的事实，他们需要我们对他们提供关心和保护，而我们却偏偏缺少了这份意识。所以我认为，造成婴儿高死亡率的重要因素之一就是人们缺乏对婴儿的保护意识，无知才是最可怕的事情。人们并非真的没有保护婴儿的希望，父母们也并非没有爱子之心，可是因为无知，他们的爱变成了害，不但没有帮助孩子，反而害了孩子。

对婴儿来说，最大的危害是各种传染病，尤其是发生在内脏器官的传染病。可以说，传染病是婴儿的杀手。如果照顾婴儿的人对婴儿保健知识一无所知，那么婴儿感染这些传染病的概率就会更大。婴儿的尿布是多种细菌滋生的温床，可是很多照顾婴儿的人并不重视尿布的处理，他们只是将被孩子尿湿的尿布拿到太阳下晒干，然后重新给孩子包上。妈妈们在为婴儿哺乳前不会想到要清洗乳房，也没想过要给婴儿清洗口腔，这样很容易导致婴儿口腔发炎。另外，不合理的膳食也是引起婴儿患病的重要原因。妈妈们通常只要一听见孩子的哭声，就认为到了喂奶的时间，完全不管白天或是夜晚。她们认为，孩子哭喊就是饿了，却不知导致孩子哭的原因也有可能是消化不良。于是妈妈们喂奶的次数越多，孩子就越感觉不舒服，哭得也就越厉害。很多妈妈把哺乳当成对孩子的安抚，正如我们生活中常常见到的那样，一个婴儿由于发烧哭个不停，于是他的妈妈就把奶头一直放在他的嘴里以求他能够安静下来。这时，我们能够理解妈妈们的苦恼，也感到了她们的伟大，但妈妈们的行为并不能解决婴儿们遇到的问题。

为了能够让婴儿们健康地成长，科学家们提出了一些原则，这些原则都十分简单易懂，其中的一条就是讲究卫生。另外，还有一些我们一看就能明白的条例，例如，要保证婴儿和成年人一样有规律的进餐时间；当孩子把之前吃下的食物都消化之后，要给他喂一些新鲜的东西；婴儿的饮食安排应该以他的年龄月份和生理功能为准，随着婴儿的成长进行调节，每两次喂奶之间要停留几小时；在下层社会中，一些妈妈在孩子啼哭时会塞给他们一些干面包，这是很危险的，婴儿无法消化干面包，即便只是一点面包屑对婴儿而言也是很危险的，所以一定不可以把干面包送到婴儿嘴边。

看了上面的例子，妈妈们会问，既然这么多的方法都不能用了，那么孩子哭的时候我们该怎么办呢？其实妈妈们不需要过多地操心，因为只要过一段时间，她们就会惊奇地发现孩子的哭声已经减少，甚至不再哭闹了。那些一岁左右的孩子们，即便在妈妈没有给自己喂奶的时候也能够保持安静。他们安静得出奇，只是将眼睛睁得大大的，望着这个世界。

为什么婴儿会哭？他们哭泣的原因是因为他们内心感到痛苦和恐惧。他们不喜欢紧紧裹着自己的襁褓，不喜欢身边没有人照顾自己，他们想要一个属于自己的空间，哪怕只是一张自己的床，可是有时我们连这样的要求都不能满足他们。

科学的发展为婴儿带来了转机。保育室、摇篮、婴儿室和合身的衣服使婴儿们不再因为没有归属感而恐惧；适合婴儿食用的食物和营养品也提高了他们的存活率。婴儿们开始拥有一个新的世界，他们成了有生存权利的“新人”。

种种摆在我们面前的事例使我们明白了孩子需要精神上的自由。相比之下，大自然对孩子的塑造能力要胜过我们每一个人。我这样说并不是指我们可以什么都不做，忽视孩子的精神世界，或是对孩子不闻不问。正是因为我们为孩子做了太多他们不需要的，如塑造他们的性格，训练他们的智力和抑制他们的情感，却没有为孩子提供他们需要的，如精神上的关心和理解，所以才会有那么多心理出现畸形的孩子。所以，我所说的自由并不等于放任。我们应该脱离对孩子想当然的幻想，回归到现实世界中来，而自由的原则就是打开幻想与现实之间那扇门的钥匙，它能够使我们学会更好地照顾孩子的方式。

Part 9

孩子的公民权利

从卫生学的角度，我们得知婴儿应该拥有生理生活上的自由。我们应该取消包裹婴儿的布带，使他们能够享受到足够的户外生活，睡觉睡到自然醒，等等。但是，这些只是一个开端，如果想让一个孩子真正地过上自由的生活，除了前面提到的，我们还应该在孩子们还是婴儿的时候，清除不利于他们健康的因素，使他们远离疾病和死亡。这样，孩子们才能真正过上无忧无虑的生活，在幸福和快乐中成长起来。虽然卫生学对如何增加孩子身高、体重有所研究，可能也会研究怎样使一个孩子变得更漂亮，但是归根结底，它只能辅助人们清除孩子成长中可能遇到的来自外界的障碍，也就是说，卫生学只是一件帮助孩子冲破阻碍他们身体发展的工具。

我们都应该充分地认识到孩子需要自由，他们在生理与生活上的满足与获得自由是相互关联的。护理技术的进步为婴儿们提供了更好的看护、专门为婴儿制作的食物、净化后的空气、适宜的温度等，同时消灭了能诱发疾病的寄生虫，保证了婴儿们的健康。我们常把孩子比作花朵，婴儿就是那些稚嫩的花苞，我们希望所有孩子都可以得到这样的待遇：就好像富贵人家花园中的玫瑰花一样，每天都有专人对它们进行精心修剪，悉心灌溉。这样的待遇的确存在，但可惜的是，它并不是普遍面向所有孩子的，只有个别幸运的孩子能够得到这样的对待。在现实生活中，满足一个孩子成长过程中所必需的条件要比满足一株植物生长过程中所需要的养分还要困难得多。就好像我们看到一名被病痛折磨的瘫痪病人时，心中会产生这样的想法："这个人太可怜了。作为一个人，他拥有了一副人的躯壳，却不能像人一样生活，这样的生活甚至比死去还要痛苦。"

我们应该将婴儿看作一个人，一个和我们一样有血肉和思想的正常人。只要我们仔细观察他们的一举一动，我们就能够发现他们对生活有着多么强烈的渴望。

现在我们要谈一下孩子的权利。在谈这个问题之前，我们必须明白，孩子也是一个社会阶层。孩子也属于社会的劳动者，因为他们每时每刻都在为成为一个"人"而努力创造着，在为自己的未来创造着。孩子的任务很困难、很复杂，他们的妈妈只为他们前几个月的成长作出了努力，而他们却要为了身体和精神的成长付出十几年的艰辛。我们都知道，刚出生的婴儿除了内在的潜力，什么都没有。他们是那样脆弱，那样无助，他们不得不依靠自己的双手爬过长满荆棘的成长道路。他们必须在数年中成长为一个高度复杂的、有组织的人，这样才能够真正融入这个社会，成为其中的一员。

等到这些孩子们历经艰险，终于从一个既没有力量，又没有思想的个体成长为一个属于文明社会的人，我们应该赋予他们怎样的权利呢？我们先来看一下现在的这个所谓正义文明的社会是怎样对待他们的吧。现在已经是 20 世纪了，但还是有许多所谓的文明国家认可孤儿院和奶妈的存在，他们认为将没有父母的孩子交给孤儿院和将一个刚出生的婴儿交给奶妈都是再自然不过的事情。

孤儿院是怎样的一个地方？我认为，它根本算不上是一个可以让孩子成长的地方，而是一个变相的关押孩子的监狱。孤儿院就好像一个中世纪的土牢，没有人在意里面被关押的人的死活。死亡在那里是一件频繁而普遍的事，如果有人死去，他们的名字就会被悄无声息地从本子上抹掉，不会再有人知道他们曾经存在过。被关押的人不会有任何被爱的机会，他们没有姓名，没有财产，最多有一些和过去有关的回忆，记得自己曾拥有的名字。权利对于那些被父母抛弃的孩子们来说是个陌生的字眼，因为他们从未接触过。

当我们对一出生就被送到孤儿院的孩子提到权利的时候，他们的脸上会呈现一片茫然，就好像我们对天生的盲人形容色彩时，这些盲人的脸上呈现出的表情一样。那些后被送到孤儿院的孩子们会有一点的印象，但也只是很少的一点，他们就像后天的盲人，只能依靠一点曾经的记忆安慰自己脆弱的心灵。你能想象这是多么悲伤的一幅画面吗？原本应该享受着幸福生活的孩子们，却过着连犯人都不如的生活。是的，那些被统治阶级迫害入狱的犯人还可以团结起来进行反抗，被压迫的受苦的人们也能够用革命换取自己应有的权利，可是有谁来关心这些被抛弃的孩子们？有谁会为了这些孩子们的权利站出来，向压迫他们的人发出抗议？

说完了孤儿院，我们再来说说奶妈。奶妈是怎样的一种存在？奶妈是旧社会的一种奢侈的习俗。在旧时期，奶妈约等于新娘能在未来过上优越生活的保证。如果有一个中产阶级人家的姑娘将要结婚，男方是否能够为她请一个厨娘、一个佣人和一个奶妈会成为她优先考虑的事。由于存在这样的需求，奶妈这一职业就开始盛行起来。一个健壮的农村姑娘在刚刚生下孩子后如果看到自己的乳房充满奶水就会十分骄傲，因为她知道自己可以凭着这一优势成为某个小少爷的奶妈，而这绝对是一个好职业。

奶妈这种职业直到最近才开始走向下坡，原因是卫生学家和营养学家们对这些因为懒惰而不想给自己的孩子喂奶的妈妈们进行了指责。专家们指出，母乳是婴儿最好的滋养品。为了督促那些懒惰的妈妈们亲自给孩子喂奶，专家们甚至将亲自哺育孩子的女王和皇后作为例子讲给她们听。可是即便如此，还是有不少的妈妈不愿意履行自己的责任，宁愿选择把自己的孩子交给奶妈喂养，而这种行为不但对自己的孩子不好，对奶妈的孩子也不好。奶水是自然界赐予妈妈们的礼物，为的是帮助她们的孩子长得更结实、更健康。一位妈妈所拥有的奶水是有限的，如果她用这些奶水喂养了别人的孩子，那么她自己的孩子就必定得不到应得的营养。

自然界所有的动物都是如此。养奶牛的人都很清楚这一点，所以为了保证奶牛有充足的奶水，他们会把刚生下来的小牛送给屠夫。养牛的人发现，当他们把小牛从母牛身边牵走的时候，小牛显得格外痛苦。不仅是牛，猫、狗亦是如此。有时一只母狗产下了太多的小狗，却没有足够的奶水供它们食用，母狗只得将一些小狗赶走或丢弃。这时，母狗会流露出极大的悲伤。可是，奶妈却宁愿将自己的奶水作为商品出售，而让自己的亲生孩子饱受饥饿。

为什么会这样？导致这种情况发生的原因是这个社会并没有把孩子当成一个实在的人。如果我们希望孩子得到应有的权利，就需要制定一种法律，依靠法律的力量保护这些可怜的孩子们，特别是刚刚出生不久的婴儿。

只有让人们拥有权利，社会才能稳定。如果一个人偷了一块面包，那么从法律的角度上看，他就是一个贼，不管因为什么原因，哪怕只是因为想要填饱自己饥饿的肚子，他也会受到相应的惩罚。犯罪就要被处罚，这是显而易见的事情，可是当一个成年人剥夺了婴儿吸吮母乳的权利时，却没有人认为他在犯罪，反而有不少人表示羡慕，因为这样的行为证明了这个人拥有优越的家境。对于婴儿来说，妈妈的奶水比什么都珍贵。如果婴儿一出生就能说话，他一定会理直气壮地说："这是上帝赐予我的。"婴儿食用母乳是天经地义的事，因为女人只有在生过孩子之后才会产生奶水，也就是说，奶水是为了服务婴儿而产生的，它不仅能延续婴儿生命，还能保证婴儿健康成长。一个人如果在婴儿时期缺少了母乳的哺育，他将无法在长大成人后承受艰苦的工作，即使勉强承受，他也不会有良好的表现，还会感觉虚弱，甚至患上佝偻病。现代医学对那些在工作中永久致残的人进行调查研究后发现，这些人小时候都没有享受到母乳的哺育。我相信，这些被剥夺吸吮生母乳汁权利的婴儿们一定会在长大后的某一天向他们的妈妈提出控诉。

自然，我们不排除这样的可能，一些妈妈是由于身患疾病，所以才雇用奶妈喂养自己的孩子。对于这些妈妈们，我表示同情，因为她们失去了用最直接的方式向孩子表达爱的机会。但是换一个角度想，难道因为她不幸福，就必须要有另一个孩子与她一起承受痛苦吗？再富有的人也没有权利剥夺别人的财富，这是文明社会的准则，这条准则使我们的社会与海盗和食人者的世界不同。就算是在文明还不够开化的年代，也不会有哪个皇帝因为人血能够治愈他的疾病就下令屠杀无辜，让国家遍地尸骨，血流成河。

成年人的权利已经得到了普遍认可，可是孩子应该拥有的权利又如何呢？没有几个人意识到孩子也应该拥有权利。人们所谓的正义的力量一直只为那些有能力保护自己的人服务。也许今天，人们对卫生营养学有了更深入的了解，但是对于基于权利平等的文明，人们又了解多少呢？当我们在讨论如何对我们的孩子进行教育的时候，我们是否也想过应该为他们准备一个怎样的世界？难道父母们希望自己的孩子长大后可以肆无忌惮地、粗暴地对待弱者？

或是在一个相对文明的环境下扮演着文明人的角色，而一旦遇到受压迫的人，就马上变成野蛮人？如果答案是否，那么我们真的知道自己应该怎样做吗？

如果在我们的内心，并不将这样对待孩子当成是一种罪过，那么我们是无法真正作出对他们有利的事情的。所以想要真正地对我们所做的事情进行悔改，我们首先要在教育我们的孩子之前，先使我们自己受到应得的教育，比如说在道德品行方面的教育。我们需要对我们曾做过的那些伤害孩子的事进行忏悔。

我们都知道，脱臼的手臂在复原之前什么事情都做不了。被剥夺公民权利的孩子也是如此，他们在重新拥有权利之前，不可能将人类的道德在自己身上进化。想要让脱臼的手臂重新正常使用，我们要将它归回原位，这样，我们才可以不必继续忍受来自受伤的肌肉组织的疼痛和麻痹。同理，想要让我们的孩子推动社会的进步，我们应该先让他们拥有公民权利，这不仅是我们现在必须解决的事情，也是我们一辈子都要面对的事情。

Part 10

给孩子一个自然生长的环境

现在我们才知道，我们应该为婴儿的到来提前做好准备。可是在现实生活中，我们为他们准备了什么？我们的周围摆满了琳琅满目的商品，它们有些简朴，有些奢侈，虽然品种繁多，可没有一样是为了我们刚出生的孩子准备的。对婴儿来说，我们用的桌子太大，刷子毛太硬，他们够不到我们触手可及的盥洗池，也爬不上我们随意就能躺在上面的沙发。那么多房间里，没有一间是属于他们的，就算他们有幸得到一间属于自己的房间，这房间也和他们的喜好那么不合拍。

你能想象到一个婴儿在我们当中生活一天要受多少的痛苦吗？请你先试想自己就是一个婴儿，然后根据我的描述进行想象。每天，我们都好像生活在一个巨人国当中，这些巨人比我们的体型大好几倍，他们长着长长的腿，想走到哪里就走到哪里，而且不需要花费多少时间，他们的头脑也似乎异常地敏锐。我们想进入他们的房间，可是高高的门槛阻挡了我们的去路，只有在他们的帮助下，我们才能够进去；他们能轻而易举地坐到椅子上，可是我们使出吃奶的力气也最多够到椅子的边缘；看到他们三两下就刷好衣服，我们也想照做，可是所有的刷子都比我们的手大很多，我们双手并用都拿不起来；我们的指甲脏了，他们把一把和衣服刷差不多大的刷子递到我们面前让我们使用；我们想要洗澡，可是澡盆又大又重，我们根本端不起来。当这些巨人满面笑容地告诉我们，他们等待我们的到来已经等了好久，我们不禁要问，这里根本没有适合我们生活的环境，也不能满足我们的需求，你们竟然还说一直希望我们到来，与你们一同生活？

儿童在来到这个世界时，需要的不光是各种各样的玩具，还需要一个有利他们身心发展的环境。父母们常常把孩子当成玩具，以为为他们提供了漂亮的衣服，把他们打扮得漂漂亮亮，他们就会开心，却不知孩子更想被当成一个真正的人。当孩子感觉自己只是一个被愚弄的对象时，他们就会对父母失去信心。

儿童常常会把手里的玩具弄坏，这令父母很伤脑筋。父母认为孩子不爱惜东西，为了让孩子改掉“坏毛病”，他们对孩子打过、骂过，可是有些孩子仍不悔改。我们认为，儿童会破坏身边的东西，并不是因为他们任性、不乖，而是他们的智力正在发展的表现。儿童在感觉一件玩具没有太大意思之后，就会想要向更深一层研究，比如说这个玩具是怎么制造出来的。为了弄清这一点，他们会将玩具狠狠地摔碎、拆开，然后看看玩具的里面是否有自己感兴趣的东西。

儿童有借助周围环境生存的自然倾向。他们希望拥有属于自己的脸盆、牙刷、杯子；他们希望不依靠外力从事扫地、穿衣服这样的日常活动；他们希望坐在和自己匹配的椅子、沙发上。有的妈妈发现孩子总喜欢玩她们的头发，于是她们买了可以梳头的娃娃给孩子们，可是孩子们似乎对娃娃的头发并不感兴趣，照样每天都会抓妈妈的头发，有时还会弄出一些花样。其实孩子们是想要学着给妈妈梳头，就像妈妈每天给自己梳头一样。孩子们想要凭借自己的双手开发自己的智力，并希望父母可以给自己这个机会，是天性和使命感促使他们如此。

在“儿童之家”，我曾见过这样的一些孩子，他们做任何事情都非常有耐心，非常细致。我参观了他们的房间，发现他们房中每一项布置都是专门为了方便他们而做的：高矮适中的衣钩让孩子们一抬手就够得到；门上的扶手大小与孩子们的手掌大小相符，一只手就可以握住；房间里的椅子不太重也不太轻，刚好能够让孩子们自己搬运。这里的孩子们在做每一件事情时，动作都十分自然而优美，他们的表情是愉快的，好像正在享受着这一过程。由此我们可以看出，创造一个与孩子能力相匹配的环境对儿童的发展极为有利。这样的环境会使孩子以一种积极的态度对待生活。在这样的环境中生活，孩子的内在潜力会得到提升，就好像一颗选对了土壤的种子，慢慢生根发芽，然后越长越好。

我们也需要注意一点，尽管孩子在从事这些活动时的表情十分专注，但是他们的肌体组织尚未完全发育，所以动作会比较缓慢。举个最简单的例子，孩子走路的速度没有成年人快就是因为孩子的腿还不够长的缘故。孩子虽然发展得很慢，但他们仍一刻不停地在发展着，就好像蛹在成长为蝴蝶之前要经历长时间的蜕变一样。这时，如果我们出手阻碍，孩子就不能够从中得到发展与完善，换句话说，我们在摧残他们的生命。可是现实生活中，这种摧残孩子生命的行为随时都在世界各个角落发生着。

成年人对待孩子的方法如同主人对待奴隶一样残忍。他们在阻止孩子进行活动时，没有丝毫怜悯，也没有丝毫愧疚。他们面带着一副理所当然的表情，认为孩子只需要服从，不需要被尊重。

吃饭时间到了，孩子却仍在做着自己想做的事情，他的家长们会怎么办呢？我看到过无数的家长选择这样做：端起饭碗来到孩子身边，然后盛起一勺饭送到孩子嘴边，让孩子吃下去。当孩子穿上了衣服，正在努力地征服衣服前面那些顽固的纽扣时，家长们马上上前将扣子一个个扣好，并因为自己对孩子的关心而沾沾自喜。当孩子们对家长的生活有一点妨碍，家长们就会严厉地斥责他们，认为自己没有受到尊重，可是当孩子们想要自己做事情的时候，家长们对孩子们的尊重又在哪儿？没有人想过这一点。没有哪位家长考虑过，自己试图代替孩子做某些事情的时候，孩子的心里是否也会有一种被冒犯的感觉。

还记得我在本节开始时提到的巨人的假设吗？如果有一天，我们真的成为一群巨人的奴隶，他们强壮，蛮不讲理，总是强迫我们按照他们的方式做事，我们会是怎样的感觉？我们正想要细细品尝面前美味的汤，巨人抢走了我们的汤匙，并强迫我们大口将汤喝下去，不管我们是否能够消化得了。我们很想对他说："不要强迫我们，让我们自己慢慢喝。"这种强大的心理压力损害了我们的消化系统。我们正在房间里思考要穿什么衣服去约会，巨人来了，他扔给我们一件外套，然后强行将这件外套套在我们身上。顿时，约会的喜悦被冲击得无影无踪，因为我们的自尊已受到了严重的伤害。

我们的身体需要营养，这营养不仅指身体上的，也包括心理上的。我们需要有营养的食物，需要身体上的锻炼，也需要自由自在地做我们想做的事情。我们并不是真的憎恨巨人，只是不能接受他们对待我们的态度——那种强硬的、不容许我们反驳的态度。曾有一位哲人说，人不能只靠面包活着。每个人都需要自由，儿童也不例外，而且，无论是文化还是精神，他们对自由的需求比我们成年人还要多。当自己的生活领地受到侵犯时，儿童们没有别的办法，只能反抗。

孩子希望在实践当中学会一些事情，遗憾的是他们总会受到成年人的阻止。孩子们想要锻炼自己的触觉，于是总是伸出手摸摸这里，摸摸那里，可是很多时候，他们刚刚伸出手，还没有碰到想要触碰的东西，就听见父母在大声地喊"不许"；孩子们想要用父母做菜时扔掉的菜叶学着做点小菜，可是他们刚刚捡起菜叶，父母就大声地责备他们，并把他们赶回房间。父母们不了解孩子，不知道孩子在注意力高度集中的时候，精神会得到快速发展，也不知道孩子所付出的努力是为了提高自身的智力。我们成年人常常会有一种好像失去了什么珍贵的东西的感觉，这是因为我们在自我创造的阶段遭受过干扰和打击，这些打击使我们身心俱摧，甚至造成了我们的某些心理缺陷。然而我们并没有意识到这一点，并用同样的方式摧残着我们的下一代。

成年人的这些所作所为对孩子的成长有诸多弊端，后果通常会在这些孩子长大成人后显现出来。在我们身边，经常有这样的一些人，相对于其他成年人来讲，他不够成熟，也不够稳重，但是他却在某方面有着难得一见的天赋。当一位作家具有十足的灵性时，他创作的作品可以对他人起到激励的效果；一位数学家在灵感不被打断的时候，能够发现一种有益于人类解决重大问题的方法；一位艺术家在灵感涌现时可以废寝忘食，最终将一幅稀世杰作呈现在人们面前。试想一下，如果这位艺术家的脑中刚刚有了灵感，这时，一个人闯进他的世界，粗暴地将他拉出屋子，要和他下棋，这位艺术家会有多么痛苦。如果每一位伟大的创造者都在灵感突然出现时遭受这样的打扰，人类的世界将会少了很多流传千古的诗歌，少了很多精美绝伦的艺术品，也少了很多能够改变人类历史的伟大发明。

和那些大师们相比，孩子创造不出看得见的作品，但他们也在创造着一件大师们无法创造的杰作，那就是一个新的人。孩子会在外界不断地干扰下失去自我，这是件很可怕的事。我们经常认为孩子任性、顽皮、幼稚，却没有想过这些可能是孩子对自己被误解的申诉。

人有一个特点，当精神受到损伤，身体也会受到影响。所以孩子在受到摧残时，不仅灵魂受损，身体也会感到痛苦。对于这件事，我可以用一个例子说明。

一家慈善机构收养过一名长得很丑的弃儿，这名弃儿是个男孩儿，看护他的是一位妇女，这名妇女对弃儿非常好，从来没有因为长相不好而歧视过他。一天，这名妇女告诉男孩儿的妈妈，这名男孩儿越长越漂亮了，于是男孩儿的妈妈前去看望他。当看到儿子仍然很难看时，这名妈妈想，可能因为他们每天都在一起，所以儿子的缺点就被这位负责看护的妇女接受了。过了一段时间，这位看护人再次向男孩儿的妈妈表示，男孩儿越来越漂亮了。看护人在与男孩儿的妈妈交谈中，无时无刻不表现出对男孩儿的爱，这令男孩儿的妈妈很感动，这时她想或许是爱使这名看护人忽略了孩子的缺点。又过了几个月，看护人十分喜悦地告诉男孩儿的妈妈，男孩儿以后将不再有任何缺点，因为他已经变得很完美。男孩儿的妈妈感到不可思议，但她也不得不同意看护人的观点，因为这名看护人的爱真的让男孩儿改变了不少。

我们经常自欺欺人，告诉自己我们已经给予了孩子足够的东西，比如新鲜的空气，比如丰富的美食，比如舒适的衣服。其实这些东西远远不足以满足孩子的需求。他们真正需要的东西——快乐的灵魂，我们并没有给过他们。

学过生理学后，我们知道在室外进餐要比在室内进餐更有益人的身体健康，即使在室外吃的只是便宜的饭，而在室内吃的是各种各样的美食。我们知道在露天，身体的各功能会更加活跃，所以对食物的吸收也会更好。同理，和不同的人一起吃饭，对营养的吸收也会不同。当你与一个充满爱心，富有同情心的人一起吃饭时，你会觉得吃下去的东西特别好吃，自然吸收得也好；而当你与一个粗俗、折磨人的人一起吃饭时，就算是珍馐佳肴也会如同嚼蜡，更不要说有效吸收了。这说明了一个道理，人类对自由的渴望远远高于一切。一个人即使每天享受锦衣玉食，但是心灵上却时时受到压抑，他也无法健康地生活。

Part 11

孩子表达爱的方式

孩子很敏感，他们会时刻关注成年人的一举一动。对于我们的命令，他们天生有着绝对服从的意志，这意志十分坚定，坚定得我们都无法想象。举个例子，有一个小孩曾因把拖鞋放到了床上而遭到妈妈的训斥，于是他将妈妈对自己说的话和所做的动作牢牢记在心里。以后，这个孩子只要一看到拖鞋，就会想起妈妈曾说过：“拖鞋太脏，不可以放到床上!”并会想起妈妈曾用手使劲拍打着床单上的灰尘，于是他也会效仿着对拖鞋说：“脏!”然后回到床边拍打床单。

孩子是这样敏感，这样容易被我们影响，以至于我们并不放在心上的小事都会被他们记得清清楚楚。他们会记录我们说过的每一句话，模仿我们做的每一件事。我们应该怎么办呢？孩子们需要能够为自己生活指明方向的家长。我们应该做的是规范自己的言行，避免那些无意而为的、却会对孩子产生极大不良影响的事情发生。如果孩子的行为出现了偏差，我们应该考虑他们的情绪是否也受到了影响。

别忘了，孩子会随时听从我们的命令，会用心地爱我们。我们总是强调我们有多么爱我们的孩子，并时刻提醒我们的孩子们应该用怎样的方式来回报我们对他们的爱，回报每一个人对他们的爱。其实孩子是爱我们的，他们用自己的方式在爱着每一个对他们好的人，只是不知道如何表达。成年人总是希望孩子能在自己的教导下学会如何去爱，可是成年人真的有资格吗？那些把孩子活泼好动的天性看成故意捣乱，惩罚孩子的家长们难道有资格教孩子如何去爱吗？我们本身就是井底之蛙了，又能用什么方式向我们的孩子描述外面的世界有多大呢？如果我们什么努力都不付出，是绝对不可以成为受孩子爱戴的导师的。

我们的孩子深深地爱着我们，这话一点也不假。你可曾注意到他们在睡觉的时候一定要我们陪在身边时的强烈感情？或者你注意到了，却认为这种行为只是无理取闹，一定不可以纵容？我们在制止孩子的“任性”行为方面下了很多功夫，比如说当孩子因为不能和我们同桌吃饭而大哭大闹的时候，我们要假装还没到吃饭的时间。其实孩子们并非真的要吃我们吃的东西，他们只是想和我们坐在一起，只要我们让他与我们同坐，他们就会停止哭闹。如果孩子坐到餐桌前仍哭闹不止，那是因为我们都在自顾自地说话，没有人在乎他们的存在。我们把孩子们对我们的爱当成了坏习惯，并尽力想要扭转他们这种行为。

只有孩子才会整天想要和我们黏在一起，不是吗？除了孩子，还有什么人会对我们有这么大的依赖呢？总有一天，我们会因为自己不被需要而感叹，可能我们会抱怨：“身边的每个人都只会想着自己，无论是睡觉还是吃饭，他们只在意自己，只在意当天发生的事情，就没有一个人会在做这些事情的时候想到我，我被遗忘了。”但是现在我们的孩子给了我们被需要的机会，他们会在每天睡前央求我们不要走，会在吃饭时要求和我们同坐，会在每天早上醒来后第一时间来到我们的身边，看着我们，或者小心翼翼地亲一下我们，我们为什么不好好地珍惜这样的机会呢？

很多家长都有过这样的抱怨："我家的孩子天天早上只要一起床就会跑到我们的房间，把我们弄醒，想多睡一会儿都不行，真头疼。"其实这也是孩子爱家长的表现。孩子们希望爸爸妈妈和自己一样，过健康的生活，在太阳升起的时候起床，而爸爸妈妈们却总是想多睡会儿懒觉。对爸爸妈妈的爱促使孩子在醒来后的第一件事：就是爬下自己的床，走出房间，跌跌撞撞地穿过走廊，拉开爸爸妈妈的房门，最后走到爸爸妈妈的身边。他们不是想做爸爸妈妈的老师，他们只是想看着自己最爱的人，这样他们就心满意足了。有时他们会伸手抚摸爸爸妈妈的脸颊，于是爸爸妈妈醒过来，责备他们把自己弄醒了，要他们乖一些自己去玩，然后转过身继续睡。这时，孩子们觉得很委屈，自己只是想要亲一下、碰一下爸爸妈妈，向他们表达自己的爱，可是为什么他们会反感呢？

孩子在醒来后，不仅爱阳光明媚的早上，也爱他们眼中总是赖床的爸爸妈妈。孩子们希望用自己的方式带给爸爸妈妈一个不一样的早晨，让他们明白可以像自己一样过着健康的生活。但顽固的惰性让我们拒绝了可以过得更好的方式，我们拒绝了孩子的帮助，尽管他们如此地用心，于是我们变得越来越懒惰，越来越麻木，越来越失败。

Part 12

让孩子有独立活动的机会

我们提到的“人格特质”不仅指孩子在道德方面的表现，还指他们所具有的多重性格，除了孩子的智力因素和外在长相，也包括孩子将这两者结合在一起后做出的表现。从心理学的角度上，我们无法分析这种表现。在本章节，我想要探讨的是一些特殊的儿童活动，这些活动一直不曾被人仔细研究过，也从未受到过重视。

我们可以用图形来表示孩子们每一个活动的时间长度和规律。首先，我们画一条水平的直线用来表示孩子在休息时的状态，然后在直线上画一条曲线用来表示孩子的运动过程，以直线为分界线，直线以上的曲线表示孩子在做有规律的活动，直线以下的曲线表示孩子在自由活动。曲线和直线之间的距离越大，说明活动越不规律，距离越小，就说明越规律。曲线沿某一方向延伸的部分越长，表示时间越长，延伸的部分越短，时间越短。

这种方法也常被用于测量“儿童之家”的孩子们的活动。通常情况下，孩子们进入教室后会先保持短时间内的安静，然后才会开始活动，这时的曲线会向上延伸。过了一阵，孩子们累了，活动的节奏开始不那么规律，于是曲线会向下延伸。等到所有孩子都累了，他们就都会终止正在进行的活动，选择一项新的活动继续下去。假设这项新的活动是用蜡笔画画，当孩子们认真画画的时候，他们的曲线会向上，而其中一个孩子在画了一段时间后，转身去和身边的孩子说话、打闹，这时他的曲线就应该画到直线下方。如果这个孩子在和伙伴说话时有点小争执，斗了一阵子嘴，这时他的曲线会继续停留在直线下方，直到他又发现了新的东西——比如说把铃铛放在秤上，他又会专心致志地玩起来，这时他的曲线则再一次波动到直线上方。等到这个孩子再也发现不了任何好玩的东西，又不知道应该做什么的时候，他就会向老师寻求帮助。

从曲线图表上，我们不能看出这个孩子在哪一具体时间进行了怎样的具体活动，关于这一点我会在其他章节中进行说明。但我们可以看出，大多数无法专心做好一件事的孩子的活动曲线都与上述的这名孩子的情况相符。这些孩子常常漫无目的地切换着自己从事的活动，在几小时内将老师准备用于半年内教学的教具玩了个遍，于是自然很难再对其中的一件或两件产生长时间的兴趣。等到几天、几星期或是几个月后，我们重新对上文中提到的那个孩子进行测试，新的图表上显示，这个孩子已经开始具备专注的能力。

我们也可以从活动曲线图上明显地看到孩子们的活动状况。孩子们虽然都没有严重脱离秩序，但是他们距预期的目标还是有着一段差距。也就是说，这一类孩子的活动曲线既不属于完全没有规律的一种，也不属于完全有规律的一种，而是趋于两者之间。这类孩子会在上学后先挑一些简单的事情做，然后从教具里找到自己以前接触过的教具，做一些自己之前做过的事情。当孩子不知道自己还有什么可以做的时候，他们会感到疲倦，曲线下滑到直线处。我所描述的活动模式并非是个别孩子的活动模式，而是多数孩子的活动模式。

如果带领这些孩子的老师没有什么实际经验，他应该用怎样的方式来处理这一类型的问题呢？通常情况下，没经验的老师会认为，孩子已经花了太多时间在生活练习和教具练习上，所以他们很疲惫，没有办法再专心学习，这不是自己的错。如果这名老师很容易心软，并稍微了解一点现在很流行的心理学，他就会认为让孩子们去操场上透透气是不错的选择。这位老师会把孩子们都带到操场上，让他们四处奔跑，持续一段时间后再把孩子们带回教室。孩子们回到教室后，仍然无法安心听讲，反而比出去之前更加好动，他们会继续不停转换关注的目标，将这种“假累”的现象持续下去。

很多老师看到孩子们出现这样的情况后，认为自己的方式很受孩子们的欢迎，这其实是一个误区。孩子们的兴奋并不是因为喜欢老师的方式，而是受到兴趣的驱使。玩过一阵的孩子会变得烦躁，不能安分下来。为了让孩子们收回心认真听讲，老师们想了更多的办法，他们让孩子休息，或者带孩子到其他地方玩耍，这些都无济于事。孩子们仍旧不安，没有办法回到原来从事的活动中。

我承认，这些老师在教学方法的钻研上的确下了苦功，可是我也不得不指出一点，他们并没有对孩子产生信心，所以他们不能在教学的过程中保持对孩子们自主权的尊重。这些老师认真采纳了每一项教学建议，精心作了每一次教学计划，他们在这方面投入了很多。可是他们太习惯对孩子进行干预和掌控，太希望孩子完全按照自己的安排进行学习，这样做使孩子无法进行自然发展，当然也无法在自然发展中得到启迪。

我认为，如果老师能够对孩子多一点信心，给孩子更多自由发展的空间；如果老师能够暂时忘记自己学过的那些专业知识，让孩子们自己作决定；如果老师可以在孩子面前保持谦逊，不颐指气使，盛气凌人；如果老师能够多一些耐心，那么在孩子们的身上一定会发生奇迹。孩子们只有在发现自己内在的那份潜能后，才会不再焦躁不安。

可是，如果孩子重新选择的活动比之前进行的那项活动更加简单，他们就不可能静下心来投入其中。新的活动必须能对孩子产生足够的吸引力，这样孩子才会全身心地投入进去，不会因为外界的一点影响而转移目标。

完成一件重要活动后，孩子脸上会呈现出神采奕奕的神情。他们不再给人一副“我很疲惫”的假象，他们的眼中闪着光，眼神平静却坚定，脸上充满了朝气。正确的方式能使孩子处于一个有效的循环中，这个循环分为两部分：首先是准备工作，它起着一个引导的作用，为孩子进入第二部分作一个铺垫，使孩子在正式从事重大活动前先对其有所了解；其次才是真正的活动。

孩子们只有在完成了活动之后才会拥有真正的平静。他们在活动中找到了真理，所以心里变得宁静祥和。我们都知道，吃饭和洗澡会花费我们很多的力气，可是我们并不会因为吃饭感到劳累，也不会因为洗澡感到疲惫，反而能通过这两件事获得不小的能量。同样，孩子们在完成活动后也会精力充沛，就像刚刚饱餐一顿，或美美地洗过一个澡一样。活动能够使孩子得到平静的休息，所以我认为，必须让孩子有机会接触重大的活动。

这里，我们还应该思考这样一个问题，即什么是休息？休息就是静止不动吗？当然不是。单纯地静止不动只会让我们的肌肉变得僵硬，只有我们在精神上处于放松状态，我们的身体才能从疲惫中解脱出来。同时，我们的大脑也可以得到放松，从精神上获得平静。

生命十分神奇。如果哪位老师提出这样一个观点，“为了使孩子们有精力，我们应该给他们这样或那样的事情做。”那么我们都应该对这位老师表示尊敬，因这他提出了一种切实可行的，而且是唯一的可以用于了解孩子的方法。如果我们想要帮助一个孩子选择他真正需要的活动，我们必须聆听他生命的声音，只有这样做，才可以避免我们好心办坏事，为孩子作出错误的决定。这位老师对孩子的生命过程表示尊重，并对孩子有足够的信心，他相信孩子的成功只是时间问题，对于孩子来说，有这些支持就足够了。老师对孩子的态度能够影响孩子对学习的态度。孩子们喜欢在一个轻松的环境下学习，他们感到很快乐，甚至可能愿意把自己的想法与老师交流。以前，周围的一切都是那样地黯淡乏味，如今，这些东西都变得闪闪发光，充满了吸引力。孩子的感觉变得敏锐了，他们更乐于参加团体活动，这也意味着他们需要具备足够的精力。孩子只有在充满精力的时候，才会对老师的教学产生反应，并提出新的问题。

从上述的这些教学理念中，我们看到了一个事实，我们一直在用极其糟糕的方式对待我们的孩子。我们总是要求他们对我们百分之百地服从，虽然这样对孩子们的内在发展没有一点帮助。我们的顽固抹杀了孩子们发展内在潜能的机会，阻止了他们成为自己的主人。那么，什么是我们真正应该做的？我应该帮助他们打开那扇通往内心世界的大门，而不是将门紧紧上锁后，再在门口放上一块沉重的大石头。

孩子越是专心地进行活动，内心就越感到平静，同时他也会越加情愿地遵守纪律。如果老师能够达到这样一种教学境界，那么他就能找到最适合与孩子们沟通的方式。比如有两位老师先后担任同一个班的班主任，在交流教学经验时，前任班主任常会向现任班主任打听班里的情况。如果现任班主任回答："你还记得那个很调皮的孩子吗？他现在可守纪律了。"这说明这位现任的班主任很了解孩子，在对孩子进行教育时，能达到很好的效果。

想让孩子变得自律其实并不难。当一个孩子开始了自然的心理发展过程，他就会将正式的活动当成一种习惯，一刻也不愿停下来。如果没有事情可以做，他就会变得不知如何是好。这样的孩子时刻都充满了活力。

孩子能够自律活动以后，他们就不会再经常出现“假累”的情况，即使出现也只是很短的时间。并且，他们平静下来的时间会越长。这样孩子们就会有更多用于沉浸在刚刚完成的活动中的时间。平静期对孩子们有特殊的意义，当一项活动告一段落，孩子们会开始对外界展开观察。孩子们的内心平静了，才能更注意观察周围，并从脑中的细节里得到新发现。

孩子在专心从事一件事之前会经历准备期、设立具体目标的活动期和满足内在发展、了解内在疑惑的了解期三个阶段。孩子只有在内心的疑惑得到解决时，才会有特殊的表现。这时，孩子领悟到了一些过去没发现过的事情，他们会异常听话，还会非常耐心。更令我们感到惊奇的是，并没有人教他们这样做。

如果一个孩子没有良好的平衡感，他可能因为怕摔跤而不敢放开了走路，在走路的时候也不敢随意摆动他的手臂，只会一步一个脚印地行走。但是当他学会了保持平衡的方法，他就不会再这样小心翼翼地挪动他的步子，而是会跑、会跳，会随心所欲地向自己想去的方向运动。心理发展的过程和学习走路其实是相似的。一个孩子在精神没有达到平衡的时候是不可能专心思考的，自然，控制自己的行为也成了一件难事。如果一个孩子连自己的意愿都服从不了，我们又怎么能让这样的一个孩子在经历“跌倒”之前就听从我们的指示呢？一个人，只有当他的精神敏感度达到一定程度的时候才能够做到服从。在这之前，他的心灵需要非常平静，只有平静的力量才能使人的精神敏感度上升到一定水平。我们可以用一个词来解释服从，那就是适应。在生物学家的眼中，一个人想要适应环境，必须具有强大的力量，这种力量是一种能让人对自然法则产生顺应，并让人学会融入周围的环境的方式的力量。事实上，这股适应力量早就存在，只不过它一直没有对我们产生作用。

每一个孩子都必须得到健全的发展，同时，他们还需要在精神上达到平衡协调，只有这样，他们才能拥有服从别人的能力。我们都知道自然界中适应环境的只有强者，在精神世界里也是一样，只有拥有坚强精神力的人才能够做到顺应和服从。

如果想要让孩子茁壮成长，我们成年人就必须尽可能地顺应他们的天性，让他们依照天性发展。当一个孩子能够健康成长时，他会在日后作出超出我们想象的成就。孩子在平和、自由的环境下的精神发展与他们自身的发展是相关的。孩子们在顺利发展精神的同时，也会理所当然地学会控制他们的身体，学会小心处事。当孩子能够完全地安静下来，这说明他们已经学会了专心。孩子拥有比成年人更加强大的专注力，但是我们一定要记得，孩子是怎样达到这一程度的，也要记得环境对于孩子发展的重要性。

我想，我需要再次提醒读者朋友们，我不是先凭空提出一套理论，然后按照这套理论制定一个教学方法。这个理论是在最后提出的，是我通过观察一些拥有自主权的孩子们后总结出的。孩子们可以凭着自己的本能找到最适合自己的路，所以我们应该放手让他们去做，这是一个普遍的法则。

Part 13

新时期的老师

在教学中灵活运用不同的感官教具，使孩子从中产生安全感是蒙台梭利教育体系的基本方针。这些教具都很普通，没有特殊的价值，正因为如此，老师可以使用任何方式将它们呈现在孩子们的面前。教具的使用也是有技巧的，老师们需要尽可能使这些普普通通的教具变得特别，让孩子们感到新奇，并让他们产生浓厚的想要使用教具的兴趣。接下来，我们就对如何向孩子们呈现教具、如何让他们想要使用这些教具，以及如何教会他们使用教具展开一些讨论。

一些曾经研究过多种教学方法的人会将蒙台梭利教学法和其他传统的教学法放在一起作比较，在比较中他们发现，蒙台梭利教学法与他们以前研究的那些教学法之间存在着许多不同，相比之下，蒙台梭利教学法要有趣得多。

蒙台梭利教学法提倡由孩子主导每一项活动的主要部分。当孩子成长到一定的年龄时，他们会有能力做出一些具有行为意义的举动。这时，我们就应该为他们提供练习身体动作的机会，这些练习中应该包含推理的过程，以便孩子可以在进行推理时开展自我教育。在这样的原则下，孩子通常可以以完全独立的方式完成学习和活动。老师不会对孩子的学习产生干扰，只会在一旁为孩子提供所需的教具，或向孩子示范教具应该怎样使用。之后的时间完全属于孩子自己，孩子可以按照自己的想法用这些教具做任何事。这就是蒙台梭利教学法的宗旨，即不要强制性地对孩子进行知识的灌输，而要对孩子的精神力量进行引领和开发。

蒙台梭利学校会利用环境本身对孩子进行教导。老师不会对孩子大声地喊："安静!""都给我老实地坐着!"而是会让孩子直接与环境产生互动，为孩子们作一系列的示范，使他们明白这一环境中的每样东西都应该怎样使用。这种学习方法只有在蒙台梭利学校才能够办得到。我不相信在普通学校中，老师们可以凭着不断对孩子下达强制性的命令就可以让孩子们学会并掌握一门知识。

我们相信，孩子只有在不知不觉中，以一种自然的状态进行学习才会收到最好的效果。所以，我们在教学过程中很注重让孩子保持自然。蒙台梭利教学法能够成功，也是由于在这一方面做得很好。我们的教学法能够使孩子产生自主学习的意识，并使他们因为自己的努力得到了认可而更认真、勤快地学习。

孩子只有经过亲身实践后才能够获得我们希望他们具备的反应能力。就好像很多钢琴老师在教孩子弹琴时会让孩子摆好手指的姿势，可是孩子并没有见过正确的姿势是怎样的，自然也就没办法达到老师的要求。强硬的命令对孩子是无效的，孩子在看到正确姿势之前，任凭老师说多少次，也做不到老师的要求。如果这时，老师亲自为孩子做示范，让孩子亲眼看到正确的姿势是什么样子的，孩子就会模仿着做。

有些老师缺乏教学经验，认为教育的重点就是"教"，只要尽可能在示范教具的时候使用更有意义的方法，自己就已经尽到了老师的责任。这样的想法是错误的。作为一位老师，他应该担负起的责任还有很多。引导孩子的精神发展同样是老师应尽的职责。我们不应该把自己对孩子的了解停留在知道他们想什么，喜欢什么上，还要进一步了解能够使他们能力得到提升的方法，最终使孩子尽情地发挥自己的特长，并出色地表现自己。

想要成为一名成功的新时代的老师很不容易，我愿意尽我所能帮助每一位老师，比如向他们提供有益的教学原则。我认为，一位新时代的老师必须能够准确分辨出孩子的注意力集中在什么地方，并尊重他们。如果一个孩子正全神贯注地从事手中的活动，那么老师就不应该打扰他，无论是纠正或是赞美。

对于我在本章节一开始提到的原则，少数老师并没有完全理解，他们把这一原则理解为只要把教具发到孩子的手里，自己就完成了任务，不管接下来会发生什么事，自己只要默默地站在一边就可以了。这是一个误区，如果老师真的这样做，教室里就会出现一片混乱。

我曾目睹过这样一次失败的教学：老师把教具发给孩子们，然后开始沉默，这些孩子完全不知道教具的正确使用方法，于是他们胡乱地用这些教具发泄着自己的精力，而老师如同一尊会走路的雕塑一般，在教室里走来走去，对孩子不加以任何干涉。当我从一个孩子身边经过时，他正趴在另一个孩子耳朵边说悄悄话。我问他在做什么，他告诉我："这样就不会打扰他了。"看到这样的场景，我忍不住对这位老师说，与其这样，不如让孩子出去玩，效果可能还会好一点。

上述那位老师犯的错误在于，他不敢干扰孩子的失控，也不懂得如何为孩子们营造一个有秩序的环境，结果导致想要好好学习的孩子也没有办法安心学习。

我所指的对孩子的学习和活动不加干涉是建立在孩子们心智已经成熟之上的。也就是说，只有当孩子们已经具备了充分的自我专注能力时，我们才可以采用这种教学方法。我们在对孩子下达命令之前必须考虑到一件事：孩子的心智究竟有没有达到一定的成熟度。如果孩子的心智还没有成熟，他们就没有办法按照我们的指示行动。如果孩子对某件事情产生了好奇心，这并不能说明什么，只有当他们能够把自己完全沉浸到这件事情中时，我们才可以说他们对这件事产生了浓厚的兴趣。

有很多老师向我提出过这样的问题："我们只要温和地把教具呈现给孩子，然后鼓励他们自己弄就够了吗？还有没有其他我们需要做的事情呢？"我的答案是"当然有"。如何使用教具对于孩子而言是十分重要的，但是由于这些教具都十分普通，随处可见，所以孩子不会对它们投入过多的注意力，也不会在生活中了解它们的使用方法。这时，老师需要在孩子的自我学习过程中，不断重复向孩子演示教具的使用方法。

举个例子，用刀叉吃饭是西方人的习惯，不论大人小孩在使用这两样东西的时候都会感觉很自然，没有任何新奇。可是对于东方人来说，用刀叉吃饭是件很新鲜的事情，因为他们从来没有这样做过，有的人连见都没有见过。有的东方人在对着面前的刀叉时，还可能拿起它们舞弄一番。

所以我们说，老师需要在教学的时候做足够的示范，如堆方形积木时要把大的正方体堆在下面，小的堆在上面；把积木一个一个搭起来，搭成一个塔，然后再一个一个拿下来，把塔拆除；把嵌在大积木块孔中的圆柱体抽出来，和其他积木混在一起，然后再让孩子们将抽出的圆柱体嵌回到相应的孔里，或者把圆柱体和嵌孔所在的积木块分开放，让孩子们凭视觉判断哪一个圆柱体应该放在哪一个孔里。

在一些人看来，这样的教学方法很奇怪，因为它与传统教学中的“老师在台上讲，学生在台下听”的模式完全不一样。在人们普遍意识里，教学应该通过语言来进行，其实这种没有语言的教学才是真正能让孩子学到知识的方法。老师的一举一动都属于教学的一部分，孩子在看到老师如何坐，如何站，如何在端盘子的时候不把水杯弄洒，如何做出优美平稳的动作后，他们也会学着这样做。

是的，即使老师静静地坐在那里，没有一句话，也没有动一下，这也是一种教学。我们可以通过这种方式告诉孩子怎样才算是正确的坐姿，可以使孩子习惯在听到别人的呼唤之前保持这样的姿势。我们引导孩子学会在自己的身上集中注意力，进一步学会控制自己的身体。老师不会用对孩子说类似“做得不错”“继续保持”一类的话，而是用一种沉静的神态让孩子们感到自己做得是对的。这在蒙台梭利教学法中被称为“静默游戏”，是这种教学法的一种代表性游戏。我们将这种教学方式贯穿于整个教学过程，即使有些事情在人们看来必须要用语言加以说明，而我们仍采用这种方式。

孩子生来就有服从的意识，只要他们的心智成熟了，他们就会自发地听从我们的命令。关于这一点，我在之前的章节中也提到过。所以，我们在对孩子施行教学的时候，要将语言指导放在教学的后半段，等到孩子已经形成了内在秩序后再开始。在使用语言时，我们一定要考虑到孩子已经了解了哪些词汇，避免使用他们不理解的生词。

有一位老师曾经问过我这样的问题：“你要求我们对孩子的专注性学习操作表现出像对待艺术家一般的尊重，可是为什么你又说要在发现孩子把教具当玩具时介入其中呢?”我回答他，我是这样说过。当我看见一个孩子正在进行智能活动时，我心中对他的尊重程度不亚于对一位正在创造艺术品的艺术家的尊重，甚至还要高于此。如果我看见一位艺术家正在工作室里抽烟、打牌，这时我自然不会害怕打扰到他，反而会用一种很轻松的心情和他打招呼，因为他正在做一些不需要耗费太大精力的事情。可能我还会邀请他出门和我一起散步，晒晒太阳，呼吸一下新鲜空气。

我们必须要在帮助孩子改正缺点的同时维护他们的自尊，不要让他们的自尊心因为发现自己存在不足而受到伤害。但是，我们在蒙台梭利教学法里提出尊重孩子，并不意味我们要包容孩子的一切，包括他们的缺失或肤浅的表面现象。对孩子的尊重要基于这几项原则：能够察觉出孩子体能状况的好坏，什么时候体能比较高涨，什么时候体能比较低下；鼓励孩子打消那些既无建设性，又不利于自身发展的念头，以免他们错误地将精力用在不该用的地方，我们要多鼓励他们做一些有利于身心健康的活动。

这些原则不光是说给老师们听的，也是说给家长们听的。

老师可以一遍又一遍地提醒孩子，也可以对他们错误的行为加以严厉指正。但是，一位真正了解教学之道的老师是不会这样做的，因为他知道强迫压制不是引导孩子走向正轨的最佳方式。他会采用另外一种方式，随时留心孩子的状况，然后根据孩子的具体情况为他们安排学习环境。这种方法比命令和告诫要简单得多，但是做起来也并不容易，它的困难之处不在于具体实施方式，而是在于这是一项需要长时间持续的过程，并且老师必须有无尽的爱心和洞察力，以便时刻对孩子进行细致观察。

老师应该保证孩子时刻处在良好的学习环境下，就好像家庭主妇应该保证家里的东西整齐干净一样。此外，老师还要留意孩子的一举一动，弄清他们为什么要这么做，这也是老师教育孩子的职责。我们只有真的用心去做，才能产生满意的结果。老师需要对孩子多观察、多用心、多出力，这样才能明确自己要做的工作。一个富有观察力的老师能够使孩子步入正确的轨道，取得进展。

让我们来看一个例子吧：有一户人家，住在一幢装修得很华丽的屋子里，可是主人犯了个错误，把脸盆用来盛装煤炭，于是他们没有办法进行梳洗，最后导致整个房子和房间里的家具都变得肮脏不堪。看上去，这些人只犯了一个小小的错误——弄错了脸盆的用法，可是这一个小小的错误却给他们的生活带来了众多不便，使装修好的房子变得脏乱，使明明想要过上舒适生活的人只得忍受着混乱的环境，最后他们一无所获。我们听说过千里之堤，溃于蚁穴，这个例子就说明了这一点。

能否将蒙台梭利教学法的基本原则谨慎运用决定了一位老师是否具备应有的能力。当一位老师认同了蒙台梭利的教学观点，他就能够掌握一些教学中的知识要领，轻而易举地克服教学过程中遇到的困难，并在教学上有所建树。

虽然我们说，人并不是在懂得如何克服小过失、小困难之后，就一定能够达到完美，但是当一个人知道自己有能力克服缺失，并一定可以从困境中走出来时，他的心里就会产生一股力量，这股力量能够使这个人的心中备受鼓舞，从而不再畏惧那些阻碍自己前进的小困难，向着完美一步步迈进。无论是追求生活上的完美，还是追求道德上的完美，这种方式都是唯一途径。

Part 14

成年人能为孩子做的事

如今的教育已经不再单纯地被看成一门技术，而是被看成是一门重要的社会科学。人类的进步能够得到发展，起作用的除了那些对外在环境起到改善作用的科学，还包括直接针对儿童教育展开的研究。事实证明，对儿童教育的研究能够起到立竿见影的作用。不只是科学家和教育学者，就连家长们和社会大众也越来越关注儿童教育这一课题。现代教育理念有两项主要原则被大家众所周知，第一是充分了解孩子的特性、本性，根据这两点对孩子进行培养；第二是让孩子得到解放。

截至目前，教育科学已为我们解开了教育上的不少难题，但是距离实现现代教育这一目标，当中还有不少的障碍没有清除。人们常常用“问题”这两个字作为教育研究的主题，如经常被大家提及的“学校问题”“解放问题”“兴趣和能力问题”等。但是其他科学研究却往往将“原理”两个字作为研究主题，如“光辐射原理”“地心引力原理”等。在科学领域中，“问题”一词多指还不太明确的事情和已知领域之外的部分，发现问题和解决问题是研究的核心。现代教育还处在实验阶段，如果不正视重要问题，就会偏离科学的真正意义。

有人说："我已经解决了所有教育方面的问题，并且对人类作出了许多精神方面的新发现，我所提倡的教育一定是明确的、单纯的。"对于这种人提出的论调，没有人会相信。在人类社会的无形的压力下，人们不得不训练自己不断去适应一些超出想象的事情，并学会对那些为了社会安定而设定的礼教束缚产生适应。正因如此，人类在成长过程中都会牺牲一部分自我。我们的孩子也经历了同样的牺牲，他们为了学习牺牲了自己自由娱乐的时间。虽然每位家长都希望能让自己的孩子既努力学习，又快乐成长，可是现实让这种理想化的希望成为了一纸空谈。孩子们为了学习疲惫不堪，他们没有办法一边自由自在地娱乐，一边严格服从家长们的安排。

理想和现实之间总是存在冲突，于是成年人越是提出要对儿童教育进行改革，孩子们受到的苦难和折磨就越重。在改革中，人们对孩子们的课程和教育制度进行了修改，增加了孩子们体能运动的时间和休息时间。虽然这些改革的本意都是为了使孩子们在学习过程中少受一些伤害，可事实上，现代学校对教育的改革并不能真正使孩子得到自由的发展。到头来，那些所谓的教育科学成了孩子生命中沉重的负担。

我们不应该在解决教育问题这件事上作出丝毫让步。只有进行真正的改革，才能冲破儿童教育的死胡同，并开拓出一条平坦的大路。遗憾的是，虽然人们早已研究出很多对人类生命有益的发明，却没有一项发明属于教育研究领域。并不是人们没有对教育进行研究，只是那些研究都如"治标不治本"的医术一样，无法根治内在的顽疾。

在医学上，一个主要的病因可以引发很多不一样的外在病症，所以如果将每一种病症分别治疗，而不是找到病源连根拔除，那么治疗时间会很久，治疗的效果也不会很好。比如说心脏病，患了心脏病的人身体各器官的功能都有可能出现异常，如果医生在治疗时把这些异常仅仅当成其他器官的疾病来医治，而不是先去完善患者的心脏功能，到头来只会徒劳无功，患者的心脏功能一天不恢复，其他器官就随时面临着反复发病的危险。再举一个例子，如果有一位患有精神官能方面疾病的人有情绪和思想观念上的问题，那么身为他的心理分析师，就应该追查导致患者情绪复杂并使患者精神上无法承担的主要因素。只有弄清致使患者精神上感到痛苦的原因，才能够解决所有问题，真正地减轻患者的痛苦甚至治愈患者。

教育问题的产生和疾病的产生有着相似的原理，我们看到的教育上的问题就好像疾病所表现出来的症状，而导致教育问题产生的原因就是内在的病源。这个病源与人类的社会潜意识无关。蒙台梭利教学法与当今教育体制的“病态程序”之间不产生任何瓜葛，它着重于挖掘那些导致教育出现问题的最根本的原因。蒙台梭利教学法已经消除了一些有害教育的因素，也解决了不少教育当中的问题。

如今我们发现，很多存在于教育中的问题，特别是那些关于人的个性、性格发展和智能发展的相关的问题，其实都是由一个主要问题引起的，这个主要问题就是孩子与成年人之间的冲突。成年人在孩子的成长道路上设下了重重关卡，这些关卡数目极多，并且杀伤力极大。成年人在设置这些关卡的时候，经常冠以道德和科学的名字，其实只是想要胁迫孩子们听从自己的观点，受到自己的掌控，这对孩子而言是非常危险的。所以我们说家长、老师这些最接近孩子们的成年人，反而最可能伤害孩子，成为阻碍孩子形成并发展独立人格的罪魁祸首。孩子和成年人，谁强谁弱一眼便可以明了，身为强者的成年人对身为弱者的孩子施加压力，导致两者之间的冲突越来越激烈。

这种冲突对教育产生不利影响，并在孩子长成为成年人之后凸显出来，主要表现为心神错乱、性情异常和情绪不稳定。这种问题在成年人与孩子中间产生了恶性循环。

所以我认为，想要从根本上解决教育问题，我们不应该先从孩子入手，而应该先从成年人入手。身为教育者，不可以对教育持有偏见，必须要以一个正确的道德观面对教育。为孩子准备一个没有阻碍的学习空间也是教育者们必须要做的事，只有没有阻碍的空间才有利于孩子们的成长，在这样的空间里，他们能够得到满足，能够得到解放，能够凭自己的力量克服困难，他们的性格也渐渐展露出来。

当我们为孩子们营造出适宜他们生活的环境后，他们就会在活动中以一种安静平和的心态自然地流露出创造力。在一个能够匹配自己生命基本需求和精神需求的环境中，孩子们不再隐藏内心真正的态度，除去了以前为了与成年人抗争而在心灵上武装的铠甲，孩子们不再表现出压抑。

在孩子的内心，我们看到了两种不同的心理状态：一种是自然而富有创造力的心理状态，当这种心理状态居于上风时，孩子会展现出他们正常、善良的一面；另一种是自卑的心理状态，这种状态是由于受到强者压制而产生的，当这种心理状态居于上风时，孩子会变得胆小怕事，对自己失去信心。这一发现更新了我们对孩子的形象的认识，之前，我们就像是在黑暗中小心摸索着前进的人，看不到哪里是荆棘，哪里是沼泽；现在，我们终于能够看清前路，只要沿着这道光向前走，就不会迷失方向。

在道德的引领下，孩子们表现出他们纯真、勇敢和自信的一面，他们开始融入我们的社会。我们会发现，孩子们那些曾经令我们头疼的谎言、害羞、惧怕、破坏东西的行为都消失得无影无踪，他们不再用极端的方式与我们抗争。出现在我们面前的，是一个全新的孩子，所以我们也不可以再用以往的方式来对待他们。老师不应该再用威严和权力对孩子施加压力，而是应该用一种谦和的态度与孩子沟通、交流。既然我们已经发现了，在孩子的心理层面会出现两种相反的情况，那么我们就应该在着手讨论怎样教育孩子前，先弄清我们的目标对象。我们要选择哪一种孩子为教育对象呢？是那些受着成年人压制的孩子，还是那些在正常生活环境下自由成长、自由发挥潜能和创造力的孩子？

如果我们针对的对象是那些被压制的孩子，那么归根结底，我们应该追究那些成年人的责任，因为是他们制造了这一大堆无法解决的问题。如果我们针对的对象是那些自由成长中的孩子，我们就应该对这些孩子身边的成年人表示宽容，因为他们能够对自己的错误进行自省，并且能够用一种平等的态度对待他们身边的孩子。正因如此，这些成年人才能和孩子相处得很融洽，才能和孩子一起享有一个温馨快乐的世界。

教育科学的实施也应该遵循平等的原则。科学的概念是以一个事先假设的“真理”为基础，然后沿着这个“真理”的方向向前发展、巩固，最后得出一套确实可行的施行方法，以防止产生过多的错误。儿童对我们而言，有着引导我们向真理迈进的作用。孩子们希望能在成年人的帮助下学会自我帮助的方式，这样他们就可以在离开成年人之后，用自己的力量帮助自己。

孩子是在活动中得以成长的，但是除了参与活动，孩子还需要接触一些物质上的东西，他们需要有人在他们的学习过程中起到指引的作用，也需要被这些指引自己的人了解。对孩子的学习负有指引责任的人就是我们这些成年人。成年人必须向孩子提供他们需要的帮助，必须指导孩子学会自立，学会自助。只有成年人付出了足够的努力，孩子们才能够顺利地发展。这并不是指成年人做得越多越好，过多的帮助对孩子的成长同样没有好处。如果成年人替孩子做了本应孩子自己做的事情，孩子没有办法发挥他们的创造力，就没办法很好地得到自身发展。我们把这一平衡点称为“介入的门槛”。在对孩子不断引导的过程中，我们的经验积累得越多，就越容易找到最适当的介入时机，与孩子之间的了解也能够更深一层。

孩子和物质接触后便产生了活动。于是，我们通过科学印证挑选出一些教具，把它们放在孩子附近，让孩子们在玩耍中学习如何进行活动。在这个过程中，文化也得以传承下去。这种做法不仅维持了传统的教学形式，也使孩子们可以在很少受到成年人干涉的环境下，根据自己的需要进行学习。孩子们在活动中获得了自由，他们的创造力得到了尽情发挥，也得到了进步。所以，人们开始意识到个体的发展能够有助于文化传承。老师只会在必要时出现在孩子们面前，对孩子进行指导，其余的时间里，孩子可以按照自己的法则训练自己的各种能力。

实际的经验让我们领会到一些心得，这些心得对我们的教学非常有益，能够帮助我们制定更有益于孩子发展的教育纲领。在制定儿童教育的纲领时，一定要注意一点：要限制大人的干预、教具的数量和学习的环境。教具不可以提供得太多，否则孩子会在面对一大堆教具时犹豫不决，无法集中注意力；也不可以提供得太少，否则会无法满足孩子的需求，使他们在学习中产生停顿。

为了使大家对上述概念有一个更清晰的理解，我来举一个例子，在过去，人们都认为吃得越多越好，但是现在我们知道，吃得太多同样会对人体造成伤害。诚然，吃得少会导致人的身体缺乏一些必要的营养，但是如果吃得太多，轻则营养过剩，重则使身体患病。吃得太多不但不会让人精力充沛，反而会让人感到疲乏。人们意识到之前的观点是错误的，于是开始合理控制饮食，医生也开始为人们设定有益于身体健康的食物质量标准，营养学家们还会用更加精确的方式对人们应该摄入的食物量作出计算。

现在的一些人把教具当成儿童教育的关键因素，他们认为给孩子的教具越多越好，从不在为孩子提供教具之前进行合理计划。这些人的观点就如同过去“吃得越多越好”的观点一样，是要不得的。与吃得过多对身体没有益处一样，教具给得过多对孩子也没有益处。饮食和教育同样属于“喂养”的范畴，唯一的不同之处在于前者关乎身体，而后者关乎心智。我们现在对教具的研究就是一种对孩子智能发展方式的研究，这方面的研究显示，限制才能更有效地激发孩子的自发性活动，有利于孩子的全面发展。

有些人指出，只有具有心智和语言表达能力的人才能拥有意识，也就是说，婴儿不具有意识。事实上，就连一个只有几个月大的婴儿也能够显现出他的独立性，所以那种“对婴儿只要达到身体上的照顾就足够了”的想法是错误的。只要成年人能够降低自己所处的位置，并尝试着去了解孩子的内心想法，他们就会清楚地感受到孩子的内心世界其实是十分丰富和成熟的。我曾看过一篇报道，报道上说，就连刚出生不久的婴儿都可以和环境产生呼应和沟通。孩子在发展肌肉动作和语言能力之前就拥有了一种强大的精神力量，这种力量可以帮助他们适应外界环境，其发展能力甚至要比孩子肉体的发展能力强很多。所以我们说，即使是刚出生的婴儿，也需要我们对他们进行精神上的呵护。

一般的动物在出生后，会靠着天生直觉的指引进行活动。但孩子与其他动物不同。孩子拥有二元性的天性，其中的一元属于内心世界的发展，另一元则属于外在躯体的成长。人类的活动机制不是天生的，而是靠自己建立的，这也是人类独有的一个特点。人类的自身机制建立后，就能够将自己的精神依靠行动表现出来，这与人需要靠自我的力量启动躯体内负责运动的复杂器官，最终显示出个体的特点是一样的。人类是以建设自我、拥有自我、控制自我为顺序发展的。所以孩子在我们眼里是一个不停发展、不断变化的个体。孩子不像成年人，可以先通过思考然后产生行为，孩子需要一步一步地发展。在孩子的发展过程中，行动和精神之间的平衡是关键，只有当这两者呈现出一致的时候，孩子才能继续向下一个阶段发展。

所以，我们说，妨碍孩子的行动就等于阻止他们进行自我人格的建立。相对于行动而言，思想是独立的，行动可以受到外界因素的控制，可以针对很多精神作出反应，思想却不能。只有这样，人的性格才不会变得特别脆弱，否则，内心的不协调会使每一个行动的作用效果变弱。行动和内心的协调性是最需要被人类重视的事，也是儿童教育中最关键的因素。孩子的精神比我们想象中的高尚得多，如果我们让他们做一些在他们看来没有意义的事情，他们就会感到很痛苦、很疲惫，这种感觉对孩子的摧残相当严重。

孩子们会对什么样的事情感到有兴趣呢？他们感兴趣的是那些符合他们智力发展程度的事情，并且这些事情还要符合他们作为一个人的尊严，这样他们才会心甘情愿地付出。我见过很多这样的例子，在全球上千所学校中，有很多孩子都能够将那些我们认为“只有成年人才能做得到”的事情做得很好。这一现象表明，孩子可以在做自己喜欢的事情时全身心地投入，为了能将这件事做好，他们无论投入多少时间和精力，都不会感到疲倦。当我们看到一个孩子与世隔绝般地从事一件事情的时候，我们应该明白，这个孩子的人格正在得到顺利的发展。

孩子在文化方面的接受能力往往特别突出，当一个很小的孩子自发地在轻松的气氛下学习写字和画画时，他会觉得这件事很有趣，比如说一个 4 岁半的孩子在学会写字后，会对写字这件事感到乐在其中。孩子们热衷于写字画画的时期被定义为“画写爆发”时期。

看到这些孩子如此地健康、安静、天真，我不禁对我们以往提倡的教育进行反思。是什么让这些拥有细腻感情，充满爱心，并随时准备帮助别人的孩子变得冷漠？又是什么让这些快乐的孩子变得忧郁？归根结底，一切的错误都来自我们这些成年人对孩子使用的不恰当的教育方式。过去，我们花费了太多的精力在管教孩子上，可是我们却一直在使用错误的方式，于是孩子们变得什么都不会做。孩子们原本拥有的旺盛的精力被成年人剥夺了，他们独特的个性也被成年人粉碎了。然后，孩子们开始对什么都感到疑惑，并出现了各种叛逆的言行。

我们成年人认为自己一直在为孩子的成长努力，却没有意识到自己才是导致孩子出现疑惑、叛逆等行为的元凶。看到孩子犯了错，我们便急着去纠正；看到孩子性格上出现缺陷，我们就急着去填补；看到孩子心理上出现缺失，我们就想尽方法去平息……我们给自己设了一个没有出口的八卦阵，我们把自己牢牢地困在了里面，于是一再地失败，一再地受挫。我们不知道自己还能怎么办。想要走出这个困境，我们首先需要勇于面对自己的错误，然后改正这些错误，最后才能解决问题。不然，我们的孩子会将这份错误一代一代地延续下去。

Part 15

为孩子提供一个有利的环境

学校想要进行全面革新，单靠“新式教材”的引入是不够的。我认为，在从事新式教育之前，首先要改变老师的职能，其次要改变学校的环境。学校应该是这样的一个场所：当孩子身处其中时，他们既能够得到精神上的自由，又能得到身体上的放松。学校应该为孩子提供所有最适合他们成长发育的条件，包括引进可以使孩子生活质量得到提高的生理卫生学；对孩子服装进行改革，使之既大方美观，又不会对孩子的日常生活和娱乐活动产生阻碍，同时还要教会孩子自己穿衣戴帽。另外，我认为，幼儿卫生学也是必须要革新的方面之一。试想一下，如果我们想要使与营养有关的幼儿卫生学得到实践和普及，还有哪个地方比学校更适合呢？特别是对于那些可以让双亲与孩子一同居住的学校，如我们最初的“儿童之家”，上述的这些原则就更加适用了。

这种自由学校对教室和学生居住的房间也做了相应规定：每间教室的面积都按照心理卫生学的标准进行了扩大；为了保证室内空气自由流通，满足学生呼吸的需要，学校根据“求容积法”计算出了所需的空气和相应的空间；学生宿舍里厕所的面积也进行了扩大，并在一旁设立了一个洗澡间；房间内的地板是由混凝土制造的，护壁板可以清洗；房间的供热靠的是中央暖气；学校为每一名学生提供了三餐；学校中建了花园；每间学生宿舍都有宽敞的阳台和宽大的窗户，采光非常好；学校体育馆的大厅宽敞明亮，馆里安置了结构复杂、价格昂贵的运动器材。

在所有教学设备中，最值得一提的是学生使用的课桌。“儿童之家”使用的是可以自动旋转的课桌和座椅，这样孩子就不会因为长时间保持相同的姿势，或频繁地做相同的运动而变成畸形。学校将心理卫生学的知识应用到了各个方面，虽然这样会耗费更多的资金，但是为了使孩子获得更大的自由活动空间，我们还是这样做了。我们知道，想要成为一家完全适合孩子生存的学校，一个比“生理”教室大两倍的“心理”教室也是必需的。根据以往的经验，想要令一个孩子感到他所处的房间很舒适，这个房间必须要有一半完全空置，什么都不放。相比于一个塞满家具的房间，孩子处在一个拥有能够自由活动的房子里时，他们就会感到愉快。

家具也是一个值得我们注意的方面。我们学校使用的家具既简单又经济，而且便于清洗，这种家具被称为“轻便的家具”。容易清洗对于孩子来说有特殊的意义，这就意味着他们可以学会自行清洗房间内的家具，这既是一项生活锻炼，也是一项教育实践。这种“轻便的家具”具有美观高雅的外形，干净自然的色彩，从某些角度来说，它拥有一种艺术之美。没有一件家具是臃肿奢华的，浅绿色的外表衬托出其简单、和谐、轻便的主题。

在波利戴洛乡村有一所“儿童之家”，这所“儿童之家”是为纪念名为“贡冉嘎”的侯爵而建立的。这所“儿童之家”当中的所有摆设都具有与其所在乡村风格相符的图案和颜色，所有桌子、椅子、餐具柜、陶器等都具有简单、淳朴、优雅、自然、美观和大方的特点。在参观过这所“儿童之家”后，我们产生了一种想法，将这种乡村艺术巧妙地融入学校家具的设计中，这样不但能凸显家具的实用性，还能将人类的革新精神体现出来。

更深一层地思考，如果人类将各地的乡村艺术加以开发和整理，以它们的风格为标准设计一些家具，从而使这些艺术重现历史舞台，那会是怎样的一种情景呢？我想，不仅人类的鉴赏力能够得到提高，人类的一些不良习惯也能够渐渐地消除掉。这一举措还能对人类产生更重要的意义，即将一种全新的“启蒙教育模式”引入到人类的生活中。将艺术人性化，可以使孩子从一直以来生长的黑暗的环境中脱离出来，他们能够看到更多美好的东西。人们一进入“卫生所”就会感到恐怖。为什么？因为“卫生所”里除了白色的墙就是白色的家具，让人在看到它的第一眼时就想到了医院。

再说说学校，每所学校差不多都是一个样子，为了使学生在学习时无意中制造的污迹看起来不那么明显，学校选用了黑色作为课桌的主要颜色。这些黑色的课桌静静地、整齐地摆在灰突突的教室里，好像一个个灵柩。学校会移走教室中所有可能吸引学生注意力的东西，以为这样就可以让学生专心地从老师那里汲取知识，从而满足学生们对知识的饥渴。简单地说，这一切煞费苦心的计划都是为了让学生全神贯注地听老师讲课。事实上，一个孩子在真正被一件事情吸引住的时候，周围的任何事情都不会干扰到他，即使是外表光鲜的装饰品，或是形态各异的玩具，他都不会放在心上。

很多学校都忽略了一件事，美有益于孩子集中思想，并能够使孩子在感到疲惫时恢复精力。只有美丽的环境才最适合人们生活，这一点同样适用于学习，即美丽的环境最适合孩子学习。如果我们希望学校能够成为一所“观察人类生活的实验室”，我们就必须保证这里所有的东西都是最美的，因为这些美好的事物对于孩子的意义就如同实验室中土壤对培养菌的意义一样。

孩子用的桌子、椅子除了应该具备轻便、易搬运的特性外，还应该能够对孩子起到教育意义。建立在这一基础上，我们提倡给孩子们使用易破易碎的瓷碗和玻璃杯。一旦玻璃杯被孩子打碎或出现破损，孩子们就会意识到这是自己的过失，他们会在下一次格外小心，不发生同样的事情。他们会渐渐习惯细心、准确的做事方式，不再打翻、摔坏，或碰撞任何东西。他们的粗鲁和漫不经心会在纠正中渐渐消失，取而代之的是文明和有节奏的举止。孩子们会学会和成年人一样使用各种器皿和用具，也会尽力保证周围环境的干净、整洁。这样的训练对孩子很有帮助，他们能够学会完善自我，保持各种动作的统一与协调，也能学会更加灵活地活动。同样，如果我们经常给孩子听一些节奏舒缓，曲调优雅的乐曲，他们就会变得排斥噪声，同时让自己尽量不发出吵闹的声音，不再与其他人争吵。

这时，我们真正地看到了使用那些黑色的、沉重且坚固的桌椅的弊端。由于这些桌椅不容易被弄脏或弄坏，孩子们在使用过程中就不会加以小心，他们会习惯性地撞击它们，将墨汁洒在桌面上，也不会有一点愧疚感。当那些吃饭时用的金属盘掉在地上时，只能听见响声，却看不见上面有任何破损，于是孩子们便意识不到这样做是错误的，他们下一次还会不小心将盘子掉在地上，然后若无其事地捡起来。这样的环境对孩子们的成长没有一点好处，因为孩子们在这样的环境中很难发现自己的错误，同时也学会了伪装。

根据卫生原则，人们已经普遍意识到孩子需要运动。于是我们经常将能够自由运动、跑跳的孩子称为“自由的孩子”。如今，几乎所有的妈妈都在儿科医生的建议下，乐于让自己的孩子去公园或草坪上玩耍、奔跑。

一提到孩子在学校进行的自由活动，我们总会不禁地联想到一些疯狂的行为，比如在课桌上做危险的动作，向墙壁猛烈地发起进攻，或是在一个并不够宽敞的地方做一些所谓的“自由活动”等。于是我们推测，孩子在被关在一个禁闭的房间中时，他们为了清除面前的阻碍，就会做一些暴力行为，他们不可能在紊乱的环境中进行有秩序的工作。

从心理卫生学的角度来看，身体上的“自由运动”只是一种原始的自由，真正的自由运动要比这多得多。我们应该怎样对待孩子的自由活动呢？关于这一点，我们可以用幼小的动物来举个例子，比如说一只小狗或小猫。不论是小狗还是小猫，它们都拥有跑跳的能力，所以它们需要自由地做这些事情。孩子也不例外，他们需要自由地在公园或田野里奔跑和嬉戏。有些养鸟的人心里存在着这样的概念，鸟儿需要自由，于是他们就会给鸟儿安排一个有利于它们自由活动的环境，比如说把一两根交叉的树枝绑在鸟笼里，以便鸟儿可以不受阻碍地上下跳跃。可是他们也应该知道，即使他们的安排再周密，对于习惯了在广阔天空中自由飞翔的鸟儿来说都是不够的，它们同样会感到束缚。

有人会问，如果可以通过为鸟儿或爬行动物提供相应的环境保证它们的运动自由，那么我们可不可以把这一方式套用在孩子身上呢？我们对孩子进行观察后发现，他们会在我们要求他们自己做练习时表现出不耐烦，吵闹或大哭，大一点的孩子总会想要别出心裁地弄一些稀奇古怪的发明，以求与众不同。他们对我们给他们安排的为了走路而走路，为了奔跑而奔跑的活动表现出毫无兴趣，并在心里感到很委屈。所以，那些没有创新、没有趣味的活动对孩子的发展并没有好处，也很难产生良好的效果。这样的活动不利于孩子养成优雅的举止，还会使他们习惯于不得体的跳跃或蹒跚步。孩子不会学会像小猫一样迷人的动作，也不能在自然的跑跳中学会完善自己的动作。唯一的一个好处就是，可以促进孩子的消化和生长发育。孩子不具备小猫所具备的本能，自然没有办法像小猫一样在听之任之的环境下得到满足。因此，我们不可以用对待小猫小狗的方式来对待孩子。

如果孩子所进行的运动不包括智力方面的内涵，也没有人在他们运动的时候加以指导，那么他们就会失去对运动的兴趣。我们应该理解孩子的这种心情，因为即使是成年人的我们，在别人的强迫下进行那些“没有目的的动作”时，内心也会感到空虚，这种空虚是非常可怕的。在过去，人们曾发明过一种残酷的、用来惩罚奴隶的方法，即先让他们在地上挖一个很深的坑，再让他们将从坑里挖出的土填回去，然后再挖坑，这样反复地重复进行。这种惩罚使奴隶在很长的一段时间里持续做着同样的没有目的的事情，使他们的身体和精神同时饱受折磨。

科学家曾对疲劳进行过研究，研究表明，从事无目的工作的人要比那些从事分量相等，但有一定智力目的工作的人更容易感到疲劳。于是，有些精神病医生建议那些患有神经衰弱的患者不要依靠单纯的“户外活动”进行治疗，而是应该进行一些“户外工作”。

“户外活动”和“户外工作”是两个不同的概念，前者不具备目的性，只是一种持续着的单纯的机械性的活动，扫地、擦桌子、除灰、刷鞋等都属于这一类活动。如果说这些活动有什么目的，那么就只有保证物品清洁这一个理由。这些活动比较机械性，只需要肢体上的运动，不需要大脑的思考。后者则不同，从事“户外工作”的人需要投入更多的智力，还要对一系列与感觉练习相关的复杂肌肉运动进行处理。这种简单的生产性工作可以训练孩子动作的协调性。

我们知道，为了使鸟儿得到应有的锻炼，我们要在它们的笼子里放树枝，同样的道理，我们也要为孩子准备一个适合他们“工作”的环境，在这样的环境中，孩子能够自由地发挥他们的本能，如进行模仿和活动。我们应该为孩子配置一些与他们的身高和体力大小成比例的设施和用具，比如便于搬运的轻巧的家具、孩子一抬手就能够得到的食品柜、易于使用的挂锁、带有小脚轮的柜、轻便易开关的门、大小适中的肥皂和刷子、高矮符合孩子身高的衣服架、圆柄的扫帚、能够让孩子轻而易举拿起的脸盆、容易穿脱的衣服等。这样的环境可以刺激身处其中的孩子进行自发活动，帮助他们学会人类特有的优雅与灵巧，并使他们在逐步完善自身动作协调性的过程中不会感到疲劳。

一个能够让孩子在身处其中时自由活动的场所，对孩子从事自我训练，寻求自我发展有很大的好处，可以说，这是促使孩子成长为一个真正的人的重要条件，也是使其独特而复杂的个性得以形成的重要因素。当孩子能够对自己所做的一切感到满足，能够拥有保护周围环境的意识，并对环境加以控制时，他们的意识就得到了升华。在这一过程中，孩子不但得到了个性意识上的发展，还养成了履行任务的意志。他们在为了完成任务而认真努力的过程中感到十分快乐。受到环境的影响，孩子不但会增加努力工作的斗志，还会在这一种过程中得到更加健全的精神，同时，他们的生理器官也变得日益强壮。

Part 16

正确引导孩子的注意力

通常，人们希望孩子一进入有利于他们精神发育的环境，就能够马上被环境中的某件物品吸引，然后用我们希望他们使用的方式来使用这件物品，并反复地将这一行为进行重复。我们发现一个现象，不同的孩子对同一行为会重复不同的次数，一个孩子重复 20 次后就停止了，而另一个孩子重复了 40 次才停止，还有的孩子重复了 200 次还没有停止。这种现象的产生是一种前兆，意味着这些孩子会在长大后，用不同的方式从事与精神发育密切相关的行为。

原始的内在冲动是促使孩子产生这种表现的因素，其产生原理与人在精神极度饥饿时会出现在一种模糊的意识一样。想要制止住这种冲动，就要使这种来自精神的饥饿感得到满足。我们需要为孩子设定一个明确的目标，并引导孩子的意识向这个目标靠近，使他们能够进行一种基本的智力活动，同时这种智力活动又具有复杂性和可重复进行性。举个例子，一个孩子面前摆着一些立体插板，他需要做的是把这些插板插到它们本该属于的位置。可能这个孩子在做了三四十次后，会由于某种原因犯一个小错误，这时他就需要将错误改正，或者他在做这件事情的过程中发现了一个问题，然后他就会想办法自己把这个问题解决掉。发生这样的一个小插曲后，孩子就会对这一活动更加有兴趣，并反复进行下去。在这样的活动中，孩子正在发育的心理也得到了锻炼。

可能孩子正是在这种内在意识的发展下，才能够愉快地使用这类物品，并不断进行重复。当一个人渴了，如果我们只给他几滴水润润嘴唇，他一定不会感觉满足；只有让他喝到饱，将身体所需要的水分能补充完全，他才会感到满足。对于孩子心理上产生的饥渴，我们也应该遵循同样的原理，不能只是让他们走马观花地观看周围的事物，更不可以让他们只用耳朵“吸收”知识，我们应该给孩子真正拥有并使用这些物品的机会，这样他们的内在需要才能得到满足。这是实现儿童心理建构的基础，也是实施儿童行为教育的唯一秘诀。

从外表上看，我们为孩子提供的是一个可以自由活动的场所，其实建立这样一种环境的更深层目的是为了使孩子的精神活动得到满足。所以，我们为孩子提供的各种教具，组织他们进行的各种活动都应该以这一目的为中心。我们向孩子提供了立体插板和平面插板，这些插板不仅是为了帮助孩子了解物体的大小或产生对形状的概念而设置的，它们还起着培养孩子主观能动性的作用。孩子可以在这样的练习中获得真正明确的知识，并能够对每种知识投入同等程度的注意力。从范围、形状和颜色等方面来看，这些感觉知识是精确的，正因如此，人们的精神活动才能渗透到各个领域，并有取得更大成就的可能。

迄今为止，心理学家都认为三四岁孩子的注意力具有不稳定性。他们认为三四岁的孩子会对看到的每一件事物产生好奇心，并会不断地将注意力转移到新看到的东西上，所以一个 3 岁或 4 岁的孩子很难长时间对同一件东西或事情集中注意力。心理学家们认为，难以集中孩子的注意力是儿童教育所面临的障碍。

威廉·詹姆士提出："我们都知道，孩子的注意力极其容易产生变化，从我们给他们上第一节课的时候，我们就能够从他们乱七八糟的表现中发现这一点……孩子具有这样的特性，并且他们的注意力总是十分被动……作为一名老师，首先要克服的困难就是，如何使孩子不会对他们看到的每一件东西都产生极大的兴趣，或者使他们只是偶尔对这些东西产生兴趣。……当孩子能够形成这样一种使多变的注意力状态自动恢复的能力时，我们就可以认为他们的判断力、性格和意志的基础已经形成了。……最优化的教育应该能够促使孩子改进这种能力。"所以我们说，一个人如果对自己的天性不加以管理，一切都听之任之，他永远学不会将注意力集中在固定的某一件事情上。这样他的注意力就会随着新物体的出现而发生转移。

其实，我们在实验中发现，想要靠老师一个人的力量保持孩子的注意力是件很困难的事，因为孩子的注意力往往会被某个固定的物体所吸引。我们知道新生儿不可能具有目的明确的意识，所以我们说，一个新生儿在吮吸的同时完成的一些复杂而谐调的运动是被一种无意识的营养需要所制约的。所以，一种基本的外部刺激最先被呈现在我们面前，它来源于精神，相当于精神上的乳汁，从一个婴儿的脸上，我们能够看到这种高度集中的注意力。

一名 3 岁的孩子能够将一件事情连续做 50 次以上，在这期间，没有人能够分散他的注意力，即使他的周围有无数人走来走去，身边有人在弹钢琴，有其他孩子在唱歌，他的注意力仍然能够高度集中在自己做的事情上，不受任何干扰。当一个婴儿正在妈妈怀中吃奶的时候，他也会表现出这样的高度集中，除非他已经吃饱，否则任何事情都不能让他停止这一活动。

这样的奇迹只有自然才能创造出来。心理行为是从自然中衍生出来的，所以探寻大自然的秘密成了我们必须要做的事情。想要理解自然，我们应该先了解自然的开始阶段，那些东西虽然简单，却恰好从根本上揭示了真理，并能帮助我们了解更复杂的现象。很多心理学家都采用这样的方法去获得有关生命的知识，比如对生物的自由生活展开观察。如果法布尔在观察昆虫的时候破坏了它们的自由，使它们无法实现自然的表现形式，无法进行每天做的工作，那么他的研究就不会成功。仅仅把昆虫捉住并放在研究器皿中观察是得不到想要的结论的，那样做只能对昆虫本身进行研究，而不能对昆虫的生活方式进行研究，这样也就不能揭示出在昆虫的生活中，有怎样的奇迹在发生。

如果细菌学家没有为所研究的细菌营造一个和它们生长环境相似的环境，细菌得不到它们需要的营养物质和温度，那么它们就不能在“自由的生存”中展现自身特征；如果细菌学家们只对一种能够导致人类生病的细菌的形状和结构进行研究，而不去研究它的繁殖方式和繁殖过程，那么就不会产生能够预防疾病、挽救人类生命的科学。

运用各种方法观察生物是使各种生命真正实现自由的基础。在对孩子的注意力进行实验研究时，我们也要注意自由的重要性。我们在吸引孩子的注意力时要注意，这种对感觉的刺激必须是强有力的，并且能够对孩子产生一些感官方面的生理“适应性”。孩子还没有得到完全的生理发育，所以我们需要遵循自然，以便他们可以得到适应。这种适应性的发展需要一个过程，在这个过程中，如果刺激物不能帮助孩子产生适应能力，不但不能让他们保持心理上的注意力，还会使他们产生生理上的疲乏，甚至令眼、耳等适应性器官感到不适，那么这项刺激物的选择就是失败的。当孩子能够在使用这些自由选择的物体时保持高度的注意力，他们就会在官能活动中感到愉快，并感受到这种练习对身体带来的好处。

我们还要注意一件事，在锻炼注意力时，孩子身体中有一个特殊部分也需要做好准备，这个部分就是与外部刺激相关，并能够促进想象形成的神经中枢，这一准备过程也叫作“内部的心理适应”。“内部心理适应”主要表现为：当一个人受到了外界的刺激，他的大脑神经中枢就会出现一系列的兴奋，这一系列的兴奋会按照一个内部程序依次出现；当两种力量同时对这个人起作用时，就好像在对一扇门同时施加两种力，外界的刺激向门施力“敲门”，内部的力量用来“开门”。如果没有内部力量的协助，外部的刺激再强烈也无法把门打开。这就是为什么有人一专心工作起来，纵使他身边的人载歌载舞，他也会无动于衷。

在心理学研究中，注意力一直是一个热门话题，心理学家们把它看作对教育最具实用价值的一个项目。一名懂得教学艺术的老师会知道如何掌握学生的注意力，使学生对自己的课程充满期待，并在听到学生“敲门”时赋予他们“开门”的力量。如果老师不懂得将难以理解的工作变得简单易懂，学生就不会对他的课程产生兴趣。教学是一门艺术，老师需要将学生从已知领向未知，从易到难教会他们更深一层的知识，在这之前，让学生们对“未知”产生兴趣是极为重要的，这样学生才能够对未来的学习产生期待。

过去的教育学观点认为，聪明的老师应该具有战略家一样的头脑，能够制订清晰的战斗计划，以便随时为手下的人指引方向，告诉他们应该向哪个方向前进，什么时候应该做什么。这种教育观是在长期统治心理学的唯物主义观的影响下产生的。赫伯特·斯宾塞的理论认为，思想本是一泥块，无足轻重，后来在外部因素的作用下，这块泥块上出现了一些数目、深浅各不相同的痕迹。按照斯宾塞的理论，人是在经验中造就出来的，只要将一套合适的经验机构置于教育之中，人就能被制造出来。有一些人坚信这样一个原则：既然细胞的有机基础是蛋白，那么只要有一定含量的蛋白质，就可以人工制造出一个人类的外形。还有人认为，人的卵细胞也是一类细胞，所以早晚有一天，科学家们能够在工作台上合成出一个活生生的人。可是，我们也要清楚，活力不是一种看得见摸得到的物质，生命力也是无形的，即使我们合成了一个物质的外壳，缺少了这两样因素，这个外壳也不可能像一个真正的人一样活动。何况，从细胞到成人的发展过程中，还有一些神秘因素在起作用，这些因素也不可能被人工放入细胞中。

我们从孩子难以集中注意力这一现象中意识到，心灵敏捷的人会受到一种无形的制约，这一制约与自然法则相似。

现代心理学家威廉·詹姆士对“精神力量是生命的神秘因素之一”这一说法表示认同，但丁也说：“……人类不知道自己是从哪里得到了最高的智慧，也不知道自己为什么会对物质产生出最高的欲望，他所做的一切就像一只蜜蜂在凭着自己的本能酿蜜一样……”人类的天性中，有一部分是对外部事物的特殊态度，一个人会拥有怎样的性格特征也由这一因素决定。那些无关紧要的东西不会吸引我们的注意力，只有那些让我们感兴趣的东西才能将我们的注意力吸引过去，换句话说，能够吸引我们注意力的只有能够唤起我们内在活力的东西。我们的内在世界会自动选择外部世界的信息，只有那些与我们内在需求一致的信息才会被接受。和大多数人相比，画家在这个世界上最容易被缤纷的色彩所吸引，音乐家则会为一些美妙的声音所陶醉。虽然我们所生活的环境是相同的，但还是有很多人会表现出与别人不同的个性特征，拥有独特的内在表现。人和人之间存在着差异，但他们只会将自己需要的东西从环境中提取出来。在人与人之间，那些形成自我的外部世界的“经验”

不但不会对人类造成混乱，而且会被拥有不同能力的个体所支配。

没有一位老师可以单凭教学技能就使一个小孩子将全部精力投入到一件物品上，只有内部力量才能够激发一个孩子的专注力。在历史的长河中，所有的天才虽然性格不同，但他们都具有超人一等的注意力。阿基米德在研究几何图形的时候由于过于专注，以至于没有在意叙拉古城已被敌人攻下，也没有注意到危险正向自己的身边靠近，结果死于非命；牛顿会因为太沉醉于自己的工作而忘记吃饭；意大利诗人阿尔费尔瑞在全神贯注地进行诗歌创作时，连窗前经过一队吵闹的婚礼队伍都没有察觉。这些人们眼中的天才所爆发出的注意力是不可能被老师所唤起的，无论这位老师的技术有多么高超，他也无法做到这一点。

如果在儿童的内心真的存在这样一种精神力量，我们就可以借助这种力量对儿童的注意力进行开发。如果上述的观点是正确的，那么我们下一步将不再针对简单的教学艺术进行研究，而是要对儿童心智构建中，自由所起的作用进行研究。我们可以通过外部力量将适应儿童心理需要的营养物质提供给他们，这样一来，儿童的自由发展可以得到近似于完美的尊重。按照逻辑的观点，这为建立一种新的教学法奠定了基础。

我们应该在科学实验中为儿童建立他们心理发展方面需要的东西，这样我们才可以观察到众多复杂的生命现象是如何发展起来的——理性、意志和性格在这一过程中同时发展，就好像一个儿童的脑、胃和肌肉会在其身体成长时同时进行发育一样。

首先，我们会发现孩子产生了认知能力。认知能力在孩子的智力发展中的作用相当于种子的胚芽，它为本能的兴趣起到补充的作用。这种情况发生后，认知便开始为孩子建立一种心理机制，这种心理机制与注意力相似。于是一次带有独特特征的演变发生了，这次演变也是按照从已知到未知、从简单到复杂、从易到难的顺序进行的。

与老师们设想的不同，从已知到未知的演变过程并不是在物体之间一个接一个地传递下去，而是一种观念的形成。孩子会在内心世界建立起一个复杂的观念系统，这个复杂的观念系统即是从已知到未知的演变过程。这一系统是在孩子自发力量的驱使下，通过一系列心理过程产生的。能够建立起这样的一个系统，说明孩子的内部心理正在发育。

为了有助于上述变化的产生，我们应该提供给孩子大量系统的、复杂的、符合他们本能的材料，比如可以引发孩子对颜色、形状、声音、触觉和气压产生本能关注的物体。孩子会在持续操作各种物体的过程中，以自己特有的方式组织自身心理个性的形成，同时对这些事物产生清晰、有序的认识。

当这一步骤完成时，孩子已在心理上对这些以实际形态出现的物体有了一定的认识，如物体的形状、尺寸、颜色、光滑度、重量、硬度等。他们开始将这些东西的特征保存在自己的意识中，时刻产生期待，并对它们的出现表示欢迎。

孩子拥有了原始冲动的基础，现在又能够对外部事物产生认识并注意它们，这说明孩子已经与这个世界上的一些东西产生了微妙的联系。孩子的兴趣变得更加广泛，不再仅限于对那些由本能产生的兴趣，还有一些由于对外界事物产生认识而引发的兴趣。孩子已获得的知识为他们兴趣的产生奠定了基础，这些兴趣又为孩子日后洞察力的发展奠定了基础。

按照旧的教学观念，只有将已知和未知联系起来，使孩子能在获取新知识的过程中产生兴趣，才能使他们的注意力从已知的东西向未知的东西转移。但是在实验中，我们发现这种观点如管中窥豹，只见一斑。事实上，已知的知识会使兴趣向更深层牵引，从而使人去考虑一些更复杂、更崇高的事情。在这一过程中，秩序在头脑中产生，文化也在持续变化着、延续着。

老师在上课的时候常常会用这样的方式向学生们介绍：这个东西是长的，这个东西是短的，这种颜色是红色，这种颜色是黄色……老师将自己对物体的感觉用极其简单的字词描述出来，按照自己的顺序将它们分类、编目。学生们会把每一个映象储存在自己头脑中的特定位置，并用一个字对这一映象加以标识。所以说，学生们不会将新的知识抛掷在一旁，也不会把它与旧的知识混淆在一起，他们把新的知识与之前的同类知识一并储存在大脑的同一个位置，就像在图书馆，不同类别的书会被摆放在固定的书架上一样。

每个人的内心深处都有一种动力，这种动力使人具有不断追求新知识的渴望。除此之外，还有一种力量会将这些源源不断涌入人脑海的知识分门别类，形成一定的秩序。在新的信息不断被吸收进来的同时，这种秩序得到保持。所以，内部协调性与生理适应能力很相似，都是建立在自发活动基础上的。内部条件决定了每个人个性的自由发展、个人成长和组织建构。

老师可以适当控制这些现象，但一定要掌握好一个度。如果老师不小心处理，就有可能将学生的注意力完全吸引到自己身上。老师要理解学生的行为，不要对一切原本正常的现象进行干预。要知道，学生的全神贯注与他们的未来息息相关。

接下来，我们回头看一看有关身体营养的话题。我们应该考虑到这样一点，婴儿在长牙后会产生胃液，这就要求我们在为他们提供饮食的时候提高食物的质量。我们应该为他们提供相对复杂的食物，尽我们所能将最好的营养供给他们，直到他们长大。事实上，想要保证孩子身体健康，我们应该根据他们机体最直接的需要向他们提供食物。如果我们提供给孩子的食物过于复杂，或种类过多，或不利于孩子身体发育，甚至有毒，孩子就会营养不良、生病，甚至中毒。

让我们再一次回到有关注意力的话题。对于那些年龄稍大的孩子，我们应该使他们明白生命基础和生活基础之间的关系，即本性和刺激之间的关系。这两者之间无论发生怎样的变化都是相对应的，我们应该以这些为教育的基础。

在我提出这一观点之前，我就料到会有许多“专家”对我的观点表示反对。他们认为孩子必须注意身边的所有东西，无论是否是自己喜欢的，因为现实就是如此，所以孩子必须从小做起，学会接受身边的一切。“专家”们的论点其实是一种偏见，这种偏见将道德教育置之一旁，就如同在一些家庭中，严厉的爸爸总是对孩子下达“小孩子不应该挑食，什么都应该吃”的命令一样。

当一个孩子在午饭时对桌上的一道菜一口都没动，并向爸爸表示自己不喜欢吃这道菜时，他的爸爸就会对他实施强制性禁食。这位爸爸会收起桌上其他的菜，只留下孩子不肯吃的那道。不管这道菜是否已经变冷，不管孩子是否对这道菜感到恶心，爸爸都不会为他提供其他的菜肴，就是说，孩子唯一的选择只有吃掉这道菜。等到孩子实在撑不下去了，在饥饿的驱使下强忍着吃下这道菜的时候，爸爸会得意地向别人炫耀自己教子有方，孩子在自己的教导下既不挑食，也不会耍脾气，给什么吃什么。一些家长甚至强迫孩子不吃晚饭就睡觉，他们认为这是克服孩子贪吃的最好方法。

这真是一件可悲的事情。如果家长们依然推崇强制性让孩子接受所有东西的做法，孩子们必将生活在水深火热之中。幸好在当今社会，这种做法已经不再被人们提倡。但是仍然有一些家长坚持认为，不能娇惯孩子，一定要对孩子的任性行为加以纠正，于是他们还在对孩子采取着类似上述方法的手段。这些家长没有意识到一个事实，即便一个孩子由于承受不了饥饿的折磨，强迫自己吃下了不喜欢的食物，变得不再挑食，可是那些让孩子作呕的食物还是同样难以下咽、无法消化，摄入这样的食物对孩子的身体没有好处，还会毒害孩子的身体。

在来自精神和肉体的双重折磨下，孩子的身体变得越来越虚弱，精神也越来越脆弱。这些孩子的身体会发育不良，抵抗力低下，很容易患上传染病。并且，他们一旦在生活中遇到困难或挫折就会感到格外痛苦，因为他们没有坚强的精神支撑自己去与之抗衡。从道德观的角度看，这些孩子由于在童年时期有太多欲望得不到满足，等到他们长大成人后，这种欲望就会迅速膨胀，最终爆发。对于这些孩子而言，满足内心的欲望就是最大的自由和快乐，所以他们会毫无节制地吃喝。

现在的孩子们要幸运得多。由于得到了合理的喂养，今天的孩子们多拥有一副健康的体魄。除了健康的身体，他们还生活得很有节制，他们将有节制地吃东西看作一种有益身体健康的好习惯。他们不喜欢酗酒，因为知道这样对身体没有好处。现在的人拥有更强的对疾病的抵抗力，也能够自觉地提前做好各种防备；他们能够勇敢地面对生活中的困难；能够承受艰苦的工作；能够在面对道德冲突的时候沉着冷静。只有这样的人才能够在危急时刻凭着坚强的意志及时作出决断。

内在生活越正常，人的意志就越坚强，心智就越健全，这样的人越能够形成自己特有的个性。一个人想要在人生道路上展开搏击，他就必须足够坚强。他不必过早对自己的未来作准备，只要在日复一日的生活中，他能够积累足够的力量，他就能够达到自己最终的目的地。没有哪个人生来就是英雄，除非他真的做出了一番可以配得上英雄这个称号的事情。未来的生活中，还有许多意想不到的苦难在等着我们，没有人能够告诉我们应该怎样迎接它们，所以我们只有时刻保持朝气蓬勃的状态，这样才能在苦难真正到来的那一天从容应对。

对于正处于进化过程中的生物，生物学家们唯一可以做的就是保证其发育过程能够正常进行。胎儿需要血的滋养，新生儿需要妈妈的乳汁。这都是自然界预先设定好的事情。处于妈妈子宫里的胎儿一旦无法从血中得到足够的蛋白质和氧气，或是供养的血中含有了有毒物质，他就不能够正常发育。一个人如果先天不足，即便他能够在出生后得到完美的照顾，他也不可能变得强壮。一个新生儿得不到充足的乳汁的滋养，说明他从一生下来就开始营养不良，也就意味着他这一生都不可能处于强势。妈妈的乳汁和充足的睡眠都是促使婴儿行走的重要因素，婴儿的牙齿是在吃奶的过程中开始发育的。幼鸟在学会飞翔之前先要在温暖的、食物充足的巢中保持不动，然后才会开始进行飞行方式的训练，这说明鸟类在开始正式生活之前也要做足间接准备。

自然界中许多壮观的景象，如鸟儿在空中自由地飞翔，野兽在林中肆意地奔跑，夜莺在枝头婉转地歌唱，蝴蝶在花间穿着美丽的衣裳舞蹈，这些景象在正式形成之前都需要经过一个过程。如果鸟儿没有过在小窝中安静的休息，蝴蝶没有经过破茧而出的蜕变，我们就不可能欣赏到它们展现出的美好景象。自然界中的所有生灵在形成过程中都要有一个宁静的环境，这是任何东西都不能取代的。

孩子在精神发育的过程中也需要有一个温暖的“巢”可以居住，他们可以在那里获得营养，以便在日后能够顺利发展。所以我们在为孩子提供教具时，要确保教具和孩子的精神形成倾向是一致的。因为教育的目的是：付出最小的代价，使人的潜能得到最大程度的发展。

Part 17

训练孩子的意志

我们会在生活中看到孩子有如下行为：他们会在很多件物品中挑选出自己最喜欢的一件；他们会把食品从餐柜中拿出来，然后放回原处或分给其他的人；他们看到别人在玩自己梦寐以求的玩具时，会站在一旁静静地等待；他们会聚精会神地一边做练习，一边将教材里错误的地方指出来；他们会在听到老师叫自己的名字前，保持固定的姿势安静地坐在座位上，并会在站起时尽量避免弄出响声。以上的这些行为都说明一件事，这些孩子已经有了能够持续影响自身才能发挥的"意志"。

让我们一起来看一看意志都有哪些协同因素吧。

人们采取的所有行动，无论是跑、跳、工作、讲话，或是凝视某件东西，这些都是意志的外在表现。另外，意志也可以抑制人的一些行为，比如一个人会在意志的抑制下控制自己极其愤怒的心情，以免作出过激的行为；当我们看到别人拥有我们希望拥有的东西时，也是意志使我们不会攫取其他人的物品，即便那是自己梦寐以求的东西。人们在意志的引导下，不会因为一时冲动作出不计后果的事情，而是在理智思考后自愿将冲动制止。

没有行动，意志就不会被表现出来。当一个人心中有想做好事情的念头，可是却迟迟不付诸行动；在犯错之后想要弥补，却总是犹豫不决；想给某人写封信却一直不肯下笔，想要探望某人却久久不迈出家门，这些并不能称为有意志的活动。行动是关键，只停留在想象阶段是不够的。意志的生命力和行动的力度成正比，在冲动和抑制这两种力量的相互作用下，人的行为产生了。

习惯性或无意识是在行为不断反复的过程中形成的。当我们评价某个人的行为举止十分有教养，这说明这个人已经把一系列有教养的行为当成了自己的习惯。有时我们会受到冲动的驱使想要突然去拜访一位朋友，可是考虑到自己的前往会为他造成不便，我们就会打消这个念头。我们在起居室的一角舒适地坐着，这时，进来一位德高望重的女士，不需要任何人命令或提醒，我们就会自然而然地起身与她握手，向她表示尊敬。我们买了一些蜜饯回家，然后得知邻居也很喜欢吃这种蜜饯，这时我们就会尽量不让邻居发现，每次品尝时都小心翼翼。

一个人的礼貌与教养如何，从他平日的行为举止中就能够看出来。冲动能够支配人的行为，但却不是唯一支配我们行为的力量。没有冲动，我们就不会采取任何行为，参加任何活动；没有抑制力，我们就无法有效地对我们的冲动进行引导和克制，就会犯一些错误。

我们的习惯是在冲动与抑制力的相互作用下训练和培养出来的。习惯产生后，我们不必再在做每件事前先计划自己应该付出多少努力，并下定决心，也不需要对一些事情进行推理和猜测，因为这些行为已成了我们的习惯。但是，我们这里要讨论的是一种靠后天学习产生的习惯，而不是渴了要喝水、饿了要吃饭这种由我们本能所引起的习惯。

一些人在成长的过程中，没有受过遵守规则方面的教育，他们只是囫囵吞枣般地获得一些与纪律相关的知识，所以在生活中总免不了要犯大错，小的过失更是一个接一个。这些人一直受到警觉和意识的控制，长期被迫地执行指令，他们需要时刻努力让自己服从，只要这种警觉稍有松懈，他们就会犯错误。相比之下，那些风度高雅的人就不会这样辛苦。在意志的努力下，他们在意识上会有新的发现。

和成年人相比，孩子还没有达到发展的平衡，他们常常会因为无法控制自己的冲动而不得不自食苦果，有时也不得不屈服于抑制力。意志的两种截然相反的力量还没有在他们身上得到完美的结合，所以他们的个性还没有形成。即便他们的心理开始进入发展阶段，这两种因素仍不能够结合起来。但是“融合”和“适应”迟早会发生，并支持他们产生潜意识，所以我们不能放弃努力。

这种积极的行为是人类发展的基础，为了使儿童早一些获得这种行为，我们应该对他们进行一些相应的引导。需要注意的是，我们不要以让我们的孩子成为早熟的小绅士或小淑女为目的，而是要让他们得到意志上的锻炼，更早地拥有抑制力和冲动构成的平衡。为了达到这一效果，我们应该给予孩子和其他孩子一起活动的机会，让他们的意志在普通的日常生活中得到锻炼。

我们可以让孩子抛弃其他的活动，为了完成某一项特殊活动全神贯注、全力以赴。我们应该给孩子选择的机会，让他们根据自己的实际条件选择力所能及的活动，以便使他们得到肌肉协调方面的锻炼。如果你的孩子出现如下的表现：他开始学会对别人的工作表示尊重；他不再从别人的手中抢夺物品，而是会耐心地等待别人将物品交给他；他不会在行走的过程中跌跌撞撞，不会撞到其他的孩子，也不会弄翻身边的东西，这时，我们可以确定他的意志正在接受锻炼，他们正努力平衡自己体内的冲动和抑制。这一态度的养成过程就是孩子准备融入社会生活的过程。反之，如果我们总是将孩子管制得服服帖帖，命令他们乖乖坐好，他们就无法和其他孩子产生联系，他们的童年生活也就会变成一片空白。

孩子们只有在自由的交往中才能够学会相互适应，才会养成社会化的“习惯”。我们的说教对他们意志力的培养起不到作用，所以我们不应该只是整天向孩子们灌输一些诸如“礼貌道德”或“权利与义务”的观念，而不让他们进行实践操作。就好像如果我们想教一名学生弹钢琴，就必须让他真正操作钢琴，用手指敲击过钢琴的每一个键，而不是单纯地告诉他要以怎样的姿势将手指摆放在什么位置上。训练孩子的意志力是使孩子发展“成型”的基本要素。

想要培养孩子的个性，我们应该在早期教育中尽量调动所有有效机制。众所周知，肌肉如果不得到锻炼就无法充满力量，得不到锻炼的肌体会产生肌肉无力，无法进行任何活动。为了能够进行那些需要肌肉力量的活动，我们必须首先使我们的肌肉得到锻炼。因此，我们会让孩子们做体操，以锻炼他们的肌肉。同理，孩子的心理也需要类似的锻炼，这样他们才能过上正常的心理生活。

如果一个孩子意志薄弱或丧失意志，那么他在遇到险境的时候就会无法脱身。这样的孩子很容易在一所需要学生完全服从、安静坐着的学校里站稳脚跟，并且会被老师们大加赞扬，老师会在他们的日常表现一栏写下“表现优秀”“遵守纪律”一类的评语，同时对他们的家长反映孩子在学校很乖、很规矩，可是这些孩子最后的结果是如何呢？他们当中的一些人就像身陷流沙中的人一样沉溺在自己的世界里无法自拔，最后不得不去医院接受精神方面的治疗。

老师眼中有两类孩子，一类是“听话”的孩子，另一类是“不听话”的孩子。那些“不听话”的孩子常常让老师们感到头疼。老师认为，这些生性好动，喜欢调皮捣蛋的孩子们是班上的“祸害”，他们不仅自己不遵守纪律，还总会侵犯其他同学，使其他同学也不得安宁。同学们对他们的定义也是“永远静不下来”的人。这些“不听话”的孩子们却希望周围的同学都可以活跃一些，成为和他们一样的人。相比之下，“听话”的孩子所表现出的则是另一番情形，这些孩子受到极强的抑制力的控制，不敢大声说话，也不敢回答问题。如果对他们施加一些外部的刺激，他们也能够回答问题，但是声音非常小，并且会在回答结束后哭泣。

我们应该给予以上这些孩子适当的锻炼，让他们多参加自由活动，多和其他孩子接触。意志薄弱的孩子需要接受一些外界的刺激，比如说让他看见其他孩子从事的有趣的活动。这类孩子一旦能够摆脱监视，恢复自由，按照自己真正的想法行动，他们就会找到一种趋于过分好动和过分屈服之间的平衡。这种训练能够强化弱者，完善强者，使人类得到解放。

如何平衡冲动和抑制之间的关系成了吸引众多病理学家们的研究课题。有不少人无法找到冲动和抑制之间的平衡，即便是在我们这些“正常人”身上，也会不时发生这样的情况，只不过相比那些人而言要轻得多。这种情形对绝大多数人来说已经司空见惯，就好像人们都对教育中的种种不足和缺陷习以为常一样。

冲动是魔鬼，它会使人失去理智，做出伤害他人的行为，很多的犯罪都是这样产生的。正常人也常因一时冲动酿成大错，然后不得不饱受悔恨带来的痛苦和折磨。冲动会危害每个人的生活、事业，使人无法施展自己的才能。

如果病理学家判定一个人是被自己抑制力所约束的人，那么这个人的生活一定十分不幸。在过强的抑制力的控制下，他虽然充满了想要活动的渴望，却无论如何也不能冲破自己所处的安静状态。他的灵魂一直无法得到满足，在冲动的折磨下，他会感到十分压抑，就好像被人活埋一般。他希望倾诉，希望能够有一个高贵的灵魂出现在自己的面前给予自己一些安抚。

这些人并非不想要表现自己的价值，他们遇到过很多的机会，可是面对机会，他们无法行动；他们也并非不想表达自己的真实情感，可是在困难面前，他们心门紧锁，双唇紧闭，没有一句言语；在他们的心里有着一种向高贵灵魂倾诉的渴望，可是当这个能够给予他们理解、启发和安慰的人站在他们面前，他们却说不出一句话。冲动在不停地督促他们将内心的痛苦告诉面前的这个人，可是抑制力的力量却更胜一筹，无情地在他们的嘴上贴了封条。

除了自由运动，再没有什么更好的方式可以将这种症状治愈。这些人需要的是一种意志教育，这种意志教育能够平衡他们内心的冲动和抑制力。

在这里有一点我需要提醒大家，并不是拥有采取正确行动的潜意识的人就可以被称作“有意志的人”。就像我们在前面提到的，一位女士可能非常有修养，出身也非常好，但这并不代表她拥有很强的意志，相反，也许她只是一个没意志、没个性的人。我们需要的不是没有个性、没有意志的人，我们需要的是一个有基本品质的人。在历代社会中，人和人的关系都是靠人的品质支撑起来的。

没有这种品质，内在个性就不能变得和谐，人的生命也无法形成一个相互连贯的机体，只能以一个由一连串各自独立的细胞组成的个体的形式出现。基本品质能够体现人的个性，如思想脉络和感情，我们平日里所说的性格指的就是这些。一个能够对一件事情坚定不移的人，一定是一个有性格的人，这样的人才会忠于自己的言行、信念和情感，才能对工作坚持不懈地付出努力，为社会创造巨大价值。

一个人在堕落之前，一定会有一些前兆，比如懒惰或不再认真工作，然后，他背叛了高尚的信仰，背叛了自己的感情，产生了犯罪动机，于是一失足成千古恨。一位忠厚老实的人如果一旦出现对工作敷衍了事、心不在焉的情况，那么他很可能会在不久之后出现行为失常的举止或出现昏迷。一般情况下，男人喜欢娶勤劳的姑娘为妻，因为他们认为这样的姑娘能够成为贤惠的妻子。我们说一名工人很好，不是因为他能力出众，而是因为他为人忠厚老实，工作踏实肯干，能够让妻子幸福。

人们通常不会认为一个缺乏意志的小工艺品制造者很了不起，即便他有着高超的技艺，在人们眼中，他也称不上是一位艺术家。相反，人们会认为他是一名会危害社会的人，就连一名称职的爸爸或丈夫都算不上。同样身为一名手工制造者，另一名女士虽然十分谦卑，但心里却总是充满虔诚，她认真工作，内心充满宁静，符合创造幸福生活的所有要素，于是人们一致认为她很有个性，值得被称为一名征服世界的女性。

孩子能够平衡自己的精神生活，并使其富有秩序时，他们就能够得到个性上的成长。如果一个孩子能够坚持不懈地从事这一工作，他就能和成年人一样为社会和集体造福。这个孩子在专心致志地进行训练时，他的身心得到了成长，只要他能够将这份努力坚持下去，就能成为一个意志力强、有个性、品质优秀的人。等他长大以后，他也会对自己从事的工作表现出坚韧不拔的态度，这种态度是所有成功者都必须具备的。能做到坚持不懈的孩子会将每一样工作都做得很好，并不是因为工作本身有什么特殊的价值，而是因为工作可以使一个人的内心世界得到培养和丰富。

有些成年人混淆了目的和手段的关系，总是干扰孩子自己的活动，强迫孩子服从自己的命令，做自己认为重要的事情，比如有些人认为学习地理能够提高孩子的修养，于是就强迫孩子学习地理，不让孩子学习算术。其实孩子们需要的不仅是修养方面的指导，还有做人方面的指导，如果家长们盲目地对孩子施加命令，只会让孩子成为家长虚荣心下的牺牲品。

如果人只有在拥有意志的前提下，才能坚持不懈地从事一件事情，那么我们可以说，是意志在引导人类下决心、作决定。在我们能够作出明确的决定的那一刻，我们才算是真正地完成了一件有意识的行动。没有选择就没有决定。当我们拥有几顶帽子的时候，我们就会在戴哪一顶出门这件事情上花一番心思和时间。其实应该戴哪一顶帽子并不重要，选择哪一种颜色的帽子也不重要，重要的是我们必须作出决定。动机会对我们的选择产生重要作用，比如说我喜欢的颜色是褐色，那么在选择帽子的时候我就会选褐色的那顶。

在选择戴哪顶帽子时，由于我们的喜好和习惯会对我们的决定产生影响，所以选择帽子并不是很困难的事情。给朋友选择礼物则不同，面对琳琅满目的商品，我们很难快速作出决定。特别当我们对要买的东西不了解的时候，作决定就更加困难。比如说我们想买一件艺术品却不懂艺术，这时我们就会担心买到假货，更担心买到假货后被识货的人嘲笑。我们不知道自己应该买什么，拿不准自己应该买一条彩带还是买一只银碗，于是我们向懂行的人请教，希望能从他们那里得到有用的信息。

说句实在话，别人能提供给我们的只是相应的知识，而不是最后的决定。多数情况下，我们只会把别人的建议当成一种参考，而不是完全听从。我们需要运用自己的意志决定究竟要怎样做。我们都害怕自己会失去意志，它不同于我们需要用于作决定的知识。虽然我们听过了许多人的建议，从他们那里获得了许多知识，但是只要我们作出了决定，这决定就是专属于我们自己的。

当一名家庭主妇需要请客人在家吃饭时，她也面临着选择，但是由于她曾有过多次在家宴请宾客的经验，所以她不需要外人帮忙，同样可以做得得心应手。然而，生活中类似这种能让我们做起来得心应手的事情并不多。每个人都知道，作决定需要进行脑力劳动，无论这个决定是大还是小，我们都必须付出努力。对于一些意志薄弱的人来说，这样的事情总会令他们感到厌烦，所以他们每当遇到需要选择的事情，都会向后退缩，尽力逃避。

一位服装师在为顾客挑选礼服前必须要经过谨慎思考，确定一个最适合的动机。这位服装师明白，他需要考虑很长时间才能作出准确的决定，可是他怕麻烦，于是就会向顾客提出一个建议，并让顾客相信这一选择是非常正确的。顾客也怕麻烦，于是对服装师提出的建议点头同意。但这并不表示顾客真的赞同服装师的意见，也不是真的很喜欢服装师帮自己所选的服装。这种做法是不负责任的行为。在生活中，当我们遇到需要作决定的事情，绝对不可以这样敷衍了事，因为不管我们的选择看起来多么微不足道，都可能对我们的人生产生重大影响。正如我们每次出门前都要仔细检查房门是否锁好一样，没有一个人会在房门没有锁好的情况下放心离开。

加强选择方面的训练有助于我们不再对别人有过多依赖。当我们拥有清晰的思维，能够随时作出明确的决定时，我们一定会感到更加自由。为什么我们总会感觉自己犹如被套上沉重枷锁的奴隶一般屈辱？那是因为我们没有自己作决定的能力，凡事都依赖他人。我们会在得不到别人帮助的时候感到恐惧、不安，害怕自己因一时失误酿成大错。面对眼前未知的黑暗，我们会畏畏缩缩，裹足不前；遇到不能确定后果的事情，我们宁可逃避，也不亲自体验一次。我们就像是被项圈和铁链拴着的狗，如果没有主人的指示，我们什么都做不了，哪怕是寄信、买手绢这样的小事都做不到。

当一个人习惯于做一名意志坚强的人的跟随者后，他就不会在冲突降临时马上确定自己的行动，而是会犹豫不决。在长期的跟随下，他的性情变得越发懦弱，屈服成了他习惯做的事情。这种习惯还会导致更可怕的结果，意志薄弱的人很容易遭受灭顶之灾，成为世界的牺牲品，因为在他的意识中，只有服从，没有创新，也没有意志，当危机真正降临的时候，他将无力应对。

与困难抗争可以锻炼人的意志力。在日常生活中，我们曾见过这样的例子：有的家庭主妇虽然不需要外出工作，但她会花大量心思在家务事和对孩子的教育上。这样的家庭主妇习惯自己做主，即使有一天她的丈夫去世了，她也不会一蹶不振，而是会撑起整个家庭，学习业务，进而继续丈夫的事业。同样的事情如果发生在另一类家庭主妇身上则不同，这一类家庭主妇习惯把一切决定权交给丈夫，特别是在没有孩子的时候，她们每天靠着一些简单的事情打发时间，从来不想充实自己。一旦她们的丈夫过世，她们就会想办法逃避眼前的困难，另外寻求庇护。事实上，能够从精神上拯救我们的人只有我们自己，外援往往不能在我们遇到困难的第一时间内赶到我们身边，如果我们不具备自助的意识，就只能在外援到来之前处于孤立无援的境地。

当一个人意识到只有自己才能拯救自己后，他就会努力拼搏，增强自己的能力，比如学习拳击、训练格斗能力等。这样的人不会安于现状，不会浪费时间，他们知道，自己不可能永远躲避在某位强者的保护下，想要摆脱失败，就只有自己努力奋斗。

Part 18

让孩子自己进行意志训练

在我们的日常生活中，有很多行为都是在为坚实个性的形成而打基础，如学会用清晰的思维思考问题；用坚持不懈的心态对待工作；当心里存在着几种相互冲突的动机时，我们能够将它们进行筛选；即使是一件微不足道的琐事，我们也不会草率地下决定；用自己的意志潜移默化地影响别人的行为；一遍又一遍地重复某些行为时，使自我指导的能力得到提升等。为什么会这样？因为在我们的内心深处存在着一股强大的力量，虽然我们看不见它，但是它时刻控制着我们的行为，这股力量就是道德感。

为了给道德感建造一个适合它居住的房间，我们要加强我们的身体素质，比如尽量少饮酒，经常到户外进行体育活动。此外，还有一项更重要的事需要我们去做，那就是坚持不懈地训练我们的意志，以便恢复心理上的疲劳。

孩子在进行自我教育的时候，心里会产生一些复杂的、需要进行比较和判断的内心活动，当他们把这些内心活动付诸实施时，他们既增长了智力，又培养了意志。这是一门“学问”，它能够帮助孩子摆脱对他人的依赖，学会独立自主地思考和解决问题。孩子在掌握这门学问后，能够准确判断出是否应该拿取某件自己非常想要的东西，也能够用随着音乐起舞的方式放松自己的身心，他们还能够抑制内心不合时宜的动机，比如说在应该安静的时候产生的想要运动的动机。上述的种种行为都表明了决定是孩子将意志付诸行动的途径。当一个孩子的生活不再处于紊乱的状态，能够将自己的行为安排得井井有条，他将不再怀疑和胆小，心理也将不再混乱。

如果我们不让孩子拥有条理性和清晰性会怎样呢？如果我们这样做了，孩子就不会形成清晰的思维。有些老师习惯让孩子背诵一篇又一篇的课文，禁止孩子有自己的想法，并声称这是为了孩子们好。这些老师没有意识到，他们的做法会妨碍孩子的成长，长期接受这种教育的孩子很难学会自己作决定，也无法形成自己的意志。在学习的过程中，孩子内心会有一种强烈的求知欲，他们希望能够按照自己的需要获得一些东西，然而提出“孩子不需要有意志”的老师们恰恰剥夺了孩子们的这种权利。

如果我们不改变这种教学观念，继续延续这种教学方法，对孩子们的危害是非常大的。孩子如果在意志发展的初期处处受制于人，无法得到适当的发展，久而久之就会变得胆小。他们会失去承担责任的勇气，哪怕是回答别人提出的问题时，如果得不到自己依赖的人的帮助和认同，他们就不敢回答。比如说有一个孩子明明知道樱桃是红色的，但是当一位女士问他樱桃是什么颜色的时候，他却因为胆怯不敢回答。心中的紧张和恐慌让这个孩子不知所措，最后只得向这位女士表示，自己要先回去问一下老师。

意志机能是人体内最重要的机能，它能帮助一个人作决定。每个人都需要建立这种意志机能，并需要不断强化这种机能。病理学家们经过研究发现，意志机能不同于意志的其他因素，它起到支撑人格的作用。有一种心理疾病叫“怀疑癖”，这种疾病的主要表现为无法对事情作出决定，并为此感到强烈苦恼。

我曾接触过一名患有“怀疑癖”的病人，他每天都会收集垃圾桶里的东西。因为他总是认为有人会在无意之中将有用的东西扔进垃圾桶，所以他不敢轻易将垃圾收走。有时，他会在装好垃圾准备离开时，突然转身去附近的居民楼里挨家挨户地敲门，向住户们询问是否曾向垃圾桶里扔过什么重要的东西，等到所有住户都向他表明垃圾桶里没有重要的东西后，他才会带着垃圾离开，但过不了多久，他又会回来重复地做同样的事情。在一遍遍的循环中，他感到绝望，只得找到心理医生，希望医生可以为自己提供让意志力变强的方法。

我们不停地告诉他：“放心吧，垃圾桶里没有值钱的东西。你可以放心地做你要做的事情。”在我们这样对他说后，他似乎得到了一些安慰，他的眼中充满了希望，口中喃喃道：“太好了，我不用担心了。”他一边说着，一边走出了诊疗室，可是没过多久，他又一次出现在我们面前向我们问道：“我真的不需要担心了吗?”我们再一次肯定地告诉他：“你真的不需要担心，什么事情都没有。”这一次，是他的妻子将他带离了诊疗室。等我们望向窗外的时候，我们看见他站在大街上，好像正在和他的妻子争执着什么。然后，他向我们跑了过来。当他第三次出现在诊疗室的时候，他问的依旧是同样的问题：“我真的不需要再担心了吗？我真的可以放心了吗?”

作为一个正常人，我们在生活中也免不了受到“怀疑癖”因子的影响，有时会对身边的事情产生怀疑。最明显的例子就是很多人会在出门后反复确认门是否已经锁好，他们会握住门把手向外拉，以确定门真的锁上了。有些人在走出一段距离后仍不放心，于是他们会回头向自己家的门望几眼，他们明知自己已经进行过确认，可还是抑制不住心中想要回头再次确认的冲动。

我们也能在一些小孩子身上发现类似的事情。有的孩子总喜欢在睡觉前看看自己的床下有没有小猫或小狗，其实他们也知道什么都不可能有，但还是会忍不住这样做。看到床下什么都没有，他们就会躺下，盖上被子准备睡觉。可是躺了一会儿，他们又从床上爬起来，再一次向床下张望。

“怀疑癖”因子就像一种细菌，它会在人体内到处蔓延，最后导致人总是感觉虚弱。我们可以暂时掩饰这种虚弱，比如说在苍白的脸上擦一些胭脂，让自己看起来仍和健康人一样面色红润，但这种方法却不是长久之计。时间久了，这种虚弱感会渗入人体各个器官，对人体的危害也会日益加重，如果等到病入膏肓的时候才想到要医治，就来不及了。

我们应该在平日中注重对意志的训练，这样身体在有效地完成一件任务时，意志的价值才能被体现出来。训练有助于提高我们行为的精确性，正所谓“台下一年功，台上十分钟”。我们知道每一项技能在达到完美之前都需要经过训练，无论是舞蹈或是钢琴，没有人可以不付出一点的努力就将它们完全掌握。无论做什么，动作的协调能力和理解能力都是必不可少的，如果想让这两种能力得到强化，最好的训练时间就是婴儿期。

我们在进行纯粹的生理运动时，随意肌会运用两种相对抗的方式运动，比如一部分肌肉在我们伸展胳膊时起作用，另一部分则在我们弯曲胳膊的时候才起作用。我们日常生活中经常做的一些动作如伸臂和曲臂、站起和下蹲等，都是在这两种相反的肌肉作用下完成的。我们进行肌肉运动时，身上的肌肉会进行合作，从而达到我们最终想要达到的目的。

在不同肌肉块的合作下，我们能够拥有优美的体态，能够完成刚劲有力、优美大方的动作，还能根据不同的旋律和节奏作出相应的动作。动作方面的训练是为了使有对抗性的动作相互配合，但要注意一个前提，即机体已经具备了自然而然的动作协调能力。运动和舞蹈方面的特殊训练都要基于这一基础，然后才能开展具体的动作训练。

意志对训练有着必然的作用，比如一个人想要参加比赛，他就会在训练时更加用心和努力。运动本身具有随意性，但无论是单纯为了训练肌肉协调而进行的运动，还是更复杂的运动，当它们受到意志的指挥后，就会变得更加有条理，就好像一支受过专门训练的队伍所表现出的一样。

我们已经明白培养孩子的能动性十分重要，所以再没有人会强迫孩子完全静止、一动不动，也没有人会将孩子的四肢绑在椅子上，最后导致孩子四肢瘫痪。这是一个好现象，但我们需要注意，我们不应该只给孩子讲一些有关杂技演员、摔跤冠军之类的故事，然后希望孩子们对运动产生兴趣并进行模仿，这种做法是行不通的。

然而在现实生活中，的确有很多的家长在做着这样的事情，甚至那些更荒唐的事情他们都做过了。由于不懂得正确的方法，我们做了许多无用功，有些做法甚至让我们看到了最不想看到的结果。我认为，如果我们真正想要培养孩子的意志，就不应该试图消灭或扼杀孩子自己的想法。我们没有强迫孩子完全静止，但是却强迫他们按照我们的意志行动。我们习惯了为他们安排好一切，告诉他们什么时候应该活动，什么时候应该静止。如果孩子事事听从我们的安排，我们就会感到很满足，并得意地告诉孩子们："看吧，行动就是意志的表现。"另外，我们还会经常给孩子们讲一些寓言故事，告诉他们只有意志坚强的人才能成功，才能成为英雄，并建议孩子们向这些伟大的人学习，这样才能在长大后创造奇迹。

我曾遇到过一位"好"老师，她非常爱我们，在她讲课的时候，我们只要乖乖地坐在椅子上听讲，其他什么事都不用做。我记得那位老师讲课十分认真，也十分投入，即使自己非常疲惫也不肯停下来。我记得那是我小学一年级时的事情，这位老师总是向我们强调出人头地有多么重要，她要求我们大量阅读成功人士的传记，要求我们向优秀的女强人、女英雄们学习，记住这些人的生活经历，并从中得到启发。她总是想向我们证明："看，这个世界上出人头地的女性这么多，你们只要努力，长大后就会成为像她们一样的人。"我并不想出名，也不认为让孩子从小向名人学习是好方法，我认为孩子的将来是最重要的，不应该被其他人的传记影响。

现在，全世界的教育学家们已经达成共识，当今的青少年"缺少个性"，这一现象对人类造成了极大的威胁。在我看来，并不是现在的青少年一直都缺少个性，他们本来也是极具个性的群体，是现在的学校将他们的个性磨灭了。学校不仅摧残孩子的身体，同时禁止他们拥有自己的意志，这是最根本的原因。想要避免悲剧的发生，我们就应该让孩子们得到行动上的解放，这样他们的潜力才能得到释放。

等我们的意志得到了发展，并在发展中日益变得坚强，这时的我们面临着一个新的问题——怎样利用我们的意志？维托里奥·阿尔费里是一个很好的例子，我们经常用他的故事来教育孩子，向孩子们证明意志力的强大。

晚年的维托里奥·阿尔费里已经是社会名流中的一员，此时的他已拥有了地位和身份，在别人的眼中，他已经不需要做任何的努力。然而维托里奥·阿尔费里并不这样认为，他坚持自学拉丁语，虽然这项学习十分枯燥乏味，但他还是坚持了下来。最终，他成为了闻名世界的文学家，凭着不懈的热忱，他将自己的天赋充分发挥出来，写出了许多经久不衰的诗篇。他那句用来讲述自己转变过程的诗句"我坚持，不断地坚持，全力以赴地坚持"，成了意大利的老师们经常引用的名句。

维托里奥·阿尔费里在实现自我转变之前，他一直与一位贵妇交往。这位贵妇在社交界以任性出名，维托里奥·阿尔费里在与这位贵妇的交往过程中意识到，自己不过是她感情上的玩物，如果不改变这种情况，自己以后便不可能有出头之日。维托里奥·阿尔费里希望提高自己，这种冲动十分强烈，他恨不得马上将自己内在的潜力全部释放出来，用这股力量支配自己未来的人生，过上真正有意义的生活。然而，他还没有将这股力量释放出来，那位贵妇就差人送来了戏票，维托里奥·阿尔费里没有阻挡住这份诱惑，于是他偏离了自己想要走的路线，回到贵妇的身边，与她整晚待在戏院的包厢里。随着时间一分一秒地流逝，维托里奥·阿尔费里开始对舞台上的戏剧感到厌烦，他认为自己在浪费时间，并为此感到痛苦，进而对身边的贵妇也产生了憎恨。

为了彻底摆脱这样的生活，维托里奥·阿尔费里下了一个决定，即用实际行动在自己与那位贵妇之间挖一道无法逾越的鸿沟。首先，他剪掉了自己的粗发辫。在当时，粗发辫是高贵出身的象征，剪掉发辫意味着自己的身份一落千丈，再出门一定会被人耻笑。维托里奥·阿尔费里用这种方式断绝了出门享乐的机会，然后，他将自己捆绑在椅子上，强迫自己不去找心上人。维托里奥·阿尔费里坐在家里，一个字也看不进去，他几次想要出门，但最后都被自己坚强的意志力克制住了。在坚强意志的支配下，维托里奥·阿尔费里告别了奢靡的过去，重获了新生，并成为了一位伟人。

我们希望我们的孩子能够不受虚荣心的驱使，能够以成为伟人为目标努力，能够过上充实的生活。拥有这种想法的我们会在不知不觉中给予孩子过多的溺爱和庇护，这对孩子的成长是没有好处的。为什么我们不放手让孩子自己拯救自己呢？难道他们没有这种能力吗？不，他们有。我们看到了孩子那颗深爱着我们的心，感受到那颗心中包容着的极大的热情，并被这份热情感染，但我们没有发现，在孩子的内心，还有一种特殊的力量，这种力量能使他们控制自己内心的生活，我们称这种力量为孩子自我发展的潜能。

在潜能的引导下，孩子会自发地触摸一些东西，进而对它们产生认识，可是我们却残忍地用命令打断了他们这一系列的行为。我们常会在他们想要触摸某样东西时对他们大喊："不许碰!"会在他们想要锻炼自己的行走能力而四处跑动时命令他们："停下来!"孩子带着满心的求知欲来到我们身边，向我们询问问题，我们却将他们推到一边，告诉他们："不要烦我，我很忙。"用这样的方式对待孩子的我们又与维托里奥·阿尔费里的那位贵妇有什么不同呢？我们把孩子限制在我们身边，不许他们离开，却又不给他们需要的关怀，只是扔给他们一些无趣的玩具，让他们听话。等到孩子们长大后，他们就会感到无聊，并会质疑自己留在我们身边是否正确。孩子们会产生这样的想法：为什么我如此爱他们，他们却要毁了我？难道只因为我爱他们，我就必须容忍他们的任性，并接受他们带给我的伤害吗？

孩子们需要有维托里奥·阿尔费里那样坚强的意志，只有这样他们才能够拯救自己。然而，事实常不如所愿。我们没有意识到我们正在摧毁我们的孩子，没有意识到孩子已经成为了我们教育的牺牲品。我们依旧不停对孩子下达着命令，支配他们的言行举止。一方面，我们希望孩子能够早一天懂事，长大成人；另一方面，我们却控制着他们的一举一动，不允许他们成长。

很多家长在读了维托里奥·阿尔费里的故事后不以为然，他们认为自己的孩子不需要为了抵制诱惑而为自己设置障碍，所以自己的孩子长大后一定会非常有出息。家长们希望自己的孩子能够靠自身坚强的意志克服一切诱惑，于是他们努力寻找着让孩子具备坚强意志的方法，却不知摧残孩子意志的罪魁祸首就是自己。

没有哪一位家长能够真正地帮助孩子建起坚强的意志，所以，我认为，天下的家长和教育工作者们都应该把主要精力放在保护和指导孩子的能力上，而不是做一些阻碍孩子发展的事情。

Part 19

自由是促使孩子智力发育的关键

想要使孩子真正得到自由，我们需要特别重视一件事，即使孩子的机体处于运动之中，这是最关键的一点。

当孩子的心中怀有某种“智力目的”，并能够自由地带着这种目的四处走动时，他们的个体就会不断地得到完善，也能够使自己内在的人格得到自由地发展。也就是说，只有处于这种情况下的孩子才能拥有持之以恒的意志。反之，一个没有智力目的的孩子就不会对某件事情产生坚持下去的念头，他的内部发育也会受到影响。

我们需要克制自己对孩子指手画脚的习惯，不要总是用自己的意志影响孩子。我们应该给予孩子自由的空间。当一个孩子身处于一个适合自己自由发展的环境中，他的信心会增强，做什么事情都非常有干劲。不需要我们下任何命令，他就会主动地洗手、洗脸、换衣服、收拾屋子、摆正桌椅、看管自己的物品等。孩子可以根据自己的感官需求选择自己想做的事情，这能促进他们发展区分事物的能力，也有利于他们学会选择和推理。孩子一旦选定了一件自己真正有兴趣的事，就不会因为受到外界的影响而中止，进而产生一种强大的力量，这种力量能够使孩子在以后的生活和工作中都坚持不懈、勇往直前。在一个自由的环境中，孩子会经历从简单到复杂的过渡，并通过这一过渡陶冶身心。孩子的大脑中会形成一种内在的秩序，当这种秩序和他所获得的技能共同发生作用时，他的性格就渐渐形成了。

我们说让孩子自由发展，并不是指让孩子获得和动物一样的“本能”，而是指让孩子得到智力方面的发展。在对待孩子的问题上，我们曾有一种错误的观念，即按照对待动物的方式对待孩子。我们将“自由的孩子”理解为具有小狗一样的本能的孩子，他们会到处乱跑乱叫，喜欢在我们不注意的时候做一些任性的事情。孩子们想要摆脱受屈辱的处境，于是他们反抗、抗议、挣扎，可是我们却把他们用于保护自己的行为当成他们的本能，认为孩子天生是野蛮的，就像野兽一样。

在生活中，我们是如何对待我们的孩子的呢？最初，我们把他们当成植物，等他们长大一点了，我们就想方设法让他们如植物一样安静成长。我们希望他们的感官也如同植物一样，这样他们就会对我们言听计从，成为我们的奴隶。我们希望他们开出芬芳馥郁的花朵，可是在我们蛮不讲理的对待下，他们失去了人类的本性，能力也渐渐退化。

如果我们能够给予孩子足够的自由，让他们自主掌握自己的智力活动，那么我们将会看到另外一番景象。想要让孩子具有自主开展智力活动的能力，我们就必须重新认识“自由”这一概念。

在我看来，解决人类社会那些与自由有关问题的关键是智力。但令人遗憾的是，在我们的社会中存在一种误区——只要思想得到自由，一切问题就都可以被解决。人们在理解“让孩子自由”这一观点时也存在着类似的误区，这种误区把我们的社会搅得一团乱。很多人认为想要获得思想上的“解放”，就必须将思想倒退回最原始的“自由思想”状态。但这里存在着一点疑问，我们真的能够回到那种“自由思想”状态吗？这种“自由思想”意味着大脑神经的衰退，也意味着人类社会又将回到文盲时代。

如果你无法理解我所说的，我可以举个例子来说明。如果一切目的都可以通过自由选择而达成，世界上没有人会选择生病，但现实生活中，身患疾病的人仍然很多。我们可以让一名病人“自由”地选择自己的身体状况，但是他却只能选择正在生病，因为即使他选择了健康，他的身体状况也不会因为他的选择而立刻好转。

我再举一个例子。如果将有利可图的投资和无利可图的投资同时放在一个没有接受过教育的农民面前，让他选择，他会选择哪一种呢？当然，我们可以说他的选择是“自由”的，因为没有人强迫他必须选择哪一种。但是，如果他选择了前一种，我们只能说他是幸运的。因为他并不懂得这两种投资真正的含义，所以他只是“自由”地随机选择了一种。只有当他具备了足够的知识，拥有了分辨有利可图投资与无利可图投资的能力时，他的选择才能被称为是真正自由的。

凭借社会的约束力而作出的选择不能称为自由的选择，只有当一种内在力量在人体内形成时，人才能拥有真正的自由。如果说释放本能就是获得自由，那么只要我们颁布一条法令，命令所有身患疾病和有身体缺陷的人马上恢复健康，那么，所有聋子都可以马上听见声音，所有瞎子也可以马上重见光明。可是在现实生活中，我们真的做得到吗？

我相信会有那么一天，所有的人都能够意识到，自我“培养”才是人类最基本的权利。只有当这一天到来后，人们才能真正摆脱压抑，自由地选择最适合自身发展的方式，而教育既是帮助我们找到个性的途径，也是解决社会问题的基本方法。

我们从孩子的成长发育过程中了解到，“智力的发育”是一个关键因素，它不但能够揭示出孩子成长的秘密，还能培养孩子的内心世界。有了这方面的认识，我们对智力卫生学的重视也加强了。只有当家长们意识到智力是孩子的生活支柱后，他们才不会再盲目地压抑孩子，给予孩子真正自由的发展空间。

如今的家长对孩子的关心还只停留在孩子的身体上，他们会关心孩子的身体是否健康，牙齿是否完好，甚至连头发是否有光泽都成了他们关心的对象，可是对于孩子的内在，他们还是没有十分重视。但是我相信，家长们会在将来的某一天意识到智力发育对孩子的重要性。那一天不会太快降临，但一定会到来。到那时，家长们就会更慎重地对待孩子的智力开发。

什么是智力？我们不想在讨论刚开始的时候就把它上升到一定的哲学高度，而是希望能够通过思考对它有一个初步的认识。一些映像、联想和再创造活动都能够促使心智形成。我们需要对这些因素构成的总和进行思考，并联系外界环境，对智力展开分析。贝恩向我们表达了一个观点，智力活动起始于对“差异”的感知，鉴别“差异”是人类头脑发展的第一步。人类对外部世界产生知觉的基础就是“感觉”，在形成智力的最初过程中，我们要将这些材料收集在一起，然后加以区别。

对智力，我们需要尽量清晰地加以分析。人们习惯把智力的发展与时间联系在一起，将一个人反应时间的快慢当作智力发展情况的好坏。在大多数人看来，一个人的反应速度越快，就说明他越聪明。决定人是否能够作出快速反应的条件是什么呢？从外界接收信息的能力、在内心对意象的编织能力和表达内心想法的能力都对这一反应的形成有巨大影响。我们可以通过一套系统训练我们的这些能力，以便它们得到发展。具体的操作方法如下：首先，收集大量感觉材料；其次，在收集材料的过程中使材料之间建立起相互联系，并对这些联系作出明确判断；最后，养成自由展示这些东西的习惯。

心理学家提出建议，想要缩短“反应期”，应该增加行为隧道和联想隧道的渗透性。当我们进行促进智力发展的肌肉运动时，我们不但要完善我们的动作，还要锻炼我们的速度。我们常说一个孩子很聪明，并不仅指他能够准确地理解一件事物，还指他能够迅速地理解这件事物。如果很多人同时学习一件事情，而其中有一个人花的时间比其他人都要长，我们就会说这个人反应相对迟钝。人们想要说明某人反应敏捷时，总会用“什么事都逃不过他的眼睛”这样的句子来形容他，事实也确实是这样。反应敏捷的人的注意力总是高度集中，能够时刻对外来刺激作出反应。

如果我们面前有一架灵敏度非常高的天平，哪怕我们在上面放一件比鸿毛还要轻的东西，它也能够感受到，并发生倾斜。反应敏捷的人就像这架天平一样，身边的吸引力哪怕只有很小的一点，他们的大脑也能够作出相应的反应。我们经常遇到这样的一些孩子，不管我们说什么，他们都会在眨眼之间明白我们要说明的道理，因为他们有十分迅速的联想力。

对孩子进行感官练习后，他们的主要活动能力受到激发、得到加强。我们可以适当将刺激物与孩子隔离，这样有助于孩子产生清楚的知觉；我们也可以让孩子亲身体会冷、热、粗糙、光滑、重、轻、悦耳、嘈杂等感觉，以锻炼他们的敏锐程度；我们还可以把孩子领到一个静寂的环境中，让他们在这样的气氛下屏气凝神、闭上双眼，感觉另一种声音的存在……这些练习的目的都是为了使孩子从“心”感受到外界的召唤，并使他们的心灵产生活动。我们在不同的实验中发现，当各种感觉能够与环境融合在一起，它们共同产生的作用就很和谐，在这种作用的影响下，已被唤醒的活动能力也加强了。我们可以用一个例子对这个问题加以解释：当一个孩子正专心致志地为空白画册涂色时，如果我们放一些优美的音乐，这个孩子涂出来的色彩也就会更加美丽；当一个孩子走进校园后，看到校园环境优雅、花团锦簇，他就会情不自禁地用最动听的声音唱出最悠扬的歌。

孩子一旦开始进行自我教育，他们就会出现如下的表现：他们会对周围的事物产生更加迅速的反应，他们更容易对周围的事物产生浓厚兴趣，一些在过去常常被他们忽略的东西，如今都难以从他们眼皮下偷偷溜走。弄清物与物之间的关系对于他们来说已经不再是件困难的事情，在使用过程中，他们能够随时发现错误的地方，并立即进行改正。在原始而基本的感官训练中，孩子的智力得到了训练，中枢神经机体被唤醒，并开始运动。

反应敏捷的孩子很容易对我们的感召作出回应，哪怕只是一个很轻微的感召，他们也能感觉得到，并且，他们能够对任何事物产生极高的注意力。看到这些孩子的表现，我们会不由得将其与普通学校中表现迟钝的孩子作比较。那些普通学校里的孩子不会有敏捷的动作，在受到外界刺激时，他们只会表现出冷淡的反应，对事物的联想能力也比较匮乏。

我们在对两类孩子进行对比的时候，会不由自主地想起现代文明与旧时文明的差别。如今，我们的生活环境在很大程度上得到了提高：过去我们出门乘坐的是马车，现在我们可以乘坐汽车甚至飞机，节约了不少时间；过去我们靠书信进行远程交流，现在只要一个电话就可以；在过去的战场上，最常见的是一对一的肉搏战，现在的战场上，只要发射一颗炮弹，就能够造成上千万人的伤亡。我们从这些事例中看到，“文明”在发展，但人们却并没有更加珍视生命、珍惜灵魂，而是将“文明”用于节约时间上。

机器的运作速度加快了，经济的发展速度加快了，于是我们就认为“文明”确实发展了。可是我们人类自身又变得怎样了呢？就在文明快速发展的同时，人类自身的发展却落下了一大截，甚至连井然有序的自我发展都做不到。孩子无法适应复杂多变的环境，他们在面对各种突发事件的时候感到手足无措，不知道自己要怎样做才能为自己服务。他们完全不懂得利用这些进步的文明。

我们生活在一个文明社会中，但我们却一直在欺骗自己的灵魂，压抑自己的灵魂，这真是件可悲的事。如果我们不改造自己，使我们与现在的世界和谐相处，那么总会有一天，我们会被这个世界摧毁。

我们不应该单凭一个孩子拥有快捷的思维和聪颖的外表就断定他能够对这个世界作出迅速恰当的反应。反应与训练相关，同时也与内在秩序的建立密不可分。秩序是决定一个人是否能够根据外界刺激作出迅速反应的关键。如果一个人的大脑总处于思维混乱状态，他就不可能写出一篇富有逻辑性的推理性论文，哪怕连对某一知觉对象产生正确的认识这样的小事也做不到。如果一个人能够有组织地重新安排自己的工作，并且这份安排条理清晰、层次分明，我们可以说这个人的智力正在形成。

Part 20

智力的发育过程

能够进行区分是智力的一项重要特征。在工作中，区分体现在对工作内容进行合理的安排；在生活中，区分体现在为有秩序的创造作准备。在《创世记》中，我们能够找到关于创造的概念。上帝对世界的创造是建立在充分的准备工作之上的，而他的准备工作又是什么呢？那就是在混乱的世界中建立一套秩序。“上帝分开了光明和黑暗，把所有的江水汇集在一起，然后让陆地突现出来。”人的意识中可能存在许多内容，但是，如果一个人不具有条理的思维，再多的内容也只是一团混乱，他的智力也无法得到发育。智力对于人类就像是黑暗中的明灯，它让世界充满了光明。拥有智力的人能够辨别世上的是非真假，能够认清事物原本是什么样的。所以我们说，想要使一个人的智力得到发展，我们就需要帮助他把意识中那些混乱的意象进行分类，让它们条理清晰。

当一个 3 岁的孩子突然之间面对这个世界，他会呈现出怎样的状态？太多的东西让他眼花缭乱，他感到疲惫，想要睡觉。他还有很多工作要完成，比如学习走路，比如学会让自己的感官器官协调发展。可是他身边的人并没有注意到这一点，他们没有想到这个小孩需要帮助，他们什么都没有为孩子做。而孩子由于受到过多的刺激和压迫，只好用哭声来表达自己的不舒服。

3 岁的孩子还不具备条理清晰的思维，他就像是一个拥有大量书籍却不知道怎么应用的人，只会把这些书乱七八糟地堆在一边，然后望着巨大的书堆发呆。他们不可能像成年人一样把书分门别类地摆好，并以自己拥有一座图书馆为傲。

感觉练习让孩子们学会了区分和分类，但这只限于按照事物的简单属性分类。孩子们懂得将事物按照大小、形状、颜色进行分类，也会将光滑的事物和粗糙的事物区别开，他们知道如何辨别事物的重量、温度和味道，却不会从本质上区分不同的东西。孩子们学到的是一些和物质性质有关的知识，这些知识能够帮助他们建立一种秩序。其实事物的特性除了在质上有差别，在量上也有差别。即使是同一种事物，也会在高低、薄厚、声音、色调等方面有所不同。

首先，老师在挑选感觉材料时要注意，这些材料一定要能够起到帮助孩子区分事物的作用。这些材料应该具有明显特征，能供孩子进行对比和分析，并能使孩子在大量接触后留下清晰的印象。其次，老师可以通过引导，将孩子的注意力向其他事物转移，使孩子产生差异感。等到孩子感知到差异之后，老师就可以将这些差异进一步划分，按照不同的差异程度排列，比如把几枚铃铛按照音调的高低摆放，把几本书按照不同的厚度排列等。

孩子对这样的练习产生出强烈的兴趣后，就会不断地重复这些练习。老师可以给不同的事物贴上不同的标签，这样孩子就可以根据不同的名称联想到不同的事物。

现在，我们除了教孩子依照物质特征对事物进行分类外，没有其他更好的方法。所以我们需要将做每件事的顺序安排好，让孩子在学习分类的同时懂得秩序。懂得了秩序后，孩子们的世界就不再混乱，他们会懂得将拥有的知识按类别分好，然后灵活运用它们，也会在获得新的知识后将它们归入原有的类别中。

区分事物的能力是孩子智力发展的基础，孩子能够对周围的事物产生“认识”。虽然他们并没有真正地看到蓝色的天空，碰到光滑的手，或看见长方形的窗户，但在他们的印象中，天空的颜色就是蓝色，手的触感很光滑，窗子的形状是长方形。

孩子的大脑中形成了这样的一种顺序，这种顺序能够平衡孩子的内心个性，并将这种平稳的个性长久保持下去。协调官能的肌肉能为我们带来身体上的平稳，使我们能平稳且安全地进行各种运动，而大脑中的顺序则为我们带来精神上的镇定，它为我们提供了力量，使我们有能力进行新的尝试。当你进入一座井然有序的博物馆时，你会觉得很轻松，因为你能够轻而易举地找到你需要的东西。同理，当一个孩子的大脑中存在了一定的秩序，他就不需要花费大量精力和时间在思考问题上。这样的孩子不容易感到疲惫，他能够在同样的时间内完成更多的工作，也可以对外界刺激作出更迅速的反应。

人类能够先在头脑中建立起牢固的秩序，然后以此为基础与外部事物结合，并将外来信息区分、归类和编排，这一表现既使智力得到了体现，也使我们的精神得到陶冶。如果一个受过教育的人能够在阅读一篇文章的时候，根据文章的风格判断出作者，或在阅读一系列同一时期的文学作品后，总结出此阶段文学作品的特征，那么我们就可以说，这个人是一个精通文学的人；如果一个人能够根据一幅画的着色方式辨别出这幅画的作者，或根据浮雕的雕刻手法和细节推测出雕刻家所属的年代，那么我们就可以说这个人是精通艺术的人。还有一类人，他们能够观察出事物的本质，能够以最详尽、最恰当的语言对这些事物的价值作出评价，明确地将事物归类，这一类人就是科学家。

除了科学家外，化学家、物理学家、地质学家和考古学家也是如此，他们都能够凭着自己井然有序的思维对一些自己并不熟悉的事物如秧苗、微生物、动物或动物残骸等进行分析。虽然他们之前从未接触过这些事物，但他们作出的判断却是相当准确的。

一个人不可能仅通过积累事物的直接知识就成为一名文人、科学家或鉴赏家，他必须在头脑中建立一套知识体系。如果一个人拥有大量对事物的直接经验，却没有接受过教育，她只能成为一位彻夜苦读的太太，或是一名能实际区分植物的园丁。没有受过教育的人拥有的经验需要建立在能够接触到的事物上，并且这些经验不具备清晰的条理。科学家能够将事物根据特性分门别类，能够随时识别身边的物质，发现不同物质之间的联系，并追溯到物质的起源，所以我们说他们拥有无限的知识，他们能够发现的事实要比实物更加深远。

我们的孩子对身边的一切事物都很敏感，他们认为所有的东西都具有特殊的价值，所以他们会像艺术鉴赏家或是科学家一样，根据自己学到的关于事物的特征，将见到的所有东西进行归类。没有受过教育的孩子则不会有这样的反应，他们在听到古典音乐或看到一件艺术品时，只会像无知的人一样无从欣赏。

我们看到，现在被普遍使用的教学法与我们的观点相悖。这些教学法没有为孩子设置一块自发性活动的空间，而是直接将每种事物的特征告诉孩子，并让孩子们牢记。这些教学法的目的是为了让孩子能够在脱离老师指导的情况下，将这些抽象的特征总结归纳，而事实上，这些方法只能使孩子的思维变得更加混乱，他们无法理解那些抽象的定义，更无法对这些定义进行合理排列。

现在最常用的教学法是这样的：老师会向孩子展示一件物品，然后将这件物品的特点向孩子们口述出来，并让孩子们记住。这种方法已经使用了很多年，它的前身就是我们司空见惯的“感官记忆法”，唯一的不同之处是，以前的“感官记忆法”是让孩子们根据老师的描述想象出物品的样子，而现在，孩子们无须想象，他们可以一边看着物品，一边听老师介绍，孩子的感官系统参与到了学习过程中。

老师希望孩子可以在聆听自己的介绍时，将所观察的实物与周围其他物品区分开来，但孩子的大脑在被动状态下，只能够接收眼前的事物，这些杂乱无章的表象对孩子的智力发展并不能产生帮助。

在现实生活中，每一个物体都具有无数种特征，孩子如果想要完全了解一样在实物课中接触到的东西，就必须将这一物体的所有特征综合起来，然后进行思考。我曾在一家幼儿园听过一堂关于咖啡的直观课，老师首先向孩子描述了咖啡豆的大小、颜色、形状、香味和温度，然后讲述了一系列与咖啡有关的信息，如咖啡树是什么样的，咖啡豆是怎样被运送到欧洲的，液体的咖啡是怎样被制成的等。大量与咖啡有关的信息冲进了孩子们的大脑，孩子们感到头晕，在老师滔滔不绝地讲述了这么多与咖啡相关的事情后，他们仍不知道咖啡究竟是什么样的东西。从表现上来看，老师向孩子们传授了很多的知识，如咖啡的制作过程、咖啡对人体的作用、咖啡因的提取过程……可这些信息对孩子起不到任何作用。如果我们问一个刚刚听完这堂课的孩子：“什么是咖啡?”这个孩子可能会回答：“这个说来话长，总之是一种很复杂的东西。”

上过这样的课，孩子们的脑中塞满了对事物的模糊概念，他们的精力被严重地消耗了，完全没有多余的精力对事物进行积极的联想。孩子们努力地回忆着咖啡的历史，即使能够产生一些相关的联想，也不过是次要的联想。

孩子们开始心不在焉，开始想象那些与学习主体无关的东西，如运送咖啡时横跨的海洋和摆放咖啡的桌子。也就是说，当他们允许自己的大脑离开那些枯燥无味的、被动的联想时，他们就会胡思乱想。

处于胡思乱想的孩子不会产生内在的思维活动，也不会出现个性上的差异。只有适应直观教学法的孩子才能接受各种新的观念。如果我们总是让孩子做一名观众，而不让他们真正参与到与所学事物有关的活动中，孩子就不会学会思考，不会将已学的和现有的事物联系起来，探索两者之间是否有相似的地方。

如果我们希望孩子能够凭借事物之间的相似性将身边的事物联系在一起，我们就要先让他们看到这些事物之间的相似之处。如果我们想向孩子证明两块长方形的匾是相似的，就要首先找出这两块匾的共同之处，比如它们都是用木头制成的，它们的表面都是经过打磨、上色、雕刻的，它们摸起来的温度是相同的等。孩子能够在听完我们的描述后会联想到很多事物，但他们一定是先抓住长方形的特性，然后联想到一些具有这种形状的事物。

现在，我们的孩子已经具有了条理性的思维，他们能够自己观察某个事物，并按照自己积累的经验认识这一事物，分析它与其他事物的相同之处和不同之处。孩子很容易对色彩艳丽或形状特别的东西产生兴趣，并根据这些特征联想到其他相似的东西。这种联想是建立在相似性的基础上产生的，比较机械化。如果一个孩子的头脑中有菱形的定义，他可能会说书是菱形的，但如果他对菱形没有概念，他就会说书是很多张印着字的白纸。当一个孩子能够得出类似于这样的结论，说明他的大脑中经过了复杂的思维过程。

在积极的活动中，个性的差异得以体现出来。什么特征能够将两个相似的事物吸引到一起呢？又是什么样的特征能够使人产生相似的联想呢？不同的孩子在关注同一事物时，他们所关注的重点是不一样的：比如一个孩子会关注到窗帘的颜色，而另一个孩子则会关注到窗帘的重量；一个孩子会关注手的肤色，而另一个孩子则会关注皮肤是否光滑；在一个孩子眼中，窗子是一个长方形的木头框，而在另一个孩子眼中，窗子可以让他不用走出房间就能看见外面蔚蓝的天空。孩子们拥有不同的内在性格，这一点决定了他们会将同一事物的不同特征选为关注对象，由此可见，孩子们作出的是自然而然的选择。

世界上的所有事物或有其特征，或存在局限性，科学家们在将一种事物的某种特征选为观察对象之前会考虑这样的问题："就这一特征展开联想是否对我的研究有利？"在区分人种的时候，有的人类学家会选择人类的大脑的形状为划分标准，有的人类学家则会把肤色作为划分标准。当然，无论他们选择哪一种划分标准，最后都能得到想要的结果。也许每位人类学家都具备充足的关于人类外部特征的知识，但他们却不能将每一种特征都作为划分标准，只能够选择一种能够将所有人分类的特征。纯粹实用的人不会从科学的角度进行思考，他们只会关注自己是否能够因此获利：帽子制造商只会关心人类头部的大小，而不会关心人的其他部位；演说家只会考虑人类对口头语的感受，而不会考虑人类对其他外界刺激的反应。

联想属于智力活动的一种。智力活动并不像有些人认为的那样，将事物的影像映进人的脑海，在大脑中形成拍摄好的照片，然后一张张排列好。大脑必须能够在分析一系列事物后得出结论，总结出一种共性，然后根据这种共性产生对其他事物的联想，这是产生更高一级智力活动的基础。

智力使人具有逻辑思维能力和辨别能力，这样就可以将事物的重要特征归纳出来，并将事物按照不同的特性区分。有了这些特征的基础，智力就可以继续前进，在人的内部建立一个结构。

Part 21

选择是进行高级智力活动的基础

想要将含糊不清的计划变为实际步骤，或是想要将理想变为现实，选择都是必不可少的基础。人类先有了选择，后有了心理感觉机制。感官对人类起到什么样的作用呢？难道它只是为了让人对一连串固定的振动产生反应，而对其他任何事情都无动于衷吗？如果真的是这样，那么我们的眼睛就是为了看见而存在，耳朵只是为了听见而存在。所以说，我们如果想要形成思维内容，就要先经过一个限制性的选择，这是十分重要的一步。当有了内部选择活动这个基础后，我们才能避免注意力分散，然后形成集中于某一特定事物上的具体选择。在众多的可能性中，意志成功地选择到了必须完成的行动。

上面所描述的即是高级智力活动的进行方式。在人的注意力和内在意志活动中，智力将事物的主要特征提炼出来，并通过联想将一些意象置于意识的前缘。在这一过程中，很多能够导致事物之间前后关系混乱的因素都会被舍弃。所有健全的大脑都具有这样的功能：除去粗糙的、多余的信息，提取精细的、有用的信息，保留重要的、敏感的信息。对于那些有助于思维创造的信息，大脑会着重将它们保存起来。正是因为有这种独特活动的存在，智力才可以被称为智力。如果说一个人在某一时刻的注意力游移不定，那么他此时的意志就一定不够坚定，这时无论我们让他做什么事情，他都不会快速作出反应。如果这个人的注意力一直处在游移状态，他就永远不会全心钻研任何事情。

生活中，我们只有对所接收的信息施加限制，才能够对事物产生认识。自然界中有一条神秘的法则，即不同的生物具有不同的“形式”和“范围”。这种限定在我们的内在生活中显得更加明确和集中。我们的内在生活从原始的混沌状态中挣脱出来，在经过雕琢和改造后变得更加明朗。

选择为我们提供了基础，有了这一基础，我们才能对一个事物形成概念，并对其进行判断和推理。我们可以在对圆柱体的很多特性进行分析后得出结论：它常被当作支撑物。这一结论不是凭空得出的，而是经过了很多层选择后得出的。圆柱体还具备其他的特征，比如它很坚硬，它是由碳酸钙等化学物质组成的。只有先将作为目标的特征选择好，我们才能开始推理。我们之前曾讨论过，培养意志力需要经过漫长的、平衡体内冲动和抑制力的训练。培养智力也需要训练，智力的训练包括联想训练和选择训练，这些训练需要一直进行，直到个体能够限定自己的观点和选择，并具备独特的“智力习惯”。当这种习惯成为我们的“天性”时，我们的目的就达到了。

毋庸置疑，理解和研究别人的推理与自己进行“推理”在本质上是不同的。我们可以依据一个艺术家平时对颜色的兴趣、协调性和其作品的艺术表现形式推测出他对外部世界的看法，也可以将自己对世界的观察作为基础，然后自己进行艺术创造，但这两者之间的区别是本质上的。一个人如果只知道学习别人的东西，他的大脑就像一个塞满旧衣服的篮子，虽然储存了很多东西，但这些东西堆放得十分混乱，不分主次，寻找的时候十分困难。反之，如果我们将这些东西分门别类地放在宽敞明亮的房间里，它们就会更便于寻找和使用。人的大脑也是如此，如果我们把学来的知识胡乱地塞进脑子里，它们就会在我们的大脑中占据很多空间，而如果我们将它们整理得井井有条，我们的大脑就能够容纳更多的知识。

当我们的大脑接受一条别人强加给我们的信息时，其吸收效果一定不如我们自己主动汲取的牢固，就像我们在松软的石蜡上雕刻的作品一定没有艺术家在大理石上雕刻的艺术品更吸引人们的眼球一样。当我们主动理解一件事情时，我们会获得一种意识被解放了的感觉，同时还会感到自己具备了某种闪闪发光的东西。这类人会把对事物的理解当作认识事物的开始。有时，这种感觉会改变我们的生活，一个人会在对世界有所发现的同时享受到人生最大的乐趣。退一步说，如果一个人能够对世界有所“理解”，那么世间的痛苦和悲伤对他而言就变得不那么可怕。事实就是如此，当一个人能够弄清自己为什么会饱受折磨时，他就不会再为此感到悲伤和恐惧，并能冷静下来，在黑暗中寻找通往光明的出口。

一条狗可能会在主人去世后守在主人的坟前，最后死于悲伤，但如果去世的是一个孩子，孩子的母亲则会打起精神，坚强地活下去。为什么会有这样的差别呢？因为人有理智在支撑着，而狗不具备理智，它的世界中的黑暗不能够在智力的光芒下退缩，所以它会死去。

智力活动将我们和这个世界联系起来，它能够抚平我们心中的创伤。这种感受不存在于枯燥无味的课程中，也不存在于某位专家的理论中，因为给我们上课的教授和专家们不会真心地关心我们受到的苦难。我们只能从崇高的智力活动中得到这种感受。我们有时会告诉自己“理智一些”，有时会对自己说“有信仰才会有力量”，因为我们希望自己的智力能够永远处于探索之中，这样它就可以不受约束地让我们的灵魂得到培养和拯救。试想一下，如果我们真的能够运用智力摆脱死亡的威胁，那将是多么幸福的一件事情啊！

通常我们说一个人“头脑开窍”，是指这个人富有较强的创造力。“头脑开窍”属于精神范畴，在这一过程中，人对情感的理解也变得更加积极。

有一个女孩在很小的时候经历过丧母之痛。上学后，老师在课堂上使用的教学法十分枯燥乏味，这令她感到厌烦，自然也无法理解老师讲授的知识。后来，她产生了辍学的念头。事实上，加重她大脑疲劳的主要原因是她一直过着缺乏母女情感的生活。她的爸爸带她回到了乡下，希望她能在自然中感到放松，恢复健康。在她过了两年野人一样的生活后，她的爸爸又带她回到小镇，为她聘请了几位家庭教师。这些家庭教师都是当地的教授，可是对这个孩子而言，教授的讲授同样乏味，她还是没有办法将精力集中到学习上。对此，她的爸爸感到焦急万分，他不时问她是否已经“开窍”，可是她的回答永远是“我不知道”。

当我还在医学院就读的时候，我在一个巧合之下担负起了看护这个女孩的责任。在看护这个女孩的时候，我对她使用了我的教学法。一天，我正在向她讲关于有机化学的知识，她突然双眼闪亮地盯着我，高声喊道：“我开窍了！”然后她跑着去找她的爸爸，对她的爸爸说：“爸爸我现在懂得这是什么了，我开窍了。”直到这时，我仍不知道这个孩子有怎样的过去，所以我感到很惊讶。当我看着这对父女兴高采烈的样子时，我突然感到，当我们的智力饱受压抑时，我们失去了多少本该属于我们的快乐啊！

孩子会为自己在智力上的每一次进步感到欢欣，一旦他们感受到这种快乐，蜜饯、玩具对他们的吸引力都会大大减弱，他们也将不再有虚荣心。正因如此，他们在别人眼中的形象也变得不同。

我们常会见到有些人一感到开心就变得歇斯底里，他们不停地傻笑，笑得我们莫名其妙。因智力的进步而感到的欢乐则不同，这种欢乐不同于动物的欢乐，它是高层次的，能够让我们脱离悲伤和黑暗的孤寂。

如果有人强烈反对我们提出的这种方法，禁止我们帮助孩子得到高层次的欢乐，那么这些人就是在伤害孩子。在这些人的眼中，孩子和牲畜没有不同，只要他们满足了口腹之欲，并且能够随意玩耍，他们就会感到欢乐。但是这样的欢乐对于孩子而言并不是长久的，孩子们不会因为拥有了这些欢乐，就觉得自己生活得很幸福。就像我们刚刚提到的那个女孩子，如果她没有感觉到“做人的快乐”，她就不会向爸爸表示自己已经走出了困扰自己多年的阴影，并对生活充满了希望。

孩子身上的这种“转折点”是他们智力的体现。他们发现了“真理”，过上了自然的心理生活，并表现出一种“充满活力的人生”。当人类真正的天性在独特的个性中显现出来时，他们就可以避免厄运降临在自己头上。当孩子积极塑造着自己的个性时，他们也正在走着天才们所走过的道路。一个孩子在专心做一件事的时候，他能够排除外界的一切干扰，能够使自己的外在活动与精神活动保持同步发展。孩子们的努力不会白费，他们的智力得到了发展，思维能力也得到了提升。所以我们说，天才都会砸碎桎梏自己发展的锁链，让自己恢复自由身。他们一旦认定了一个“人性标准”，就会坚持不懈，谁都不能使他们更改。

想要培养专注的精神，“沉思”是必须学会的事情。很多人都体会过这样的事，当我们大量地、不间断地阅读书籍时，我们的思维能力反而下降。为什么会出现这样的情况？因为我们在阅读的过程中忽略了“沉思”这一环节。

当我们将一首诗重复背诵了许多遍后，我们能够记住它了，但这并不能使我们体会到诗中的内涵。有的人能够背诵但丁的所有诗歌，但是，如果你问他但丁的诗表达了一种怎样的感情，诗中包含了什么思想，他却回答不上来。人可以通过背诵诗歌“装饰”自己的头脑，但这种“装饰”只停留在表面，使人获得一些诗歌的表面印象。我们如果想要真正在诗中得到启发，则需要对诗歌的主体进行反复地“沉思”，这样才能使我们的心灵更健康，思维更活跃。

“沉思”是培养孩子天性的最佳方法，只有在“沉思”中，孩子们的内心才能得到发展，逐渐成熟。孩子会在拥有了自己的目标后产生强烈抗议的内在生活需要，并为之努力学习和锻炼。在追求中，孩子们渐渐成长起来，他们和智力也变得更加协调。

“沉思”能使孩子学会安静地学习，优雅地做事，全神贯注地对待自己手头的事情。他们的个性也得到了巩固和加强。在认识外部世界的时候，他们能够使用正确的方法，并懂得通过对事物的观察、推理和判断来更正自己以前不正确的行为。他们在工作的时候会更加认真、自觉，持续工作的时间也会更长。在工作过程中，他们不容易受到外界干扰，就连来自身体比自己强壮的、地位比自己高的人的恐吓都不怕。

Part 22

天才的诞生

在多年的观察和实验中，我发现一件事情——生活的普遍法则是由孩子揭示出来的。过去，我们只能在极少数的精英那里找到这种法则，并同时看到社会对他们的无意识压抑。这种无意识压抑伤害了很多人的内心，这也是人类总会背负沉重的负担的原因。我曾与一位有见识的女士提到过我的这种感受，她表示我的“理论”十分有趣，并建议我将它写成文章发表出来。但是我一和她谈到孩子，她就开始不耐烦。她说，她懂得所有与孩子有关的事情，孩子在她眼中是智力上的天才，也是道德上的天使。经过我的努力游说，她终于同意来我们的学校参观。在参观过程中，她和我们的一些孩子进行了交谈。参观结束后，她表现得十分激动，让我马上把我的想法写成论文发表。她对我说：“你知道吗？人有旦夕祸福。你现在不抓紧时间发布你的发现，难道要把它们带到坟墓里吗？”我明白她想表达的意思，但幸运的是，我的身体非常好。

只要我们对天才们的脑力劳动做一些研究，就不难发现，虽然这些天才在开辟新的思维方式上做了很多努力，但事实上他们并没有做什么非凡的工作，他们所做的事情，任何一个普通人都做得到。贝恩说：“具有极强的相似联想能力是天才们的基本特点。”“发现”需要经历精确的观察过程和简单的推理过程，此外，对事实的整理也是必要的。有些人能够“发现”，有些人不能够“发现”，区别就在于此。

可以说，天才具有一种特殊的能力，他们能将事实从其他东西中分享出来，并加以区分。就好像一间黑屋里放着一块宝石，可是我们谁都看不见它，突然，有一束光线照在宝石上，于是我们看见了耀眼的宝石。天才就相当于那束照亮宝石的光线，他们的思想在意识领域引发了一场又一场巨大的革命，为人类社会做出了贡献。

需要强调一点，我们说天才们总是能有惊人发现，并不是因为他们能够发现旷世奇珍，而是因为他们能够将某一常见事物从同一领域中分离出来。开采矿产品的人都知道，在一堆看似不起眼的普通物质中，极有可能隐藏着珍宝，可是由于它整天堆放在那里，于是人们就觉得它很平常，很少有人会真正注意它、研究它。同理，很多真理被发现后，人们都会感叹一番：“啊！就是这个，这不是我早就知道的事吗？而且我还一直在使用这个道理。”所以说，真理本身并没有一夜之间变得价值连城，是在天才们的发现下，真理才有了价值。

天才发现的真理是智力劳动的产物，然而有些真理也不是马上就能被大众所接受的。人类的大脑对新观念的接受总是需要一定的时间，首先是排斥，然后在智力协调与配合的双重作用下渐渐接受。哥伦布提出了“地球是圆的”，并为人类发现了一块新大陆，就是受到智力的驱使。有人认为哥伦布能够成功是一种幸运，但如果他事先没有对这一结果进行推理，也就不会得到这份来自上帝的奖赏。除了智力劳动，哥伦布的英雄胆略也起着重要作用。在信念的引导下，哥伦布终于取得了胜利。

从伏特发现电的过程中，我们也能得到“真理是智力劳动的产物”这一结论。有一天，伏特的妻子发了高烧。在当时，给高烧的病人服用带皮的青蛙汤是一种很流行的治疗方法，于是伏特也这样做了。伏特杀死青蛙后，把它挂在了窗外的铁棒上，这时他意外地发现青蛙的鳃在不停地收缩。伏特由此得出推论：“一定有一种外力在青蛙身上起作用，导致它的肌肉在死后仍然能收缩。”伏特为了证实这一推论做了大量实验，最后在地场中发现了电。

从上述的两个例子中，我们可以看到，想要取得伟大成就，首先要对看似不起眼的发现产生重视，并严谨而不带任何幻想地思考它形成的原因，然后以此为基础，集中精力用实践证明自己的推论。

伽利略站在比萨教堂里的时候，发现吊钟的钟摆以相同的时间摆动着，由此有了计算宇宙的开端；牛顿在苹果掉下的时候会思考“为什么它会掉下来”，于是物体重力理论和万有引力定律产生了；瓦特既是一名物理学家，同时还是心理学家和数学家，但使他成为伟人的事件却是发现了壶盖能够被水蒸气推动，并由此推论出“蒸汽可以成为机器的动力”。

大脑在运作过程中会遇到很多阻碍，阻碍越大，智力消耗就越大。过多的智力消耗会使大脑的推理过程变慢甚至停止，最后对事实视若无睹。在生物学领域就出现过这样的情况。按照早期的生物学理论，血液循环系统是完全闭合的，所有的脉管紧密相连，上皮细胞也不可能被任何不锐利的物体穿透，所以植物、微生物不可能进入人类的身体。如果人们的推理能力很强，他们一定会追问属于原生动物门的疟原虫是如何进入人体的。然而在现实生活中，人们却一直把导致人们患病的原因归结为吸入了沼泽地的有毒空气。人们在发现导致疟疾的真正病因前，认为细菌能够被桉树释放的放射物杀死或过滤，于是种植了很多桉树。可是却没有人对疟原虫进入人体的方式进行研究。直到 1982 年，罗纳德·罗斯提出疟疾可能是由于蚊子叮咬而引发的，人类才开始向真理迈进。

在研究过程中，人们发现疟疾流行的地区并非是空气污浊的地区，恰恰相反，那里的空气很清新，土地也很肥沃。生活在这一地区的人们只要不被蚊子叮咬，身体就会一直处于健康状态。一些患有贫血症的农民只要睡在蚊帐里，避免再被蚊子叮咬，用不了多久就会恢复健康。等到这一事实被公布于世后，很多聪明人就会感到万分惊讶，因为他们竟然连这么简单的现象都没有发现。

还有一些更加明显的例子可以说明人类由于推理能力下降而犯下的错误。人们在希腊文明时期根据经验下过这样一个结论："石头是从天上掉下来的。"在古代的中国，也有着陨石从天而降的记录。但荒唐的是，马克西米连一世竟认为 1942 年降落的陨石意味着基督教世界应该向土耳其人发动战争了。根据资料显示，最大的一块陨石重达 40 公斤，于 1751 年降落于亚格拉姆附近。一位德国学者曾表示，只有对自然历史一无所知的人才会相信天上会掉铁。可是直到 1751 年，一些受过教育的德国人仍然相信既然天上能掉石头，就也一定能够掉铁。由此可见，人们对自然历史和自然物理的忽略程度真的不小。

有一颗重 10 公斤的陨石于 1790 年落在了法国南部的塔斯肯尼地区，300 个目击者联名向巴黎科学院呈送了一份报告，可是这份报告却被科学院认为是"无稽之谈"。又过了几年，契拉第里向大家公开表示，他相信陨石的存在，可是别人却诬陷他是不懂法则的人。甚至有一些人说，契拉第里这种不计后果的言行会对世界造成巨大危害。圣托马斯曾说，除非他能够亲手摸到陨石，不然他就不相信天上会掉石头。如果说圣托马斯的怀疑还留有余地，那么另一位大学者的怀疑可谓是顽固不化。这位大学者曾咆哮着向众人宣称，就算陨石直接从他眼前划过，他也不会相信。也就是说，他连能触手可及的东西都不相信。

心理学家很少对人类麻木不仁的状况进行研究，老师们也是如此。很多事实已经摆在我们的面前，但我们就是不能对其产生反应。正如离开了内在注意力，感官就不能对外界的刺激产生反应一样。我们进行了无数次的实验，然后把这些实验结果变成我们的内在知识。我们想要对外在刺激产生印象，就需要进行一个内在的过程。

在一个更加崇高、纯洁的精神领域中，这样的情形同样存在。如果没有意念，人就不能顺畅地产生意识，也就无法真正领会外界的事物。意识需要随时处于自由状态，此外，充满“期待感”也十分重要。对一个思维混乱的人来说，即使真理已经降临到他面前，他也感受不到。拥有信念的人会让自己的心灵向真理敞开，会对听到的解释和阐述作出回应。如果一个人从内心排斥某种信息，那么我们即使用尽方法向他阐述，他也不会明白。

我们现在生活的世界是一个实证主义的世界，是一个人们只会对自己能够亲手触摸到的事物产生相信的世界。所以，我们感到我们的智力也遭受着前所未有的危机。也许我们的智力已经下降，也许我们的智力并不是正确的，但我们自己并没有意识到。智力中的小错误如果得不到解决和纠正，就会使人神志不清，或心理失常。所以智力和精神同样需要支持，否则就会衰竭。智力需要不断被净化，需要我们对它不断进行自我调理。这种内在的调理比我们平日里做的身体调理更加重要。

为什么我们要培养智力呢？因为我们要使智力远离疾病和死亡。我们不可以强迫自己进行智力方面的工作，以免它过度劳累，最后导致整个人精疲力竭。如果说我们感到疲惫，那么我们进行的就不是智力培养。如今，神经混乱的人越来越多，我们需要保证自己精神和智力方面的健康。所以我们要有节制地关注我们的孩子，不要强迫他们学习，而是要让他们的心灵永远沐浴在智慧的光芒里。

Part 23

想象是打开奇迹之门的钥匙

科学的创造性想象离不开现实的基础。如果我们在上个世纪就对那些乘坐在马车上的人和用油灯照明的人说：早晚有一天，纽约的夜晚会遍布霓虹；如果我们在海洋中遇险，我们只要向陆地发出一种信号，收到信号的人就会来救我们；我们也能够飞上天空，并且飞得比老鹰还要高，还要稳……我们一定会被周围的人当成疯子，或是做白日梦的傻瓜。

环境条件限制了人们的认知能力。在那样的时代，人们不可能想象出这些事情。古代的人只能靠幻想来预知世界，而现代人的想象则有实证科学做基础，这就是古今两个时代的人之间最大的差别。人类在对事物的认识上前进了一大步，于是整个世界的面貌也随之发生了改变。

当想象与现实结合，人类的内在思想就会开始工作。这种工作并不能改变外部世界，但人类的思想在这一过程中得到了进化，并产生了创造力，这种创造力就是推动世界发展的力量。于是，我们现代人在实证科学方法的引导下找到了发掘思维的方式。就如《圣经》中讲述的："让我们以自己的形象和样式为模板创造人类吧。"

人类用智慧将一个个梦想变为现实。当我们头脑中想着“这个世界应该充满光”，世间便有了七色的光辉；当我们头脑中萌生了让人类飞翔的念头，我们就转眼冲上了云霄；当我们希望陆地上的人能够听到从海中传来的，遇到海难者的求救声，陆地上的人果然就听到了；当我们希望世间万物都能不断繁衍，人类能够过上幸福生活时，一个物质丰裕的社会便建立了。

从创世的那天起，想象就在不断地创造着奇迹，但我们有时会忘记创造力应该以现实为基础这一点。我们的大脑有时会陷入空无实际的幻想，然后离现实越来越远，于是，在许多的活动中，人类混淆了手段与目的，最后一事无成。在我们的生活中，随处可见这样的例子，比如我们明明是贪食，却用需要补充营养作为借口，从而可以没有顾忌地大吃大喝。贪食的结果是，我们不但没有使身体更加强壮，反而损害了身体的健康。

性生活原本是一种延续生命、促进物种繁殖的手段，当人们只是为了满足性欲而过性生活时，他们的性功能就会退化，甚至出现不育的情况。如果人类不将这种行为用于造福世界，而是只用于达到自己的目的，人类就犯下了一宗罪。人们对智慧犯了罪，这种罪行会使人类世界变得虚无，它不会永远以珍品的形式存在，还会毁坏现实中本来存在的创造力。

值得庆幸的是，在实证科学的帮助下，我们的思想得到了洗礼，心力也回归了自然。《圣经》中曾描述了一个场景：一群人在看到一个人将一大串葡萄带到他们面前时感到无比惊讶。如今的我们也是如此，只不过让我们感到惊讶的不是葡萄，而是由科学家带来的有关大自然的奥秘。

其实，奥秘很简单，就是一套谨慎、耐心观察的精确方法。每个人都可以探索自然的奥秘，因为这些东西刚好符合我们精神生活的需要。人类在实证方法的帮助下学会了搜集事实的方法，找到了认识真理的道路，并开始构建自己的想象。现在，所有人都应该崇尚科学方法，无论大人还是孩子。对孩子而言，实验、观察能使他们更加接近现实，使他们想象的羽翼更加丰满，并将使他们的智力更具有创造性。

我们的智力不仅用于对事物进行精确的观察和简单的推理，还有更加伟大的工作等着它去做。艺术想象也是以现实为基础的。与但丁、弥尔德、歌德、拉斐尔、瓦格纳等非凡人物相比，我们所从事的工作显得十分渺小，因为那些人都是旷世奇才，他们的观察力、想象力、推理能力都要高人一等。但是，我们也有自己独特的想象力，也能用头脑构建出美好的东西。我们也能够制作出风格各异的艺术品，写出韵律优美的诗歌和乐章。随着这种本能一步步发展起来，一个巨大的艺术宝库也渐渐被建立起来。心灵世界创造的多样化世界保护着我们和我们的精神需求。

除了有形的、现实的观察工作，我们还会从事创造性的工作。这些创造性的工作能使我们远离喧嚣，得到宁静和平和。

每一个人都能在自己能力允许的情况下进入一个更高的境界，但这并不意味我们可以凭空将艺术品创造出来。创造也是组合的一种，它是一种对原始材料进行构造的过程。我们通过感官将周围的感官材料进行记录，然后将这些信息收集到我们的大脑中，重新组织。正如一条古老的公理中所说的：我们的才智都早已存在于感官中了。在经验的限制下，我们无法想象出我们没有见过的东西，也无法解释清楚我们没有经历过的事情。我们都知道，米开朗基罗是一位想象力非常丰富的画家，但他笔下的上帝却只是一位威严的、长着胡须的老人，其相貌与常人无异。

对于那些生来双耳失聪且双目失明的人而言，想要对事物产生具体的概念是不可能的事。我们都知道，一个天生的盲人会用声音来形容颜色，在他的世界中，五彩斑斓的颜色就是错综复杂的声音。当我们说到红色，他们的脑中会响起喇叭的声音；当我们提到蓝色，他们的脑中出现的就是小提琴的演奏。而对于天生双耳失聪的人来说，颜色就是所有声音的代替。并不是所有的器官都有助于我们想象力的形成，只有个别器官能够起到激发想象力的作用。比如音乐家拥有十分敏锐的听觉，他们能够用听到的声音描绘出整个世界。

夜莺在林中婉转低鸣，雨水打在乡间的小路上发出的声响，这些声音都能激发作曲家的想象力，进而变成一支动听的曲子。不同的作曲家会对同样的场景产生不一样的感受，有的作曲家听觉器官比较敏感，他们在作曲时会注重对景色的表达；有的作曲家视觉器官比较敏感，他们在作曲时就会注重对形状与色调的表达；还有的作曲家触觉器官比较敏感，他们在作曲时会注重对事物运动的状态或柔韧程度的表达。

想象的产生基于一个特定的感官基础，所以，想要对我们感官的事物与现象进行观察，进行感官教育是基础。感官教育能够帮助我们收集外部世界的、能够让我们产生想象的物质材料。想象必须与现实相关联。当富于想象力的创造能与现实和外部世界紧密相连时，它就能创造出更高的价值。

在诸如《神曲》一样的一流文学作品中，充斥着很多丰富而奇妙的比喻。在进行创作之前，作者的脑子里总会先充满丰富的素材，然后将这些素材进行比较，最后用最适当的字句把自己所想象的东西形容出来。作家和演说家们的想象力十分丰富，他们拥有渊博的知识和清晰敏锐的思维，总是能够把自己的想象和现实联系起来，所以他们被人们称为天才。

比喻的使用对象仅限于真实存在的人和物。这种规定好的标准和比喻方式使我们的大脑在进行创造时不至于混乱。所有的想象都要以丰富的感觉观察材料为基础，这些材料越精确、越完善，就越有利于作家们进行形象创造。如果我们把一个说梦的痴人当成一个想象力丰富的人，那么我们就是疯子。因为这个痴人不具有把客观事物和智力结合在一起的能力，他不能够对客观事物产生正确的感知。

当一位作者使用了新颖的意象，并能将自己创造的这些意象与现实中的意象结合在一起，他的语言就有了价值。但如果一个人在进行想象的时候，只会将别人的想象放进自己的大脑里，或是将别人的想象一遍又一遍地重复，那么这个人不会有任何成就。所以我们的观点是，想要做一名艺术家，首先要成为一名观察家，把自己与现实联系在一起，这样才能使我们的想象力得到正确的培养。

艺术家塑造人物的过程是一种创造过程，因为他没有照葫芦画瓢，而是对原有的形象进行了加工创造。画家、雕刻家会在看到一样东西时，首先注意这样东西的形状和色调，并能区分出环境中有哪些东西不协调，他们对形状和色调的视觉敏感度很高，所以能够不断完善自己的作品，将好的东西保留下来，并将不好的东西剔除。希腊的艺术家们就是如此，所以希腊才会不断涌现出不朽的艺术品，并因此闻名于世。古希腊时期的人衣着都比较单薄，这为艺术家们提供了便利条件，他们能够自由地对人体进行观察。艺术家们运用自己敏锐的观察力，区分出美丽的体形和欠协调的肉体，他们将美好的形象沉淀在自己的脑海里，然后在灵感的驱动下创造出最美的人物造型。拉斐尔在绘制圣母画像之前，曾在美女如云的特拉斯维尔寓所进行了大量观察，最后将这些模特身上的闪光点聚集在一起，结合到自己内心的圣母形象上，于是，一幅名传千古的圣母画像诞生了。

听说有一段时间内，米开朗基罗总是通宵达旦地望着星空。他的朋友们好奇地问他在做什么，他回答自己看到了一个圆顶。他所观察到的这一奇妙的图案后来成为了闻名遐迩的罗马圣彼得教堂。显而易见，如果米开朗基罗事先没有积累素材，他就不可能创造出这一举世瞩目的圆顶，他的过人才智也不会发挥得淋漓尽致。

越接近真实的艺术越显得完美。如果有人对我们的某项真实才能进行赞扬，我们会由衷地感到满足，因为他让我们感到他对我们进行了观察，这份赞扬是一种中肯的、真诚的、怀有敬意的赞扬；而如果有人将我们没有的品质强加到我们身上，并夸大其词地称赞我们有多么优秀，那么即使他的言辞再华丽，我们也会感到不舒服，并会认为这个人十分无聊。

Part 24

培养孩子的想象力

如果现实是想象的真正基础，而且观察的精确程度的大小与感知能力的强弱有着重要关联，那么我们就有必要对孩子的想象力进行培养，使他们能够准确地感知周围的感知材料。从另一方面来讲，为孩子规定一个严格的推论范围，训练他们区别不同事物，可以为他们奠定建立想象力的基础。只要将这一基础打牢，孩子就能够形成与具体形式紧密相关的、有逻辑性的想象。夸张或粗糙的幻想对孩子的成长没有好处。我们必须要做好充分准备，以便孩子能够在智慧的海洋里畅游。

我们在培养孩子想象力的时候需要注意，哪怕孩子的自发活动很渺小，我们也不要对其加以阻止。我们不要自欺欺人地告诉自己，我们能够创造出孩子的智能。我们需要做的事情只是等待，就像等待一只蝴蝶破茧而出，或是等待一个花苞慢慢绽放一样。除此之外，我们做任何事都是多余的。

我们需要牢记一件事：创造性想象只要有一定的根基，不是幻想、幻觉或错误，它就一定能在丰厚的土壤中生根发芽，开花结果。这样，孩子就有了开发智力的基础。

通常，人们把孩子定义为想象力丰富的人群，并认为应该发明一种教学方法，以便让孩子的这种天赋得到开发。也有人认为孩子就像原始人一样，总是喜欢想一些超自然的、虚无缥缈的东西，并常常陷入其中无法自拔。对于这些看法，我们提出自己的观点，即这种原始状态并不会一直持续下去，无论它是在什么情况下产生的，最后都必将被其他状态取代。我们在教育孩子的时候，应该帮助他们克服这种状态，而不是让他们一直停留在这种状态之中，更不应该为他们提供能使这种状态得到延伸和发展的帮助。

的确，我们能在孩子的身上发现一些类似于原始人的特征。比如他们缺乏语言表达的能力，只能用简单的词汇表达自己的想法；他们对词的认识比较笼统，往往用一个词表达所有目的或所有东西。但是，我们不能对他们这些表现加以人为的限制，或是用拔苗助长的方式使他们快速通过这一时期。

与那些永远停留在虚幻状态的人刚好相反，我们的孩子会对伟大的艺术品、科学文明和需要丰富想象力的作品表现出极大的兴趣。我们应该为孩子提供这样的环境，以帮助他们形成才智。儿童处在智力发展的朦胧阶段时，很自然地会被奇妙的幻想吸引，然而我们不能因此否定“孩子是我们的未来”这一事实。孩子们的未来应该比我们的更精彩，所以我们不应过分控制他们想象力的发展。

“婴儿大脑进行的创造性活动是一种创造性想象”，这一观点已普遍被人们认可。通过这种创造性活动，婴儿会认为自己所感兴趣的东西具有赏心悦目的特征。

我们都见过这样的情景，一个孩子骑在爸爸的手杖上，像骑马一样一边吆喝，一边摆动自己的身体，这一事实足以证明孩子拥有丰富的想象力。我们可以再举一个常见的例子：当一群孩子在建造一辆既有椅子又有扶手的马车时，他们的心里充满了欢乐。马车建成后，一些孩子会想象自己正坐在一辆前进中的马车里，他们会一边欣赏马车外的景色，一边向车外的人挥手致意；另一些孩子则将自己想象成赶车的人，他们手执长鞭，抽打着想象中的烈马。然而，那些富家子弟在看到这群玩得兴高采烈的孩子们时，眼中则会流露出不屑的神情，一些富家子弟甚至会嘲笑那些穷孩子，并出言奚落，因为这些富家子弟从小习惯于坐着真正的马车进进出出，有的人还拥有自己的小马驹，所以他们无法理解穷人家孩子那种沉浸在想象力中的快乐。

我们不能为了教育富家子弟而强行夺去他们已拥有的一切，也没有必要给那些幻想着自己拥有骏马和马车的穷孩子们泼冷水。有谁能阻止一个穷人在闻到富人家里扑鼻的菜香时，产生自己正享受着美味佳肴的幻想呢？同样的道理，在一些穷人家庭中，妈妈会把仅有的一片面包分成两份，然后对自己的孩子说："孩子，这一份是面包，这一份是肉，快吃吧。"这时，孩子就会把两份干巴巴的面包想象成松软的面包和香喷喷的肉，然后津津有味地吃起来。

曾有人问我："当一个孩子不停地用手指敲击着桌面，并想象着自己在弹钢琴时，如果我真的给他提供一架钢琴，是不是反而害了他？"我问他："为什么你会这样认为？"他说："如果我把一架真正的钢琴送给他，这对他学习钢琴是有帮助的，但是同时，我也破坏了他的想象力。所以我不知道应该怎么办。"他的担心不无道理。

类似的问题也出现在福禄贝尔的一些游戏中。以其中的一种游戏为例：老师会递给孩子一块积木，告诉他这是一匹马，然后用另一堆积木摆成一个形状，并告诉孩子"这是一个马厩，来，让我们把马放到马厩里"。等到孩子完成这一件任务后，老师会将积木打乱，然后排列成其他形状，并告诉孩子这是一座塔或教堂，等等。这种游戏的最大问题在于，老师使用的材料不能够使孩子产生想象。孩子能够把手杖当成马，是因为他们可以骑在手杖上移动，并且可以像抽打马匹一样抽打手杖，可是积木不能骑，也不能抽打，孩子很难将这样的东西和能跑会跳的马联系在一起。老师一会儿用积木搭建房屋，一会儿用积木代替动物，这样的活动使孩子的头脑变得混乱，孩子们只好不再运用大脑，而是单纯地按照老师的指示行动。老师仍在不停地利用积木对孩子进行提示，至于孩子心里是怎么想的，老师根本不知道。

我们对孩子进行的培养对他们产生了怎样的效果呢？有人在接受这种训练后能够将一棵树想象成宝座，自己可以坐在上面对所有人发号施令，有的人甚至把自己当成了上帝。错误的知觉会使人形成错误的判断，甚至造成神经错乱。孩子的欲望得不到满足，他们就和患了精神病的人一样，连为自己做一些事情都办不到，更不要说为别人做一些事情了。

我们成年人总是以为，如果孩子能把虚幻当成现实，他们的想象力就能得到发展。拉丁语国家对圣诞节是这样描述的：有一位丑女人名叫比瓦娜，她会在每个圣诞节来临的时候翻过围墙，钻进烟囱，把玩具送给听话的孩子，并把煤块送给不听话的孩子。盎格鲁–撒克逊国的圣诞故事又是另一个版本：一位满身是雪的老人会在圣诞夜里手挎一个大篮子，挨家挨户地向睡着了的孩子们发放玩具。这样的方法能够培养起孩子们的想象力吗？当然不能。这些故事里表现的想象力都是我们自己的，而不是孩子的。孩子只是相信我们的故事，却没有对这些故事产生任何想象。

我们只需要孩子轻信我们，孩子的头脑的确具备轻信的特征，因为他们还没有积累足够的经验，也没有获得现实的知识，所以他们不能准确地辨别事情的真假。但是，难道仅因为如此，我们就要培养他们的轻信吗？成年人有时也会轻信，但这是愚昧的表现，在 17 世纪就曾流行过一个颇具讽刺意味的故事。

繁华的地段往往对江湖骗子和庸医有很大的吸引力。在巴黎有一座叫作“新桥”的桥，17世纪的时候，人们来往都要经过那里，也有很多人在这里进行集会，于是有一名叫马里奥罗的江湖医生选择在这里招揽生意。他向路过的人吹嘘道，自己有一种来自中国的秘制药膏，这种药能够改变人的容貌，使小眼睛变大，大眼睛变小。为此，萨丁警长把他抓了起来，并对他进行了审问。警长问他是如何为自己招摇撞骗提供方便的，他向警长反问道：“长官，你知道每天从这座桥上通过的人有多少吗?”警长想了一下，说：“大概10万到12万吧。”马里奥罗再次问道：“那么你认为这些人当中有多少聪明人呢?”警长想了一下，说：“可能100个吧。”马里奥罗说：“100人已经是最乐观的估计了，但就算如此，我还可以向其他99900人兜售啊。”

和过去相比，现在的情况好多了，聪明的人越来越多，轻信者越来越少。但我们要强调的是，教育应该起到使人变得智慧的作用。想要以轻信为基础实施教育，就等于搭建空中楼阁，是不切实际的事。

说到这里，我不禁想起一个故事，这个故事已经被人们传诵过成千上万次。从前有两位公主，为了使自己不在优越的生活中变得虚荣，她们决定到王宫之外的修道院接受教育。在修道院里，她们从修女那里听说了很多关于“世界是虚伪的”的言论。修女们告诉公主们，你们不要相信外人对你们的称赞，那些都是假的，如果你们想听真话，就躲到一旁，听一听你们不在现场时，他们是怎样评价你们的。两位公主一天天长大，转眼到了可以参加社交活动的年龄。她们第一次出席晚会时，在场的所有人都对她们大加赞赏，说了无数甜美的话。这时两位公主想起修女曾告诉自己的话，于是她们趁人不注意，躲进了一个挂着厚重帘子的角落里，想听听人们会在她们背后说些什么。出乎她们意料的是，她们不但没有听到别人对自己的贬低或诅咒，反而听见了更多赞美的话语。她们顿时感到十分失落，当即决定不再相信修女的话，并开始享受尘世的欢乐。

人们在积累了足够的经验，拥有了成熟的思想后，就不再容易轻信。如果能够得到正确的指导，人们就可以永远远离轻信。文明的进步能够使一个人，乃至一个国家的轻信度降低，这就是人们常说的知识能够驱散无知的黑暗。幻想最容易在无知的地方游荡，因为这些地方没有向更高层次文明上升的力量。难道我们应该让孩子的幻想建立在轻信的基础上吗？不！我们不要看到孩子对一切话语都产生轻信，并会为自己的孩子不再相信神话而感到骄傲。

我们希望孩子有一天不会再相信神话里那些虚无的东西，我们期待他们的成长。可是等到孩子真正地成长起来，我们是否应该好好问问自己："我是否曾给予他成长的帮助？我是否使他变得正直而坚强？"事实上，我们什么都没有为他们做。在我们设法使他们停留在幻想阶段时，他们凭借自己的力量走了出来。在他们的体内，有一种促使自身成长和发展的动力，这股动力不但战胜了他们自己，还战胜了我们。在这股动力的指引下，孩子长大了，长大后的孩子会对我们抱怨："你们为什么要折腾我们？为什么要在我们进行艰苦的自我完善的过程中压制我们？难道我们还不够辛苦吗？"

我们认为婴儿不应该站立，于是我们不许他们站直身子；我们认为牙齿不是婴儿的特征，于是我们让他们咬紧牙关，不让牙齿生长。我们做过太多太多的错事，甚至不许婴儿学习语言。当他们用模糊不清的语言向我们表达着他们的想法时，我们不但没有纠正他们的发音，反而学着他们的样子说话。我们故意发出笨拙的声音，用含糊不清的语言和他们交流，甚至故意发错音，这使孩子在学习语言的过程中遇到了更多的困难。我们没有意识到拉长孩子的语言学习期会使孩子倒退回疲惫的婴儿状态。

在培养孩子的想象力时，我们也犯了同样的错误。那些处于幻想、无知状态的头脑往往引起了我们强大的兴趣，孩子表现出的轻信使我们感到兴奋和满足。这样的情况让我想到那些对贫穷孩子感兴趣的贵妇人，她们表面上好像很喜欢那些收容所里的孩子，想要对那些孩子进行施舍，但在内心里，她们想的却是："如果没有这些痛苦的孩子，如何能够衬托出我现在生活的幸福呢?"我们也有着类似的想法，我们的心里想的是："如果这些孩子不再轻信我们，我们将少了很多生活上的乐趣。"

在一些野蛮的国家，常常会有一些被限制身体成长的侏儒，而这些侏儒的作用只是为了逗国王开心。我们现在阻止孩子发展，其性质与野蛮国家的行为是相同的，都属于一种犯罪。有人认为这种说法耸人听闻，但事实就是这样，只不过我们还没有意识到自己犯下的罪行。当我们能够不再人为地使孩子的幼稚期延长，让他们自由成长，并对他们所取得的每一次进步给予赞扬时，孩子才能够一步步走向完美。

想要培养孩子的想象力，我们应该首先让他们成为环境的主人，或授予他们建立在事实基础上的知识和经验。孩子只有在自由发展的时候，才能展示出自己的想象力。这项工作可以从最穷的孩子开始，就像穷困潦倒的人常想象自己腰缠万贯，受压迫的人常想象自己成为国王一样。穷孩子因为什么都没有，所以才会想象自己已经拥有了梦寐以求的东西。穷孩子会很高兴地照料自己的"房子"，将里面的"家具"摆放得井井有条，并把"屋子"打扫干净。等到他们真正拥有了自己的房子、扫帚、陶器、梳妆台等物品后，他们就会失去那种欲望，习惯于平静的内心生活。

孩子只有在拥有真实的财富后才能变得平静，才能不再将宝贵的精力花费在无益的幻想之中。有一所孤儿院的老师对我说，他们已经采用了我说的教学方法，并请我去参观他们的孩子的实际生活。然而当我和一些权威人士一同前往时，我感到很吃惊，因为我看到一些孩子正在面无表情地给一个娃娃准备吃饭用的桌椅。显然，这位老师将假想的生活和现实生活混为了一谈，面对孩子如此的表现，她竟然没有感到一点不对劲。孩子在游戏中摆弄桌子假装吃饭和真正的生活是完全不同的。如果我们总是给孩子灌输错误的观念，他们的精神态度也会出现偏差。

有一位意大利的著名教育学家曾责问我："自由难道能够被称为是一件新鲜的事情吗？去读一读夸美纽斯的著作，你就会发现早在他那个时代，这个问题就已经被讨论过了。"我回答他："是的，很多人都讨论过自由，但我所说的自由是一种真正意识到的自由，这与之前人们所说的自由是不同的。"听完我这番话，这位教育学家还是没有完全理解这两者之间有什么区别，但如果我再多说一句："难道你认为一个谈论百万财富的人和一个百万财富的拥有者是一样的吗？"也许他就会明白我的意思了。

一个人如果满足于假想的事物，就会把假想中的东西当成真实存在的东西。他会否定现实，一味地追求幻想。这种现象在人群中普遍存在，然而竟然没有人意识到这一点，这真是件可怕的事。不管是否有一个坚实的基础做支撑，也不管是否有材料用于筑构，想象力都一直存在。不同的是，没有现实和真理做基础，想象就会成为一股负面力量，这股力量会抑制智力的发展，并阻止真知之光照进人类的心灵。现在我们知道为什么有那么多人已经失去或正在失去自己的光阴和精力了，原因就在于此。没有事实支撑的想象会耗费人过多的智力。

大多数学校为了使学生避免外界干扰、集中注意力听讲，都喜欢把墙刷成灰白色，并在窗户上挂上白色的窗帘。在这样压抑和沉重的环境中，学生的感官得不到松弛，他们只能紧张地呆坐在教室里，随时听从老师的命令。

克拉伯雷迪曾说："我们的教育就是用一大堆知识压迫孩子，这些知识却对孩子的行为没有任何指导意义。我们在他们无心听讲的时候强迫他们听讲，在他们无话可说的时候强迫他们演讲和回答问题，在他们毫无好奇心的时候强迫他们观察，在他们毫无发现欲的时候强迫他们推理、论证。我们不停地强迫孩子做一些事情，却从不管他们心里是否愿意。"

上课对于很多孩子而言是一种苦役，他们要用眼读、用手写、用耳听，除了这些，他们一动都不可以动。他们的脑子并没有在思考，可是却还不得不跟着老师的思维奔跑。老师在设计大纲的时候，从来不会考虑孩子的爱好，只是随意地设计一下，然后就拿到课堂上使用。孩子眼前不时呈现出梦境般漂浮不定的意象。老师在黑板上画一个三角形，没有拿过实体三角形的孩子就必须努力地将这个形状印在脑子里。然后，老师把这个三角形擦掉，开始讲一大堆建立在三角形之上的几何运算，这些东西对孩子而言完全没有实际意义，因为它不能和其他事物混合在一起，也不能被感知。老师讲了很多，但没有一样能够成为孩子的灵感，因为老师所讲授的目的是不明确的。

不经历内心生活的创造，孩子就不能够进行表述。在创作之前，孩子需要自然地汲取外界的材料。我们应该做的就是为孩子提供这样的东西，满足他们内心生活的需要，这样他们才能自由地创造。

对正在努力的孩子，我们应该加以关心和爱护。有些孩子的智力还没有发育成熟，所以他们还不具备丰富的想象力，这时我们不应该勉强他们创造想象，不然就好比给一个小男孩戴上了一副假胡子。事实上，一个男孩子在成年后就会真正长出胡子来，所以我们只要安静地等待就好了。

Part 25

不要束缚孩子

生物科学早已证实：环境对生物有重大影响。在进化论的唯物论中也提到，环境会影响物种的繁衍，还会使生物形态产生戏剧性的变化。我们无法对所有不同的理论都展开讨论，但法国昆虫学家法布尔的研究却验证了这一结论。他对昆虫的生存环境进行了研究，并使人们重新认知了昆虫的生命成长过程。通过生物研究，我们可以确认一件事，我们只能通过一种方式对生物进行透彻了解，即在自然环境下对生物进行观察研究。

我们常说人一直在适应环境，然而在探讨人类和环境之间的关系时，我们发现，事实上是人类创造了一个能够适应自己的环境。我们生存的社会环境中存在着一些重要的精神力量，这些力量能够构成人们社交生活中需要的人际关系。如果一个人不能生活在自己适应的环境中，他就不能正常发展自身潜能，更不能了解自己。呼吁人们提高对培养孩子社会本能的重视，并鼓励孩子多与同伴相处、交流是新式教育理论的中心思想之一。

然而，我们现在面临着一个问题，即找不到孩子能够适应的环境。成人的世界与孩子的世界之间存在着一些偏差，这些偏差会影响孩子人格的发展。

举一个很简单的例子，我们日常生活中使用的东西对于孩子而言过于庞大，孩子无法对这些与自己身高比例不平衡的东西产生认同感，当然也就没办法自然发展。

环境失调会对孩子产生重大影响的更主要的原因是，孩子无法在不协调的环境下进行得心应手的活动。一个拥有高超技术并能做出轻巧动作的杂耍者，会在发现我想要模仿他的动作时暗自发笑，因为在他看来，他已经是这世界上技艺最高超的人，没有人能做得像他一样好。他会在看见我慢慢地尝试着他的动作时产生极大的不耐烦，我们对孩子的态度也是如此。在此，我想向妈妈们提一个建议：不妨让你们三四岁大的孩子自己梳洗、穿衣服和吃东西，并让他们做一些他们自己想做的事情。

如果让我们过一天孩子们现在过的生活，哪怕仅有一天，我们也会觉得受不了。我们会用一整天的时间进行自我辩护，对为我们设置这个环境的人说“不”。最后，我们可能还会哭出来，因为我们的辩护起不到任何作用。可是，我还是听到很多妈妈向我抱怨，她们的孩子非常难缠，不肯按时起床和睡觉，更不肯午睡，哪怕眯一会儿都不肯。这些妈妈认为，小孩子应该听话，而不是整天把“不要”挂在嘴边。其实，妈妈们只要让孩子置身于一个与孩子身材相符，能让孩子释放精力并能适应孩子心理发展的环境中，孩子就不会再吵闹了。让孩子拥有一个属于自己的环境能够使我们向解决问题的方向迈进一大步。

学校是为孩子建立的，所以学校里的一切用品都要以能适应孩子的身材和力气为标准，以便孩子能够轻松地使用它们。

在为孩子而设置环境时，我们应该遵循以下的基本原则：为孩子提供轻巧的家具，并把它们摆在方便移动的地方；把照片贴在方便孩子看到的地方，不要贴得太高。对于其他环绕在孩子周围的东西，这些原则也是通用的。我们要保证家里的所有东西，大到地毯、沙发，小到盘子、水杯，都能让孩子正常使用。我们也应该让孩子参与一些家务劳动，比如扫地、擦桌子、自己梳洗等。我们应该为孩子配置一些对他们有吸引力的东西。我们都知道，一个环境优美的家能够让家庭关系变得融洽，同样的道理，我们也应该让学校变得美观，这样孩子才会喜欢生活在这里。几乎可以确定的是，舒适美观的环境能够对孩子产生有利影响，增强他们的活动力。孩子在优美的环境中会更加乐于探索和发现。

孩子对环境有着异常敏锐的直觉。一个在旧金山蒙台梭利学校生活的小女孩到一所公立学校参观时，发现那里的桌椅上都是灰尘，于是她对那里的老师说："你知道为什么你的孩子们不喜欢打扫教室吗？因为他们的抹布太糟糕了。如果他们也能拥有漂亮的抹布，我想他们一定会喜欢打扫的。"

我们应该为孩子提供能够清洗的家具，这并不只是出于卫生的角度，还有一个重要原因，能够清洗的家具会使孩子养成乐于打扫的习惯。当家具上出现污点时，孩子们会注意到，并会将污点洗净，时间久了，他们就会把保持干净当成一种习惯，随时清理身边不干净的东西。

很多人向我建议，应该给桌脚和椅脚贴上一层塑胶或是套上套子，这样移动过程中就不会发出太大的噪声，可是我觉得，有噪声反而是好事，它可以让我们知道自己的动作是不是过于粗鲁。孩子的肌肉还没有完全得到发展，所以他们还没学会控制自己的行为，一行动起来就会忽略秩序。在"儿童之家"，桌子和椅子发出的噪声使孩子们意识到了自己的粗鲁，于是他们开始变得小心谨慎。我们不会收起玻璃、盘子、花瓶一类的易碎物，反而将它们摆在显而易见的地方，这种做法遭到了一些家长们的质疑，他们认为这样的东西只要到了三四岁的孩子手里，就一定会被打碎。这些家长认为几片玻璃比孩子还要重要，这让我很不理解，还有什么东西能比孩子的身体训练更重要呢？

当孩子身处属于自己的环境中时，他们能够不需要外来的激励，自觉地注意自己的举止和行为。在他们的脸上，我们能够看到喜悦和骄傲，有时还会看到一副正经的样子，这说明孩子有改进自己行为的天性，并会以这种自我改进为乐趣。一个 3 岁的孩子在人生的道路上会不断经历成长，所以我们要帮助孩子自我改进，让他们成长为一个有用的人。人只有不断练习才能发展，所以我们必须让孩子有机会做他们必须会做的事。孩子喜欢洗手的原因不是因为好玩，而是因为这件事让他们感到自己能动手生活，感到自己“能做”是孩子发展的根本。

孩子在尽力让自己变得更好，而我们又应该如何帮助他们呢？我们一直以为自己在帮助孩子，可事实上，我们只是在干扰他们的自然发展。孩子好动，于是我们把课桌椅固定在地板上。其实即使我们不把桌椅固定，孩子也不会将它们破坏，可是我们却为了力求座位的整齐，而破坏了孩子身体行动的秩序。为了防止孩子打破盘子和碗，我们给他们换上了铁制的餐具，却不知我们的做法会使孩子更加想要把这些餐具向地上摔打。用障眼法隐藏所有的问题的做法阻碍了孩子的自然发展，并会助长孩子继续犯错。

孩子想要自己动手做事的时候，他们会充满活力，并乐于与人合作，而我们却总是打断他们的行为。我们会在他们遇到困难时立即介入，替他们完成他们要做的事。当孩子想要自己穿衣服或梳洗的时候，我们的脑子里会突然出现一个声音：“你想要做什么呀？还是让我来吧，我什么都会帮你做的。”我们认为自己的行为是为了孩子好，如果孩子表现得难以相处，我们甚至会认为他们不听话，而事实上，孩子会出现这种表现完全是因为我们剥夺了他们的自主权。

我们应该想想孩子在生命的前几年是怎么度过的。他们被关在充满了限制的家里，这个家里的一切都不可以被打破，也不可以被弄脏，否则自己就会受到训斥。他们想要练习控制身体，可是在这个家里，没有任何让他们练习的机会。他们没有机会学习使用日常生活用品，更没有机会积累生活经验，他们的生命受到了不良影响。

有的人会说，有的孩子天生就是坏孩子，没有人能管得了他，他的爸爸、妈妈对他一再包容，一再顺从，他却变本加厉地表现出叛逆，不肯乖乖梳洗，也不肯按时吃饭。所有人都对这样的孩子的爸爸、妈妈表示同情，认为这么好的父母却有这么一个不听话的孩子真是不幸，可是却没有人想过，这些父母的做法真的就是正确的吗？如果你们认为放任不管就是对孩子好，那么我只能说，你们走入了一个误区。

容忍孩子的所有错误并不是对孩子好，如果我们真的想为孩子好，就应该找出避免他们犯错的方法。我们应该尽量让孩子自然地生活和成长，应该给他们提供成长中需要的帮助，应该认识到他们的弱小和无助，这些才是真正对孩子表达爱的方式。

孩子在属于自己的环境中时，他们会为了把事情做得更好而主动工作。从他们选择物品和自由使用物品的过程中，我们能够看到，这个环境的确是适合他们的。在这样的环境中，他们还学会了发现错误并改正错误。那么我们还需要为他们做些什么呢？我们什么都不需要做了。我们已经为他们提供了他们所需的一切，现在，我们只要待在一旁，任由他们自己学习就好了。我们必须克制自己的冲动，不干涉他们的行动，当然，也不要完全放任不管，我们应该掌握好一个度。当我们在一旁观看的时候，我们会发现，孩子会沉静地做一件他们认为很重要的事情，并从中感到快乐。这时我们就会充分地认识到，我们真的不需要做任何多余的事情了。

我成立蒙台梭利学校的原因就在于此。在一般学校里，老师是一切事情的主导者，孩子永远处于被动的地位，孩子只能够观察，得不到实践的机会。而在我们的学校里，一切刚好相反，孩子是主导者，老师才是观察者。当老师和孩子的身份对调后，我们发现孩子能够自发地从事他们自己的活动，并且成长得越来越好。

说到这时，我想起在我们学校里曾发生过这样一件令人捧腹的事。有一次，校工忘记打开学校的大门，导致老师和孩子们都只得站在学校外面等着。大家的心情都有些低落，这时老师指着一扇打开的窗户对孩子说："你们看，那儿有一扇窗子开着，你们可以从那里爬进去，可是我却进不去。"于是所有的孩子都从窗户爬进了教室，在里面玩得不亦乐乎，而老师则心甘情愿地站在门外观望着孩子们。

所以，我们应该为孩子建立一个适当的环境，使他们能够在这个环境中得到正确的指引和能力的锻炼。我们应该允许老师暂时离开，留下孩子在这个环境中自然发展。当这样的一个环境建立后，教育就能有一个很大的进步。

Part 26

在家庭中实施儿童教育

现在，我们已经明白了偏差的观念和先入为主的错误成见是导致儿童教育失败的主要原因。虽然这种错误的观点还普遍存在于各种儿童教育中，但值得庆幸的是，已经有许多人开始将正确的方法公之于众。如今，社会中已经出现了许多对儿童进行细致观察后得出的教育方法，其中的一部分已经取得了成功，并改变了儿童教育的方向。我认为，无论实施哪一种教育方法，都必须先对孩子进行观察，并且是不断地实验，最终才能确定这种方法是否真正适合孩子的发展。这些正确的教育方法不仅应该广泛应用于各大幼儿园和中小学学校，也应该被各个家庭采用，因为它们不但能够帮助孩子健康成长，也能让爸爸、妈妈们产生脱胎换骨的变化。

如今，家长们主要采用纠正孩子的不当行为，教孩子辨别是非的方法教育孩子。然而大多数的家长却不能以身作则，为孩子树立榜样，他们只是用口头上的劝说向孩子表达着自己的观点。当这些方式对孩子不起效果时，他们就会换用另一种更加强硬的方式——打骂孩子。虽说在这个热爱和平，提倡自由平等的社会，只有家长有权利对孩子实施体罚，然而，在对孩子实施体罚的同时，家长们也背负了双重的责任：他们既要在毫无抵抗力的孩子面前展现自己的权威和威严，让孩子知道自己说一不二，也要在行为举止方面为孩子树立榜样。

有句谚语说得好："整个世界的未来都掌握在那双推动摇篮的手上。"家长们十分清楚自己对孩子的重要意义，他们知道自己对孩子未来的发展起着决定性的作用。可是现实生活中，他们又是如何做的呢？如果一位妈妈在童年时只要依靠练习和耐心就能顺利学会最简单的工作，她就没有办法用同样的办法来教育自己的孩子。而如果一位爸爸在少年时期就已小有成就，他就不会用心思考应该用什么方法培养孩子的人格，也不会用心观察孩子。最后，他们决定放弃自己本该担负起的重大责任。

当一个纯真无邪的孩子降临到这个家里时，爸爸、妈妈开始慌乱，他们不知道怎样成为孩子学习的榜样，于是他们不停地挑剔对方的缺点，最后争吵起来。教育孩子最重要的一点是，父母要以身作则。父母有这样的任务，然而他们却无法完成这一任务，当然，这和生活中的许多困难和矛盾有关，所以我们无法仔细进行讨论。

先让我们看一下"说谎"的问题。

一位称职的妈妈最重要的责任之一，就是把孩子培养成一个诚实的人。我认识的一位妈妈为了教育自己的女儿绝对不能说谎，经常在女儿面前斥责一些说谎的卑劣行为，并赞美那些为了坚持对的事情，宁可饱受责难，甚至牺牲一切的人。这位妈妈费尽心思只为了让女儿明白，一个人如果说谎，哪怕只有一次，哪怕这个谎言很小，也有可能导致她在日后犯下一连串的错误。就像谚语中说的："说谎会使人失去理智。"这位妈妈还特别向女儿强调，越是家庭幸福、富裕的人越要维持尊严，这样才能为那些没有办法得到良好教育的穷人树立榜样。

这位妈妈时刻提醒自己的女儿不要说谎，可是她自己又是怎样做的呢？一次，她不想应朋友之邀去听音乐会，于是在电话中谎称自己头疼得厉害，不能赴约。她还没有说完，隔壁就传来了女儿的尖叫声，于是她忙着扔下电话跑过去。当她冲进房间时，她看到女儿正用双手捂着脸坐在地上哭，便问女儿怎么了。她的女儿一边哭一边回答："妈妈你说谎了。"

这件事发生后，女儿和妈妈之间筑起了一堵无形的高墙，女儿不再信任妈妈说的话，而且不再认为社交活动是一件神圣的事情。一个小小的细节使这位妈妈之前的努力全都成了徒劳，她一心让孩子诚实，却忽略了自己已经把说谎当成了习惯。

成年人总是希望孩子能够养成诚实的习惯，然而他们却经常预谋用谎言把孩子包围住。比如我们常常对孩子说这个世界上有圣诞老人，这也是欺骗的一种。一位妈妈认为这样欺骗孩子不好，并为此感到内疚，于是她决定告诉孩子事情的真相。当她的孩子知道世界上根本没有圣诞老人后，难过了整整一个星期，这位妈妈也感到十分难过。但是，并不是所有的这种情况都会产生这样的后果。还有一位妈妈也向自己的孩子说了类似的话，然而她的孩子在听到妈妈这样说后笑着告诉她，自己早就知道这件事了，并对妈妈说："我没有告诉你的原因是因为，每次我对你说我相信有圣诞老人时，你都很高兴。"这时，父母和孩子之间发生了角色互调，孩子为了不伤害父母的感情而顺从了他们的意思。

很多父母认为，孩子应该毫无异议地听从自己的话，另一方面，他们也认为自己应该被孩子深爱。这一方面，孩子的思想单纯，他们反而能成为父母的老师。

一天，一位妈妈看到时间很晚了，就让自己的孩子去睡觉。孩子向妈妈表示，自己还有一点事情没有做完，希望能够先做完这件事然后再睡觉。但妈妈却怎样都不同意，孩子没有办法，只好乖乖地爬到了床上，可是心里却还想着没做完的事情。过了一会儿，孩子偷偷地爬下床，想要把事情做完，结果被妈妈发现了。妈妈很生气，把孩子狠狠地骂了一通。孩子向妈妈解释自己并没有说谎，因为他之前已经说过希望把事情做完再睡觉，可是妈妈不听他的解释，只是让他承认自己做错了。孩子坚持向妈妈解释着，他希望妈妈能够明白，自己并没有做错事，所以不需要道歉。于是，这位妈妈认为孩子不爱自己，尽管孩子向她表示自己十分爱她，不肯道歉只是因为自己没有做错事情，他的妈妈仍感到十分地伤心。从这个故事中我们能看到，有的时候，成年人反而成了无理取闹的一方，而孩子的谈吐却更像一个理智的成年人。

我们再来看另一个例子吧。有一位基督教新教派的牧师，他的女儿还很小，但是对爸爸的工作十分尊重，并且每个星期日都去爸爸布道的教堂帮忙。一个星期日，牧师布道的主题是耶稣的同情心。牧师对大家说，无论是穷人还是富人，大家都是兄弟姐妹，都是耶稣的子民，所以大家应该互相帮助，我们应该对那些生活在苦难中的人伸出援手，用心呵护他们。牧师的女儿听了爸爸的话十分感动，于是在回家的路上，她拥抱并亲吻了一个在路边乞讨的小女孩。看到自己的女儿竟然当街拥抱一个衣衫褴褛，并且浑身是伤的乞儿，牧师和他的妻子吓坏了，急忙把穿戴整洁的女儿从乞儿身边拉开，一边往家走，一边训斥自己的女儿。到家后，牧师的妻子急忙给女儿洗澡，换干净的衣服。这件事之后，女儿仍旧经常去爸爸布道的教堂帮忙，只是在听爸爸讲道时，她的心里已经再没有感动了。

除了我上面讲的两个例子，成年人和孩子之间的不和谐因素还有很多。我们对自己自以为是的态度和错误的行为不以为然，却不知这些都被我们的孩子看在眼里。它们会在某天成为引发孩子和我们之间冲突的导火线。孩子和我们这些成年人之间存在着一道不可跨越的鸿沟。孩子虽然不能在和我们的冲突中取得胜利，但他们对我们这种依仗强势而取得的胜利并不服气。我们做了错事，就用高压的手段制伏孩子，强迫孩子服从，以保持自己的威严形象。我们让孩子闭嘴，以为这样就可以让事情得到“和平”解决。我们没有发现，当我们为了达到唯我们独尊而不择手段的时候，当我们在为取得的胜利沾沾自喜的时候，孩子已经对我们失去了信任，双方之间那种最自然的情感和相互信赖也化为泡沫消失不见了。

孩子失去了内心深处最需要的慰藉，他们就会在人格发展时产生一些不良反应。成年人的一些不当行为会使孩子产生生理上的紧张，然而为了适应成年人，孩子只能选择将这些紧张情绪强行压制下去，这样做的孩子在日后很容易患上各种疾病。我们眼中的一些属于孩子的特质，其实都是由这类伤害引起的，并在孩子的自我保护机制下形成的不良行为。在被迫屈服和顺从中，一些孩子为了让我们觉得他们很乖而故意说谎或表现得很害羞，还有一些孩子会产生恐惧。恐惧的情绪会对孩子造成极大的伤害，它会让孩子分不清想象和感觉，这比其他的情绪反应严重得多。在缺乏内在发展机会的孩子身上，经常会发生这种情绪上的混淆。

强迫孩子服从我们的做法除了会使孩子产生上述的种种缺失外，还会导致孩子产生被动模仿的弊病。一些人认为模仿是孩子进行自我改进和成长的方式，却不知这是一条将他们领向地狱的路。人只有通过自我的内在工作才能取得进步，在强大的压力下，孩子无法估量内心的期望的价值，也无法将这些期望变为现实，更不要说进行控制。这些期望只能永远被埋藏在孩子的心底，并一点一点吸引、诱惑着孩子。

成年人在压制孩子自然冲动的同时，也妨害了孩子做有用的事，并使孩子丧失了发挥其精力的能力。也就是说，大人成了孩子按照自然法则发展路上的绊脚石。我们用上百种不利于孩子学习的东西将他们困住，致使孩子在学习上走了很多冤枉路。孩子本来拥有克服困难的能力，是我们影响了他们这种能力的发展。无奈之下，孩子不得不顺从我们的指挥。

我们折断了孩子用来飞翔的翅膀，使他们无法接触到自己感兴趣的东西，孩子们只得漫无目的地在物质世界中徘徊。渐渐地，他们偏离了正确的轨道，向现实世界的边缘地带滑去。他们开始空想，生活也变得不正常起来。

孩子不时想要抗争，想要保护自己，他们向我们表现他们内心的躁动；他们想用任性、生气、哭闹等方式让我们意识到他们的愤怒；他们希望用这些方式把多余的精力消耗出去，可是我们却认为他们的这些行为只是调皮捣蛋的表现。由于想象力的贫乏，孩子们表现出一系列的恶言和恶行，这些行为很可能被其他孩子所模仿，而大人却对这些行为无可奈何。

孩子的神经系统在一系列的冲突中受到了伤害。很多医生在研究导致孩子情绪失调的主要原因时发现，孩子会出现情绪失调，主要是因为他们在婴儿期受到了太多压抑。如果一些婴儿出现失眠、噩梦、消化不良等现象，他们在长大后就很可能出现情绪失调的现象。

家长们会在发现孩子有不良表现后想办法对孩子进行治疗，以求改善孩子性格上的缺失。可是无论他们付出多少努力，这种伤害都不可能被治愈。家长们错把对孩子的压迫当成爱的表现，并忽略孩子的真正需要，这才是伤害孩子的根源。

孩子只有在受压抑的精神重获自由后才能得到痊愈，至于剩下的疾病，则有可能是天生的。人性有很多缺点，总是需要有权威指引才能做事也是这些缺点之一。

我们要避免在克服了以上的毛病后走入另一个极端。虽然现在的父母都希望天真、纯洁的孩子能够得到自由发展，但自由的教育并不等于放任孩子的缺失。如果我们对孩子的缺失置之不理，就会让孩子受到忽视，还会让大部分的孩子产生情绪上的毛病。我并没有打算为大家制定一个新的规则，我只是将一些结论归纳出来，希望能给大家带来帮助。但是，我们必须要在使用这些结论之前对“孩子身上究竟发生了什么”这一问题进行思考，只有建立在思考上的行动才能满足孩子心理上的需要。

现在的妈妈们都很懂得保证孩子身体健康的方法，她们知道如何为孩子提供均衡的营养，也知道怎样让孩子适应周围的环境。她们会让孩子在新鲜的空气中玩耍，因为她们知道这样有助孩子的肺部吸收更多氧气。可是孩子并不是动物，他们需要的不仅是物质方面的喂养，还有精神上的照料。孩子在出生的那一刻就具有了精神，所以，如果我们想让孩子的精神冲动获得尊重，就应该从他们出生的那一天开始努力。

提到照顾孩子的身体健康，妈妈们都不陌生，因为她们有很多明确的准则可以遵循。但是说到照顾孩子的精神健康，妈妈们就会感到茫然，因为这个范围太宽泛了。我们只能确定，孩子需要的东西远远要比吃的东西多得多。当一个孩子独立完成一件事情后，他会流露出骄傲高兴的表情，这种表情暗示着他需要丰富的内在潜能。我们应该给孩子提供开发潜能的机会，而不是对他们的活动加以阻碍。

现在市场上所卖的大多数玩具都起不到刺激孩子精神发展的作用，我相信它们总有一天会被淘汰。我们可以看到，在过去的几年中，玩具市场中发生的唯一变化就是玩具的体积在不断变大。制造商们把娃娃做得和真正的孩子一样高，然后又生产了很多和这些娃娃相关的东西如床、衣服、鞋子，但是孩子并没有对这样的玩具产生兴趣。

我们必须为孩子提供一个生活环境，在这个生活环境中，孩子能够自己掌控要做的事情。我们可以给孩子准备一个小的盥洗台，几把小椅子，一张小床等，让孩子能够在这个环境中生活娱乐两不误。在这样的环境中，孩子学会了自己动手。白天，他们会忙着清理家具、打扫房间；晚上，他们会自动换好睡衣，然后上床睡觉。他们学会了自己照顾自己，并养成了健康的饮食习惯。我们会发现，孩子在进入这个环境中后变得又安静又有礼貌，真正成为了一个乖孩子。

新式教育为孩子提供了适合他们发展的环境，同时也注意到了孩子有秩序感、喜欢自己工作的特征。新式教育强调了观察孩子生活的必要性，希望我们能够在孩子开展精神教育之前觉察到他们需要什么。新式教育希望我们能够在已知的人体保健的基础上妥善运用新式教育，并取得新的进步。新式教育的基础是，把孩子心理上的健全发展看作最重要的事情。

下面我列举三项原则，希望妈妈们能够以此为基础，找到最适合孩子的方法。

第一，我们要对孩子正在进行的合理活动表示尊重，并试图了解他们为什么要从事这样的活动。

孩子的内在潜力能够促使他们在各方面进行努力。然而，我们经常无视孩子在生活中所表现出的潜力，这是最大的问题。一谈到孩子的活动，我们就会自然而然地联想到我们能够观察到的一些行为。我们只能观察到孩子做的那些引起我们注意的行为，比如调皮捣蛋和心理偏差。其实，这些显而易见的东西并不是孩子活动的真正征兆。我们应该相信孩子都是善良的，然后真心地关爱他们，并使他们善良的本质得到发现。我们只有这样做，才能渐渐地对孩子作出正确评估。家长们如果希望真正了解孩子的自然行为，就应该按照上述建议去做。

我在孩子身上观察到这样的一些情形：

第一，我对一名三个月大的女婴展开了观察，并发现了她是如何发现自己的双手的。她想观察自己的手，可是由于手臂太短，她要费很大的力气转动眼球才能看得到。虽然她的身边有很多东西可以供她观察，可是她却只对自己的手最感兴趣。这种行为属于婴儿的本能，是一种宁愿牺牲舒适来满足内在需求的本能。

过了一阵，我拿了一些东西让她玩，可是她却对我给她的东西没有一点兴趣。她每一次都是将手张开，让手里的东西直接掉在地上。从那时开始，她会在每一次想要试着抓住什么的时候呈现出灿烂的表情，不管她是否真的能够抓住那样东西。她总会充满疑惑地看着自己的小手，似乎在想为什么自己有时能抓住东西，有时却抓不住。显然，她对手的使用过程产生了强大的好奇心。

在这个婴儿六个月大的时候，我给了她一个玩具摇铃，并教她如何摇出声音。可是她才玩了几分钟，就把摇铃扔在了地上。我捡起摇铃，重新放到她手中，可是她马上又将它扔了下来。这样重复了几次后，我发现，这个婴儿好像是故意这样做的。一天，这个婴儿又把摇铃拿在手里，不同的是，这一次她将手指头一个一个地放开，最后才让摇铃掉在地上。婴儿在这一过程中目不转睛地看着自己的手指头，并一再重复着这一过程。显然，她并不是对摇铃感兴趣，而是对“手指是怎样抓住东西”这一问题感兴趣。她想要弄清自己为什么会抓住东西，并在自己的研究过程中体会到了乐趣。一个婴儿能够在三个月大的时候观察自己的手，并能在六个月大的时候研究手的作用，这说明了什么呢？是否说明我们的孩子在生命早期就有简单的需要了呢？

如果我们没有注意到孩子对手产生了好奇心，我们也许会给他们戴上手套，或是把摇铃拿开以免他们继续“乱扔东西”。如果我们真的这样做了，那么我们无疑阻碍了孩子们的成长。婴儿如果在发现新事物时被打断，他们就不能继续享受到这种乐趣，进而哭闹。而父母们不能理解孩子为什么哭，于是父母和孩子之间的障碍就此产生。幸运的是，这位婴儿的妈妈十分明智，她没有收起摇铃，而是参与到孩子的游戏中，让孩子在重复的游戏中得到了发展。

有人会怀疑，这样幼小的孩子身上是否能存在一个内在生命，但只要他们试图了解孩子的独特语言，尊重他们的自由，并帮助孩子培养能力，他们就能看见孩子真正需要什么，并能够认识到这些内在需要对孩子的生命发展起着重要作用。

有一个一岁大的男孩正在看一些图画，他对那些画着小孩的图画特别有兴趣，有时还会去亲画上的小孩子。而当他看到画着花的图画时，他则会把鼻子凑到跟前，好像是在闻那些花的香味一样。这个小男孩很清楚小孩子和花不一样，所以会用不同的方式对待不同的画，可是他身边的人却对他的行为感到好笑。这些人会随便拿起什么东西模仿小男孩的动作，并让小男孩闻蜡笔、亲枕头。这个孩子本来为自己能够分辨图画里的东西而感到开心和自豪，然而周围人的做法让他感到困惑，最后，他实在无力招架，只好选择了对所有别人递过来的东西又闻又亲，在大家的笑声中傻笑。

我们是否也曾做过一些类似的错事但毫无知觉呢？我们经常抑制孩子自然的行为反应，最后让孩子不知所措。当孩子因为感到无助而哭泣的时候，我们竟然认为孩子哭得莫名其妙。我们没有关心过孩子哭是因为精神上的要求得不到满足，就如同我们从来不曾注意到孩子们的笑是因为精神上得到了满足一样。婴儿期的孩子感觉最为脆弱，他们在刚要开始感受人际交流的时候经历了太多这样的事，于是便与成年人开始了一场无休止的拉锯战。

我们不应该一听到孩子哭闹就觉得烦躁，如果我们把他们放进摇篮并轻轻地摇动摇篮，他们很快就能够睡着。但如果孩子在摇晃的摇篮中仍然精力十足，我们就应该知道他们现在不需要睡觉。孩子会有和人交往的意愿，也会对在自己需要时给予自己帮助的人产生强烈的好感。有人认为小孩子“有奶就是娘”，言外之意是我们只要给孩子一些好东西，他们就会喜欢我们。事实并非如此，应该说，孩子会自然地对帮助自己发展的人表示亲近。

我们都知道孩子需要我们陪在他们身边，并为了成为成人世界的一员而进行努力。他们会为能与我们同桌吃饭而感到开心，也会为能和我们一起在壁炉旁取暖而感到满足。人类在交流时使用的语言最为动听，在交流中，我们学会了语言。

第二，当孩子产生活动的意愿时，我们必须尊重他们。我们应该让孩子学会独立，不再事事对我们依赖。

孩子说出的第一个字和迈出的第一步都象征了孩子的进步。在孩子的发展道路上，这些都是具有标示性意义的事件。孩子说出的第一个字意味着他们的语言开始发展，孩子迈出的第一步意味着他们拥有了直立和行走的能力。因此，聪明的妈妈会为孩子记录下这两件事。

在说出第一个字时前，孩子的头脑中经历了许多复杂的过程；在学习走路的过程中，孩子需要努力地维持身体平衡，一刻也不能松懈。这两个过程并不是孩子出生后最先经历的过程，却是最明显的两个发展过程。孩子在进行语言和行动发展之前，他们的智能和平衡感都会发展到一定阶段，这一阶段十分值得我们观察。

只有当孩子能够获得充分的练习时，他们才能自然而然地成长。如果一个孩子缺乏练习，他的智能就会始终处于较低的程度。如果我们的孩子能在婴儿期受到支持与引导，他们就会发育得更好。

不关心孩子的妈妈会在孩子断奶后给孩子喂饭。有爱心并有耐心的妈妈会给孩子准备适合他们使用的小桌子和小勺子，让他们坐在桌子旁边，这时，孩子就会自然地拿起勺子吃饭。孩子的身体和精神都需要营养，而他们对精神营养的需求更多。妈妈们需要具备关于儿童卫生健康的知识，更要具备关于儿童精神健康的知识。孩子在一开始学习吃饭时，由于还不能掌握餐具的使用方法，所以免不了弄洒菜汤，或把饭粒掉得满桌都是。这时，妈妈不应该制止孩子，或干脆抢过孩子手中的餐具喂孩子吃饭，而是应该让孩子想要自己吃饭的冲动得到满足。妈妈们会发现，孩子的动作会随着生理与精神的发展更加成熟。当孩子能够在吃东西时保持干净整洁，他们就得到了实质上的进步。

我们可以根据一个孩子能持续做多少次这样的行为来判断他拥有怎样的意志力。孩子会在一岁左右受到一种潜在力量的驱使，突然想要自己用勺子吃东西。虽然这时的他们还不具备使用餐具的能力，很难把食物送到嘴里，但他们仍会固执地拒绝别人的帮助。虽然他们自己努力的时候会花费很大力气，还会弄脏自己，但他们仍感到愉快。等他们动手的要求得到满足后，他们才会安静下来，让别人喂自己吃饭。这时，他们不会再抗拒别人喂给他们的食物。一岁左右的孩子虽然没有学会说话，但他们完全听得懂我们在说什么，也会用动作回应我们。

从孩子的一些行为中，我们能够看到他们的智力已经开始发展。当我们让他们洗手时，他们会去洗手，当我们让他们捡起地上的东西，他们也会把东西捡起来。无论我们让他们做什么事情，他们都会认真地去做。

我曾和一个一岁左右的孩子一起去乡下。当我们一起走在一条石子铺成的小路上时，这个孩子由于刚刚学会走路，走得还不是很稳。看到他摇摇晃晃的样子，我忍住想牵他的手，对他提醒道："在这边走时要小心。""这儿有石头，去那边走。"这个孩子按照我的提醒走得很认真，每一步都走得很小心。他喜欢我这样的提醒方式，于是我说什么他就做什么。最后他平安地走完了这一条路，不但没有跌倒，还走得很稳当。如果每一位妈妈都能用这样的方式教育孩子，孩子就能更快、更好地学会走路。

如果我们一味地向孩子的手中塞一些不能帮助他们发展的东西，对他们有害无益。我们需要了解孩子的天性，并尊重孩子的活动本能，这样才能配合孩子的精神发展。

第三，我们必须学会如何与孩子相处。

孩子十分敏感，很多在我们看来微不足道的外来刺激都可能对孩子产生重大影响。一些父母既缺乏经验，又缺乏爱心，他们不愿意花心思和时间在观察孩子上，也不重视孩子生活中流露出的细致情感。他们对孩子缺乏尊重，只有当孩子出现大哭、吵闹等激烈的反抗行为时，他们才注意到孩子的异样，并想要帮助孩子。但到了这个时候，父母们做什么都已经晚了。父母这种先忽略孩子的需要，再给予孩子安慰的做法是本末倒置的行为。

还有一些父母在教育孩子的方面持有另一种观点：孩子会在哭闹一阵之

后自己停止下来，所以不应该被孩子的眼泪打动，也不要安慰孩子，否则孩子就会养成任性的毛病。每当他们想要得到什么，想被人宠爱，或是想要引起别人注意的时候就会大哭大闹。于是这些父母们对孩子的哭泣无动于衷，每当他们看到孩子哭闹不止时，就会把孩子扔在一边。

对于上述观点，我想我需要纠正一件事，孩子的眼泪在习惯于我们爱抚之前就已经产生了，也就是说，孩子的哭闹并不是想得到我们宠爱的表示。事实上，孩子会哭是因为他们从内心感到不安。孩子需要一个能够让他们感到安心的环境，他们想要在这一环境中充分休息，并为内在建构作准备。可是我们总是对他们进行干预，向他们灌输一些他们消化不了的东西。孩子在短时间内接收了太多信息，就会有一种吃得太撑的感觉。

我们应该适当安慰孩子，也应该让他们学会独立和坚强，但是我们不应该忽略一点，满足孩子真正的需要。虽然很多原因都能导致孩子哭泣，但我们只有弄清这些原因，才能真正让孩子不再哭泣。

有一个不满一岁的小女孩叫海伦，她在表达“不好”的意思时，常常喜欢用西班牙加泰隆尼方言“pupa（不怕）”来表示。海伦每次哭泣都有特殊的原因。她的好奇心很强，会对周围的所有事物表现出兴趣。当她经历了一件不太开心的事情，比如身体感到寒冷，碰到冰冷的大理石，摸到粗糙的东西，她就会对周围的人说“pupa”这个词。大家看到海伦伸着被撞疼的手指给大家看的时候，都会安慰她，或是在她撞疼的地方亲一下。海伦会对大家的关心作出回应，并告诉大家：“pupa,no!（不怕，不!）”似乎想向大家表示她已经好多了，请大家放心。

海伦不但能把自己的意思表达出来，还能体谅其他人对自己的关心。没有人过多地对海伦进行安慰，也没有人无谓地拥抱她，所以她没有被宠坏。

但这些人给了海伦发自内心的关怀，从而使海伦观察到人与人之间是如何进行互动的，并获得了发展社交本能的机会。这样的做法能够帮助孩子学会如何与人交往，也能使孩子敏锐的情感天赋得到顺利发展。我们会在孩子遇到不开心的事情时对他们说“没关系”“不要紧”，我们会接受孩子内心的感觉，并给予他们适当的安慰。

对一个不开心孩子说“没关系”“不要紧”很容易让孩子产生共鸣，不但能让他们受到精神上的鼓舞，还能让他们学会自己排解情绪。我们绝对不可以否定孩子的感觉，也不可以不在意孩子的情绪。过多地议论孩子的情绪或感觉也是不对的。孩子需要我们给他们的只是一句轻柔的话语，他们会在得到适时的安慰和关爱后继续对周围事物展开观察。这样做既不会影响孩子对生活的体验，还有益于孩子的身体发展。

海伦绝不会无缘无故地哭泣。她会在遇到不好的事情时反复对自己说“不怕”，并希望有人安慰她。有一次，海伦在生病时不停地对妈妈说“不怕，不”，好像在进行自我安慰一样。相比于其他同年龄的孩子，海伦有着惊人的忍受力。她不但懂得自己调整情绪，还能够像成年人一样排解心中的烦闷和不适。

孩子同样会在看到其他人受苦时感到伤心，并跟着受苦的人一起哭。海伦和劳伦斯的情绪都很容易被感染。当看到有人作出要打护士，或打他们身边的小伙伴的动作时，他们两个就会大声地哭起来，哪怕并没有人真正要打人，只是做个样子而已。海伦会在看到有人伤心地哭泣时走到对方身边，轻轻地亲亲他，并用一种自信的语气向那个人说：“不怕，不。”她希望以这样的方式向对方表示“没事了，一切都过去了，不要怕”。海伦还没有完全学会说话，但她却能够用明白、坚定的语气向人们表达她的感情。劳伦斯也是如此，他在表达感情时会使用更加积极的方式。

劳伦斯会在发现爸爸做了错事时一脸严肃地站到爸爸面前，并告诉爸爸："你这件事做得不对。"如果爸爸对他做了粗鲁的事情，他就会用责备的口气对爸爸喊道："爸爸！爸爸！"意思是"你不应该对我这么粗鲁"。有一天，劳伦斯刚刚躺在床上准备睡觉，就听见爸爸在隔壁房间里大声地讲话，于是他起身大声地喊道："爸爸！爸爸！"他的爸爸听到他的喊声，急忙降低了说话的音量，于是劳伦斯又躺下睡着了。

海伦在大约三岁的时候曾发生过这么一件事。海伦的阿姨给海伦拿了一些"儿童之家"教材中心的色板，就在她向海伦展示这些色板的时候，其中的一块不小心掉在地上打碎了。阿姨便利用这个机会向海伦说："你看，这些色板很容易碎，所以拿的时候一定要注意哦。"海伦也接着阿姨的话说下去："而且要非常小心，不能让它们掉到地上。"这就是孩子，他们会有什么说什么，看到成年人犯了错误，他们也会批评成年人。除非我们能向他们提供充分的理由，否则他们的正义感就得不到平息。

在孩子面前，我们没有必要希望自己能够将一切事情做得十全十美，反而应该审视自己的缺点。当孩子批评我们的时候，我们要虚心接受，因为孩子的观察是公正而客观的。这样，当我们不小心在孩子面前做了什么错事，我们才能原谅自己。

图书在版编目(CIP)数据

发现孩子:儿童教育手册 / (意) 蒙台梭利著;艾安妮译.
—北京:中国华侨出版社,2015.5

ISBN 978-7-5113-5433-4

Ⅰ.①发… Ⅱ.①蒙… ②艾… Ⅲ.①儿童教育-家庭教育
Ⅳ.①G78

中国版本图书馆 CIP 数据核字(2015)第094399 号

发现孩子·儿童教育手册

著　　者 / [意] 蒙台梭利
译　　者 / 艾安妮
责任编辑 / 严晓慧
责任校对 / 孙　丽
经　　销 / 新华书店
开　　本 / 787 毫米×1092 毫米　1/16　印张/20　字数/288 千字
印　　刷 / 北京建泰印刷有限公司
版　　次 / 2015 年 7 月第 1 版　2015 年 7 月第 1 次印刷
书　　号 / ISBN 978-7-5113-5433-4
定　　价 / 35.00 元

中国华侨出版社　北京市朝阳区静安里 26 号通成达大厦 3 层　邮编:100028
法律顾问:陈鹰律师事务所
编辑部:(010)64443056　　64443979
发行部:(010)64443051　　传真:(010)64439708
网址:www.oveaschin.com
E-mail:oveaschin@sina.com